Kohlhammer

Die Autorin und der Autor

© David Weyand

Silvia-Iris Beutel ist Professorin für Schulpädagogik und Allgemeine Didaktik an der TU Dortmund und Jurorin des Deutschen Schulpreises.
Hans Anand Pant ist Professor für Erziehungswissenschaftliche Methodenlehre an der Humboldt-Universität zu Berlin und Direktor der Abteilung Fachbezogener Erkenntnistransfer am Leibniz-Institut für die Pädagogik der Naturwissenschaften und Mathematik (IPN) in Kiel.

Silvia-Iris Beutel, Hans Anand Pant

Lernen ohne Noten

Alternative Konzepte
der Leistungsbeurteilung

2., überarbeitete Auflage

Verlag W. Kohlhammer

Dieses Werk einschließlich aller seiner Teile ist urheberrechtlich geschützt. Jede Verwendung außerhalb der engen Grenzen des Urheberrechts ist ohne Zustimmung des Verlags unzulässig und strafbar. Das gilt insbesondere für Vervielfältigungen, Übersetzungen, Mikroverfilmungen und für die Einspeicherung und Verarbeitung in elektronischen Systemen.

Die Wiedergabe von Warenbezeichnungen, Handelsnamen und sonstigen Kennzeichen in diesem Buch berechtigt nicht zu der Annahme, dass diese von jedermann frei benutzt werden dürfen. Vielmehr kann es sich auch dann um eingetragene Warenzeichen oder sonstige geschützte Kennzeichen handeln, wenn sie nicht eigens als solche gekennzeichnet sind.

Es konnten nicht alle Rechtsinhaber von Abbildungen ermittelt werden. Sollte dem Verlag gegenüber der Nachweis der Rechtsinhaberschaft geführt werden, wird das branchenübliche Honorar nachträglich gezahlt.

Dieses Werk enthält Hinweise/Links zu externen Websites Dritter, auf deren Inhalt der Verlag keinen Einfluss hat und die der Haftung der jeweiligen Seitenanbieter oder -betreiber unterliegen. Zum Zeitpunkt der Verlinkung wurden die externen Websites auf mögliche Rechtsverstöße überprüft und dabei keine Rechtsverletzung festgestellt. Ohne konkrete Hinweise auf eine solche Rechtsverletzung ist eine permanente inhaltliche Kontrolle der verlinkten Seiten nicht zumutbar. Sollten jedoch Rechtsverletzungen bekannt werden, werden die betroffenen externen Links soweit möglich unverzüglich entfernt.

Umschlagsabbildung: iStock.com/RomoloTavani

2., überarbeitete Auflage 2024

Alle Rechte vorbehalten
© W. Kohlhammer GmbH, Stuttgart
Gesamtherstellung: W. Kohlhammer GmbH, Stuttgart

Print:
ISBN 978-3-17-045031-8

E-Book-Formate:
pdf: ISBN 978-3-17-045032-5
epub: ISBN 978-3-17-045033-2

Inhalt

Vorwort zur zweiten Auflage 9
Silvia-Iris Beutel, Hans Anand Pant

Lernen ohne Noten? Eine Hinführung 11
Silvia-Iris Beutel, Hans Anand Pant, Martin Goy
    Lernen ohne Noten 11
    Leistungsbeurteilung und Kinderrechte 23
    »Leistung« im Deutschen Schulpreis 25

1   Notengebung, Leistungsprinzip und Bildungsgerechtigkeit 39
Hans Anand Pant
   1.1 Lernen, Leistung, Leistungsfeststellung, Leistungsbeurteilung, Noten – einige begriffliche Sortiervorschläge 40
   1.2 »Was ist schulische Leistung?« 42
   1.3 Noten und Fairness 49
   1.4 Leistungsprinzip, meritokratisches Versprechen und Bildungsgerechtigkeit 60
   1.5 Welche Bildungsgerechtigkeit wir wollen, entscheidet darüber, welche Leistungsbeurteilung wir brauchen? 71

2   Notenunabhängige Leistungserfassung und -beurteilung: Ansätze und Effekte 74
Alexandra Marx

2.1	Ansätze zu notenunabhängiger Leistungserfassung und -beurteilung	74
2.2	Alternative Ansätze zur Leistungserfassung	77
2.3	Alternative Ansätze zur Leistungsbeurteilung	83
2.4	Empirische Befunde zu Effekten von Noten und notenunabhängigen Systemen	87
2.5	Akzeptanz bei Schüler*innen, Lehrkräften und Eltern	88
2.6	Effekte auf die Motivation und das Fähigkeitsselbstkonzept von Schüler*innen	93
2.7	Effekte auf schulische Leistungen	98
2.8	Überblick zu den wichtigsten Erkenntnissen	104
3	**Zukunftsfähiges Lern- und Leistungsverständnis an Schulen**	**106**
	Silvia-Iris Beutel	
3.1	Qualitäts- und Entwicklungsmerkmale	108
3.2	Zukunftsthemen und neue Leistungskonzepte	111
3.3	Mehrdeutigkeit und Nachhaltigkeitsziele	113
3.4	Demokratieerfahrung und Selbstnavigation	115
3.5	Notenvergabe und neue Prüfungskultur	117
4	**Lernförderliche Leistungsbeurteilung an Preisträgerschulen**	**124**
	Silvia-Iris Beutel	
4.1	Leistungsbeurteilung	129
4.2	Kommentar: Inklusive Schule und Notenfreiheit	140
4.3	Individualisierung und Schule	141
4.4	Kommentar: Individualisierte Lernstrukturen	150
4.5	Schulentwicklung	152
4.6	Kommentar: Demokratische Bildungskultur	161
4.7	Leistungsbeurteilung als Beitrag zur Demokratieerziehung	162

5 Implementation alternativer Konzepte der Leistungsbeurteilung ... 165
Silvia-Iris Beutel
- 5.1 Blick in die Schulen: German International School Boston ... 175
- 5.2 Blick in die Schulen: Jenaplan-Schule Jena ... 183
- 5.3 Blick in die Schulen: Matthias-Claudius-Schule Bochum ... 202
- 5.4 Lernbegleitung kontextualisieren und gestalten ... 212
- 5.5 Fortbildungsbasierte Etablierung und Verstetigung einer förderorientierten Leistungsbeurteilung ... 219

6 Lernen ohne Noten verändert Schule – Zwischenstand in einem Entwicklungsprozess ... 229
Silvia-Iris Beutel, Hans Anand Pant
- 6.1 Lernorganisation, dialogische Diagnostik und Kommunikation ... 231
- 6.2 Pädagogisches Grundverständnis ... 235
- 6.3 Professionalisierung, Implementation und Bildungsgerechtigkeit ... 239

Literatur ... 243

Verzeichnis der Autor*innen ... 261

Vorwort zur zweiten Auflage

Silvia-Iris Beutel, Hans Anand Pant

Mit dieser zweiten Auflage unseres Bandes »Lernen ohne Noten« möchten wir die anhaltende Nachfrage nach alternativen Konzepten der Leistungsbeurteilung aufgreifen, diese weiter begründen und hierzu aktuelle Erfahrungen aus der Praxis aufzeigen, die aus der Beschränkung auf die Vergabe von Ziffernnoten und einer Fixierung auf Tests und Klassenarbeiten herausführen.

Die im Vergleich zur ersten Auflage des Bandes vorgenommenen Aktualisierungen und Ergänzungen spiegeln wider, dass sich die Diskussion um die Veränderung von Leistungsbeurteilung im Sinne der Suche nach Alternativen stark dynamisiert hat und neue Akzente gegenwärtig sind. Zudem wird berücksichtigt, dass sich auch die Praxis der am Wettbewerb des Deutschen Schulpreises beteiligten Schulen, deren Förder- und Leistungskonzepte an vielen Stellen in diesen Band einfließen, mit Blick auf Begrifflichkeiten und Konzepte neu ausgerichtet und weiterentwickelt hat. Im Rahmen der Vorbereitung der zweiten Auflage wurden zudem an vielen Stellen des Bandes die Bezüge zu Quellen und Materialien aus Forschung und Praxis überarbeitet, ergänzt und auf den aktuellen Stand gebracht.

Auch an dieser zweiten Auflage haben Juror*innen des Deutschen Schulpreises sowie Kolleg*innen aus Preisträgerschulen und nominierten Schulen mitgewirkt. Wir bedanken uns ganz herzlich bei:

Yvonne Aust, Heinrich Brinker, Mirko Czarnetzki, Heike Draber, Maike Drewes, Eva Espermüller-Jug, Helke Felgenträger, Simone Fleischmann, Dr. Michaele Geweke, Michael Halberstadt, Dr. Petra Hoppe, Ulrike Kegler, Kathi Kösters, Dr. Wilfried Kretschmer, Ramona Lau, Henriette Lehmann, Meike Ludzay, Alexandra Mangold, Martha Michalec, Stefan Osthoff, Andrea Rahm, Barbara Riekmann, Jasmin Root-Joswig,

Tobias Rottländer, Heike Schmidt-Heineck, Funda Suzan, Eike Völker, Sybille Wahl, Maren Wiederrecht, Holger Wirtz und Matthias Wysocki.

Ebenso herzlich bedanken wir uns bei Martin Goy, wissenschaftlicher Mitarbeiter am Institut für Allgemeine Didaktik und Schulpädagogik (IADS) an der TU Dortmund, der neben seiner inhaltlichen Mitwirkung an diesem Band auch dessen Redaktion übernommen hat, sowie bei Viktoria Drees, wissenschaftliche Hilfskraft am IADS, die die redaktionellen Arbeiten unterstützt hat.

Silvia-Iris Beutel und Hans Anand Pant, im Sommer 2024

Lernen ohne Noten? Eine Hinführung

Silvia-Iris Beutel, Hans Anand Pant, Martin Goy

Lernen ohne Noten

Gute Schulen zeigen, wie es gehen kann: An der Hermann-Brommer-Schule in Merdingen/Baden-Württemberg, nominierte Schule des Deutschen Schulpreises (DSP) 2023, hat ein langjähriger Prozess der Schulentwicklung zur Umstrukturierung der Lernorganisation in die Jahrgangsmischung eins bis vier und zur konzeptbasierten Inklusion geführt: Multiprofessionelle Teamkompetenz, die Sicherung von Unterrichtsqualität und die Schaffung von Partizipationsangeboten für die Schüler*innen spielen dabei eine große Rolle für erfolgreiches Gelingen. Zu den Steuerinstrumenten der Unterrichtsentwicklung gehören formelle und informelle diagnostische Instrumente und Verfahren, zugleich korrespondieren regelmäßige Lernberatungen für die Schüler*innen mit der Evaluation des jeweiligen Unterrichts und seiner Verbesserung. »Das Wohlergehen des Kindes ist das Wichtigste hier«, so ist im Kollegium zu hören. Die Schule zeigt in Bezug auf Lernergebnisse ein systematisches, aber ebenso beteiligendes Vorgehen. Die Kinder entscheiden über den Zeitpunkt der Leistungsfeststellung. Im Lernbegleitheft wird das ganze Schuljahr lang der von den Kindern selbst wahrgenommene Lernerfolg festgehalten (»Das habe ich heute gelernt«) und nach Deutsch, Mathematik und Lesen differenziert, auch was die anschließenden Hausaufgaben anbelangt. In Sprechstunden wird danach gefragt, wie es dem Kind in der Schule und zuhause geht, was ihm gut gelingt, woran es noch übt und welches Ziel es vor sich hat. Was und wer dabei hilft, das Ziel zu erreichen, wird gerade auch in Bezug auf die Eltern festgehalten. Wie Feedback gegeben wird, findet sich auch im Lernbegleitheft, aber auch, wie man Feedback bekommt: »Ich höre genau zu. Ich frage nach, wenn ich etwas nicht verstehe. Ich rechtfertige mich nicht. Ich frage mich: Was will ich ändern?«. Die Kinder finden im Lernbegleitheft ebenfalls: den Lernbaum zu den methodischen und personellen Kompetenzen, die Medienlandkarte, den kleinen und großen Lernkoffer Deutsch sowie die kleine und große Lernleiter Mathematik. Die Überprüfung von Leistungen findet in den »Könnernachweisen« mit Hilfe von Visualisierungen in vier Abstufungen statt. Noten in den Halbjahresinformationen der dritten Klasse werden durch Lernentwicklungsgespräche ersetzt. Grundsätzlich ist die Schule der Auffassung: »Eigentlich könnten wir sofort ohne Noten arbeiten« (zur Lernorganisation an der Hermann-Brommer-Schule siehe auch S.-I. Beutel, 2023).

Bei der Gesamtschule Münster Mitte/Nordrhein-Westfalen, Preisträgerschule des DSP 2021, fällt schon auf der Homepage das Credo der Schule ins Auge: »Wir möchten, dass jedes Kind seine eigene ›Erfolgsgeschichte‹ schreibt« (https://gesamtschule-muenster.de/about/). Damit dies gelingt, ist Lernen mit Plan, Begleitung und mit dem Zutrauen zu den Schüler*innen verbunden, es selbst planen und moderieren zu können. Im digitalen, während der Pandemie-Zeit erprobten, wie auch im analogen Unterrichtssetting ist es dabei von großem Gewinn gewesen, dass die Materialien kollegial gemeinsam erstellt wurden und digital verfügbar sind. Schüler*innen konzentrieren sich auf ihr Pensum in individualisierten Plänen und öffnen ihre Aufgabenagenda für kooperatives Arbeiten zugleich. Inputphasen leiten zur Eigenzeit über, die ein Zeitkorridor für Bearbeitung, Vertiefung, weitergehende Recherchen ist. Eingestellte Erklärvideos und digitale Lernerfolgsüberprüfungen können genutzt werden. Die an Schulen vielfach schon eingesetzten Logbücher als Planungs-, Dokumentations- und Reflexionsinstrument sind – und dies ist ein Mehrwert im digitalen Format – auch für ein selbstnavigiertes Lernen außerhalb der Schule nutzbar. Verlässliche Beziehungen und wechselseitige Aufmerksamkeit in der Kommunikation werden so gesichert.

An der Paula-Modersohn-Schule Bremerhaven, nominierte Schule des DSP 2022, erweist sich der jahrgangsübergreifende Kompetenzrasterunterricht als hochgradig innovativ und individualisierend. Er verbindet sich mit den Kompaktkursen, die sich an Schüler*innen im gleichen Lernjahr richten und die hierfür vorgesehenen Bildungsthemen behandeln. Schüler*innen sollen hier lernen, ihren Rhythmus zu finden sowie Vertrauen in sich selbst und ihre Leistungen zu erfahren. Individuelles Tun sowie Lernen und Leistung in der Sozialität der Gruppe und im Austausch mit dieser werden zusammengeführt. Der Kompetenzrasterunterricht stiftet ein lernfreundliches Klima mit kreativen Lern- und Denkinseln (bspw. ein Holzzirkuszelt für Rückzug und Kleingruppe) und ein Material- wie Gemeinschaftsangebot, das Schüler*innen befähigt, eigene Lernvorhaben zielgerichtet zu verfolgen. Damit dies gelingt, bedarf es eines Bordbuches auf der »Paula«. Wie auf einem Schiff muss man selbst an Bord gehen, den Kurs mitbestimmen, Segel setzen, auf den Mannschaftsgeist vertrauen. Das Bordbuch steht dabei für Vieles: Es ist Hausaufgabenheft, Planungs- und Kontrollinstrument, Selbsteinschätzungshilfe, Beratungsdokument und Kalender. Lern- und Lebenswelt stehen dabei immer in enger Verzahnung. Das Kontextualisieren von Gelerntem gelingt zudem, weil Brückenerfahrungen in die außerschulische Welt (z. B. in Form von Wochenmarktstand, Imkerei oder digitalem Kinderstadtplan) reguläre Erfahrung sind. Die Lernplanung ist transparent, in der Schrittigkeit und im Tempo jeweils angepasst, zu absolvierende individuelle Tests und Einschätzungen von Leistungsnachweisen gehören dazu. Leistungsstarke Schüler*innen haben die Option, Kompetenzziele höherer Lernjahre zu erreichen sowie regelmäßig zu überprüfen, und können ihre Schulzeit um ein Schuljahr verkürzen. So ist im Pädagogischen Konzept der Schule, die als Oberschule einem weiten Inklusionsbegriff folgt, zu lesen:

> »Diese Schüler*innen verlassen die Schule jedoch nur mit erfolgreich bestandener Abschlussprüfung und Versetzung in die GyO. Besonders ist, dass diese Schüler*innen keinen zusätzlichen Unterricht erhalten, sondern die vorhandene Lernzeit intensiver und effektiver nutzen. Über die individuellen Lernverträge kann ein ›Vorauslernen‹ organisiert werden« (Paula-Modersohn-Schule Bremerhaven, 2021, S. 4).

Visualisierungen gehören zu den Lernwegen: Welche Kompetenzen sind zu bearbeiten? Wann sollte ich einen Test ablegen? Welches Material, welche Beratung benötige ich heute? Die Sicherung der Unterrichtsqualität ist eine präsente Aufgabe, die auch in Zeiten des Lehrer*innenmangels ein stetiges Onboarding auch anderer Professionen ermöglicht (S.-I. Beutel & Ruberg, 2021). Vorteil: Das inklusive Gesamtkonzept bleibt Teamaufgabe, dessen Qualität ist Ergebnis eines intensiven und fortlaufenden

Entwicklungsprozesses. Die Notenvergabe steht hier bis weit in die Sekundarstufe I hinein nicht im Vordergrund.

Die Investition in die Leistungsstärke der Schulen einerseits und damit einhergehend in die der Kinder und Jugendlichen andererseits ist ein entscheidendes Merkmal von Schulen, die mit den Möglichkeiten formativer Leistungsbeurteilung qualitätsvoll umgehen. Lernen wird individualisiert, differenziert, flexibilisiert und partizipativ gestaltet, was einschließt, dass die Schüler*innen auch selbst entscheiden und begründen, was eine Leistung ist und ausmacht (S.-I. Beutel, 2024; S.-I. Beutel & Ruberg, 2024). Dies betrifft auch eine darauf abgestimmte neue Kultur der Prüfungspraxis:

> »Zeitgemäße Prüfungsformate sind […] unter anderem Formen, welche die Prüfungsdauer und -orte flexibilisieren, mehr Mitsprache und Hilfen erlauben, mehr offene und differenzierte Aufgaben einsetzen und eine Prozessbewertung ermöglichen« (Haverkamp, 2023, S. 10).

Die Potenziale einer solchen Praxis haben inzwischen Reichweite und verbindlichen Eingang in Gesetze und Erlasse fast aller sechzehn Bundesländer in Deutschland erzeugt (S.-I. Beutel & Xylander, 2021a). Dazu beigetragen haben die Rezeption internationaler Erfahrungen im Umgang mit lernförderlicher Leistungsbeurteilung (Falkenberg, 2023), ein ausdifferenzierter Forschungsstand, die Angebotspräsenz von Kurzzeit- und Langzeitfortbildungen wie sie beispielsweise im Rahmen des Deutschen Schulpreises/Deutschen Schulportals angeboten werden, aber auch Handreichungen der Länder und Diskussionsforen in öffentlich-rechtlichen Medien und Social Media (z. B. YouTube-Podcasts, Tagesgespräche mit Zuschauerzuschaltung oder Beiträge für LinkedIn).

Ein Blick auf die aktuelle Entwicklung in den Bundesländern zeigt, dass die Einführung von Alternativen der Leistungsbeurteilung variantenreich für den Grundschul- und Sekundarstufe I-Bereich realisiert werden kann. Es finden sich Abweichungen von Ziffernzensuren durch verbale Ergänzungen oder Punktesysteme für einzelne Jahrgänge bis hin zum vollständigen Ersatz, sodann Berichtszeugnisse statt Notenzeugnisse, zudem der Ersatz der Zwischenzeugnisse durch Lernentwicklungsgespräche. Insgesamt bleibt der Eindruck: Noten sind weiterhin präsent, werden auch parallel geführt oder bis maximal zum Ende der achten Jahrgangsstufe ausgesetzt. Alternativen der Leistungsbeurteilung gelten als erläuternd und gleichberechtigt mit ziffernausweisenden Zeugnissen. Nachfolgend sollen zwei Beispiele für Netzwerkarbeit im Schulversuch einerseits und für bildungspolitische Positionierungen und Veröffentlichungen andererseits genannt werden:

- Am Hamburger Schulversuch *alles>>könner* zu ziffernlosen Zeugnissen (2008–2021) sind 47 Schulen (33 Grundschulen, 11 Stadtteilschulen und 3 Gymnasien) beteiligt und haben sich in den Phasen ihrer Zusammenarbeit und der Evaluation dieses Schulversuchs mit der systematischen Entwicklung kompetenzbasierten Unterrichts mit Konzepten und Rückmeldeformaten, mit fachspezifischen Standards für lernförderliche Rückmeldungen sowie mit Qualitätskriterien für ein umfassendes Rückmeldesystem als gemeinsame Grundlage beschäftigt.
- Die Evaluation des Schulversuchs zeigt entlang der Daten der Eltern-, Schüler*innen- und Lehrer*innenbefragung großes Einverständnis mit dem Wechsel der Beurteilungsform und seinen Gelingensbedingungen auf: »Um alternative Zeugnisformate und ein kompetenzorientiertes Rückmeldesystem einsetzen zu können, ist eine gute Passung zwischen allen Instrumenten sowie der Unterrichtsgestaltung und -entwicklung wichtig. Für den Transfer eignet sich nach Aussage der Befragten vor allem die gezielte Hospitation« (Freie und Hansestadt Hamburg, Behörde für Schule und Berufsbildung, 2022, S. 59). Hierzu gibt es eine den Einsatz von Instrumenten und Verfahren formativer Leistungsbeurteilung begründende und veranschaulichende Broschüre: https://ifbq.hamburg.de/wp-content/uploads/sites/803/2024/03/broschuere-2022-dl.pdf
- Die mehrdimensionale Anlage zum einen und die geteilte Verantwortung durch Beteiligung zum anderen stabilisiert den Erfolg und kann als Beispiel für andere Bundesländer dienen. Hervorzuheben sind ein hohes Commitment in der Netzwerk- und Einzelschulgemeinschaft, der Einbezug wissenschaftlicher Erkenntnisse, Vergewisserungen über den gelungenen Adressat*innenbezug (Schüler*innenbefragung) sowie die Verbindung von Konzeptsicherheit und kollegialer Praxis (Lehrer*innenbefragung/Interviews). Darüber hinaus berücksichtigt der Schulversuch, die Implementation durch Evaluation kritisch zu stützen, El-

tern als Bildungspartner*innen zu befragen und Öffentlichkeit für den Transfer zu nutzen. Altenburg-Hack (2022) konstatiert hierzu: »Dem Schulversuch ist es gelungen, einen systematischen Zusammenhang zwischen Unterrichtsentwicklung, Lernkultur, Rückmeldesystem und Organisationsstrukturen herzustellen« (S. 4).

Ein weiteres Beispiel langjähriger bildungspolitischer Aktivität und medialer Präsenz im Bereich der Einführung eines neuen zukunftsweisenden Lern- und Leistungsbegriffs sowie notenfreier Beurteilung ist der Bayerische Lehrerinnen- und Lehrerverband (BLLV). In der jüngst erschienenen Broschüre *Lernen und Leistung im 21. Jahrhundert* (online verfügbar unter: https://www.bllv.de/fileadmin/user_upload/BLLV_Praxisimpulse_online_final.pdf), die in Beiträgen im Feld aktive Wissenschaftler*innen ebenso berücksichtigt wie in Schule Verantwortliche und deren Praxisexpertise zur formativen Leistungsbeurteilung aufgreift, heißt es:

> »Es hat sich gezeigt, dass Schule so viel mehr ist, als ein Ort des puren Lernens und Prüfens – dass Unterricht viel mehr beinhaltet, [sic] als die Vermittlung fachlichen Wissens und dessen Abfrage. All das ist keine neue Erkenntnis, wurde aber in der Zeit des Distanzunterrichts zur glasklaren Gewissheit. Nun gilt es, diese Erfahrungen zu evaluieren und für die Praxis aufzubereiten, denn nur eine enge Kooperation von schulischer Praxis und Bildungsforschung kann eine positive Lern- und Leistungsentwicklung beflügeln« (Fleischmann & Dittmer-Glaubig, 2022, S. 5).

In dem jüngst vom BLLV initiierten Symposium »Bildung 2030 – Schule in der Zeitenwende«, einer Zusammenkunft von Akteur*innen aus Bildungswissenschaft, Journalismus und Schulpraxis, ist der Innovationsstau an Schulen in vielen Entwicklungsdimensionen thematisiert und im Rahmen der auf diesem Symposium erarbeiteten »Münchener Erklärung« in Handlungsempfehlungen gewendet worden. In dieser Erklärung werden zentrale Aspekte dringlicher Handlungsnotwendigkeit im Bildungssystem im Sinne der Stärkung von Demokratie und Nachhaltigkeit sowie Kultur der Digitalität und KI benannt: Organisation und Schulentwicklung, Lehrer*innenbildung sowie Lern- und Leistungsbegriff. Hierzu heißt es: »Das notengetriebene Schulsystem ist angeblich nach dem Leistungsprinzip ausgerichtet. De facto betreibt es Auslese, fördert Bildungsungerechtigkeit und legitimiert soziale Ungleichheit« (Bayerischer Lehrer- und Lehrerinnenverband, 2023, S. 11).

> **Es braucht ein neues Verständnis von Leistung!**
>
> Künstliche Intelligenz wirkt sich auf die schulischen Bildungsprozesse aus. In wenigen Sekunden können Schülerinnen und Schüler umfangreiche Texte generieren oder sich ihre Hausaufgaben von Anwendungen wie ChatGPT schreiben lassen. Die Aussagekraft von Noten wird dadurch einmal mehr stark begrenzt und herkömmliche Prüfungsformate werden auf die Probe gestellt. Werden moderne pädagogische Praxis und bildungswissenschaftliche Erkenntnisse vor dem Hintergrund der Digitalisierung zusammen gedacht, dann wird schnell klar: Noten können die Komplexität individueller Lernprozesse nicht abbilden und digitalen Entwicklungen nicht standhalten. Vielmehr braucht es lernförderliche sowie formative Rückmeldungen auf die Leistungen der Schülerinnen und Schüler. Lernen ohne Noten? Unbedingt!
>
> *Simone Fleischmann, Präsidentin des Bayerischen Lehrer- und Lehrerinnenverbandes (BLLV)*

Die Leistungsbeurteilung mit und ohne Ziffernnoten bleibt ein Politikum und eine Reizflanke in der Diskussion um die moderne Schule. So zeigt eine aktuelle Umfrage von infratest dimap im Auftrag der Nordsee-Zeitung und von Radio Bremen: »Die Mehrheit der Wähler im Land Bremen will Schulnoten zurück: 68% der Befragten sprechen sich für Ziffern im Zeugnis aus« (Nordsee-Zeitung [NZ], 21.4.2023).

Notenfreie Leistungsbeurteilung erzeugt Klärungsbedürfnisse über ihre Bedeutung, den notwendigen Wandel und Spielräume einer gestaltungsbereiten qualitätsvollen Praxis. Wenn wir über die Schule als biographische Erfahrung in unserer Gesellschaft nachdenken, werden sich diese beiden Grundelemente der Schule – Leistungsbeurteilung und Notengebung – zwangsläufig verbinden. Lernen, Leistungserbringung und Notengebung erscheinen dabei als eine Einheit, zumindest können Leistungserbringung und Notengebung als zwei Seiten einer Medaille verstanden werden.

Dieses Begriffs- und Konzeptpaar ist in der Erfolgsgeschichte der modernen Schule ein kennzeichnendes und auffallend stabiles Merkmal und zugleich bis heute ein anhaltender Streitpunkt in den pädagogischen Reformdebatten sowie in der Bildungspolitik. Als Streitpunkt bindet und trennt es zugleich zwischen zwei elementaren Funktionen und Aufgaben der Institution Schule: dem individuellen Anspruch jedes Kindes und Jugendlichen auf Förderung und dem staatlichen Berechtigungswesen, das schulischen Lernerfolg mit der Aspiration weiterer staatlich finanzierter akademischer Bildungsleistungen und einem möglicherweise höheren Berufs- und Lebenserfolg verknüpft. Ungeachtet einer im deutschsprachigen Raum inzwischen über fünfzigjährigen erziehungswissenschaftlichen Forschungstradition zu den Noten, den Zeugnissen und den Schulabschlüssen sind diese idealtypischen institutionellen Funktionen und Leistungen der Schule bis heute der Dreh- und Angelpunkt von Anerkennung und Misserfolg beim Schulbesuch und in jeder Bildungsbiographie. Zwischen Erfolg und Versagen, Fairness und fehlender Gerechtigkeit, Subjektivität und Sachbezogenheit bewegen sich die Wahrnehmungen und Zuschreibungen der Menschen zur schulischen Leistungsbeurteilung mit Ziffernnoten. Häcker (2020) bemerkt hierzu:

> »Die einen heißen Schulnoten wegen des Versprechens der Leistungsgerechtigkeit und ihrer damit verbundenen Hoffnung auf Statuserhalt oder -erhöhung gut. Bei den anderen, den gesellschaftlichen Eliten, haben Schulnoten deshalb immer schon eine große Akzeptanz, weil sie verstanden haben, dass nichts die Sozialstruktur einer Gesellschaft verlässlicher reproduziert als der Glaube an die Objektivität von Schulnoten einerseits und der Glaube an den Mythos, es gäbe so etwas wie individuell zurechenbare Leistungen, andererseits« (S. 28 f.).

Zeugnisse und Noten gelten bis heute als die entscheidende »Währung« schulischer Bildungsergebnisse. Dabei dominiert die Überzeugung, dass die Beurteilung schulischer Lernleistungen bei den Schüler*innen durch die anscheinend objektive oder wenigstens objektivierbare Ziffernbenotung von sich aus eine valide Beschreibung von Lernen und damit die Berechtigung des Vergleichs begründet – im bundesdeutschen Berechtigungswesen etwa beim Zugang zu den durch den Numerus Clausus begrenzten Hochschulstudiengängen.

Im Fokus der aktuellen pädagogischen Debatten in Wissenschaft und Praxis zur Leistungserbringung und Leistungsförderung in der Schule stehen verschiedene Fragestellungen. Das sind vor allem das Zusammenspiel der Qualität von Lehren und Lernen, die Individualisierung von Lernen und Bildung, die Inklusion, die Förderung von Resilienz und die gesellschaftlich funktionale Integration der Kinder und Jugendlichen in die Demokratie, die Berufswelt und den Markt in einer offenen Gesellschaft in Freiheit und Verantwortung. Vor diesem Hintergrund stellt der neuere Diskurs zu differenzierenden Formen der Leistungsbeurteilung die Lernenden als Akteur*innen ihrer Bildungswege in den Mittelpunkt. »Lernen ohne Noten« ist dann zwar das Stichwort, gemeint ist dabei jedoch nicht das prinzipielle Abschaffen von rationalisierten Formen der Leistungsbeurteilung, sondern eine besonders effiziente Form der Förderung des Lernens durch Verständigung und Mitverantwortung der Lernenden für ihren Erfolg und die hierfür notwendige Motivation und Kommunikation – die dann nach differenzierten Formen der Rückmeldung und Verständigung fragt und damit vorzugsweise über Sprache stattfinden soll (Langela-Bickenbach, Dreier, Wampfler & Albrecht, 2024). Denn ebenso klar wie die Tatsache, dass Noten nur scheinbar valide und objektiv sind, dürfte auch die These sein, dass ein »Lernen ohne Noten« nicht in einen vermeintlichen Schonraum ohne Leistungsanforderung und zu unverbindlicher Gleichmacherei führen muss. Eine Gesellschaft, die Vielfalt als Wesensmerkmal kultiviert, benötigt Konkurrenz, unterschiedliche Leistungsartikulation sowie damit zusammenhängend Erfolg und Misserfolg – auch dies müssen Kinder und Jugendliche lernen, das kann die Schule als Schonraum nicht fernhalten. Es geht also nicht um die Alternative zwischen »harten« und »weichen« Formen der Leistungsbeurteilung, sondern um die Frage nach der sachbezogenen Effizienz der für diese zentrale schulische Aufgabe gewählten Formen, die sich im professionellen Vollzug in der Schule als angemessen erweisen müssen. »Lernen ohne Noten« ermöglicht es aus dieser Perspektive im Idealfall, Schüler*innen einen inklusionsstarken Partizipationsraum zu eröffnen und mitzugestalten, indem ein positives Konzept von Lernen und Leistung zugrunde gelegt und als lebenspraktisch wirksame Handlungskompetenz gefördert wird.

Eine solche Form leistungsförderlicher und auf Beteiligung setzender notenfreier Leistungsbeurteilung ist anspruchsvoll in der Anlage, Konzeptverbindlichkeit und Anwendung. Lerndiagnose und Leistungsbeurteilung müssen in schulischen Kollegien als Berufskompetenz vorausgesetzt und im Verlaufe der Berufsausübung stetig und standardbezogen gepflegt werden. Dabei spielen aktuelle und innovative Konzepte der Kompetenzmessung sowie eines professionalitätsstärkenden und systematisch in die Schulentwicklung integrierten Schüler*innen-Feedbacks eine tragende Rolle. Eine solche Beurteilungspraxis in der Schule zu etablieren, hat mehrere Voraussetzungen und Konsequenzen:

- Es bedeutet erstens, eine systematisch entfaltete, diagnostisch (mit Blick auf die Lernenden) wie didaktisch (mit Blick auf das Lernen) ausgewiesene Lernbegleitung von Schulbiographien kollegial zu ermöglichen, stetig zu reflektieren und langfristig zu kultivieren – von der Bezugsnormanwendung bis zur kritischen Reflexion der eigenen schulischen Leistungsbiographie.
- Dazu sind zweitens vielfältige Instrumente und Verfahren einer entwicklungsförderlichen Beratungskultur erforderlich, die Fortschritte und Hinweise beinhaltet und Kinder und Jugendliche narrativ anregend und auffordernd anspricht, ihrer Perspektive Beachtung und Einfluss zuspricht. Eine entwicklungsgerechte Leistungsbeurteilung ist ohne kommunikative und substanzielle Beteiligung der »Beurteilten« nicht realisierbar. Formative Leistungsbeurteilung wird dann Teil von Sprachbildung und Demokratielernen.
- Drittens muss das Repertoire formativer Leistungsbeurteilung in den jeweiligen Handlungs- und Professionskontext der Schulen passen, deren Standortqualität ausweisen und anschlussfähig sein für Bildungsübergänge und für Bildungsangebote in außerschulischer projektbezogener Kooperation.
- Viertens müssen insbesondere Schulleitungen und das mittlere Management entwicklungsengagiert sein und für einen nachhaltigen Schulentwicklungsprozess eintreten, in diesem Rahmen Prozesse operationalisieren sowie implementieren und für ergebnisbezogene Effizienz sorgen. Der Aufbau kollegialer Teams, die Ermöglichung kooperativer Arbeit, Zeitmodelle sowie Fortbildung in Netzwerken und beratende Begleitung gehören dazu.

Eine so konzipierte Beteiligungspraxis setzt bei den Schüler*innen u. a. eine entsprechend entwickelte Lesekompetenz voraus, um beispielsweise

Leistungsrückmeldungsformate wie schriftliche Verbalbeurteilungen sinnentnehmend lesen und schlussfolgernd verstehen zu können. Diese Anforderung lenkt den Blick auf aktuelle Befunde der Internationalen Grundschul-Lese-Untersuchung (IGLU 2021), denen zufolge rund ein Viertel (25,4%) der Schüler*innen in Deutschland am Ende der Grundschulzeit nicht die Kompetenzstufe III erreichen und somit kaum ausreichende Lesekompetenzen für das weitere schulische Lernen in allen Fächern und eine altersadäquate, aktive schulische und gesellschaftliche Teilhabe und Partizipation erworben haben (Lorenz, McElvany, Schilcher & Ludewig, 2023). Im 20-Jahres-Trend der bislang insgesamt fünf IGLU-Studienzyklen hat sich dieser Anteil der Leseschwachen seit der ersten Studie im Jahr 2001, bei der knapp 17% der Schüler*innen nicht die Kompetenzstufe III erreichten, signifikant und relevant vergrößert, was nicht allein auf eine Zunahme der Heterogenität der Schüler*innenschaft oder auf potenzielle, durch die Corona-Pandemie bedingte Kohorteneffekte zurückzuführen ist (Frey et al., 2023). Analysen im Rahmen der Berichtslegung zu IGLU 2016 weisen in diesem Kontext zudem aus: Während sich der Anteil an leseschwachen Kindern von IGLU 2011 zu IGLU 2016 vergrößert hat (von 15,4% auf 18,9%), hat sich der Anteil derjenigen Kinder, denen die im Rahmen dieser Studien befragten Lehrkräfte einen Förderbedarf im Bereich Lesen attestieren, verringert (von 23,1% auf 16,8%; Bremerich-Vos, Stahns, Hußmann & Schurig, 2017). Die Lehrkräfte haben sich bei ihrer Einschätzung somit als Referenzrahmen wohl eher an der Leistungsverteilung in ihrer jeweiligen, an IGLU teilnehmenden Schulklasse orientiert, wie sie sich ihnen beispielsweise aus Klassenarbeiten erschließt, als an einer inhaltsbezogenen bzw. kriterialen Norm, wie sie beispielsweise der Rückmeldung von Leseleistungen im Rahmen von Vergleichsarbeiten zugrunde liegt (ebd.), denn bei gleichem kriterialem Maßstab hätten sie 2016 mehr – und nicht weniger – Kindern einen Förderbedarf bescheinigen müssen (Bos, Valtin, Hußmann, Wendt & Goy, 2017). Vor diesem Hintergrund kann eine systematische Verknüpfung einer datenbasierten und an verbindlichen Referenzrahmen bzw. Standards orientierten Individualdiagnostik mit gezielter Leseförderung im Rahmen von empirisch als wirksam belegten Konzepten und Ansätzen, wie sie u.a. im Rahmen der Berichterstattung zu IGLU 2021 gefordert wird (McElvany et al., 2023), auch dafür bedeutend sein, die sprachlichen Grundlagen für die Etablierung alternativer Beurteilungsformen zu sichern und auszubauen. Hierbei dürfte u. a. entscheidend sein, wie es gelingt, eine differenzielle Messung von Lesekompetenzen zur Erkennung von Förderbedarfen mit einem formativ ausgerichteten Fördermodell zu verknüpfen, das an eine dialogische Gestaltung von Leistungsbeurteilung und Lernentwicklung anschlussfähig ist.

Fassen wir zusammen: Insgesamt werden bei einer wirksamen Strategie zur Implementation einer lern- und entwicklungsgerechten Leistungsbeurteilung »ohne Noten« die schulischen Binnenverhältnisse am erkennbaren Grad von Sozialität, Selbstwirksamkeitserleben, Partizipation, Kompetenz und Kommunikation sowie fachlich fundierter Entwicklung von Beurteilungsinstrumenten und -standards im Kollegium – ggf. mit professioneller Unterstützung – bemessen (S.-I. Beutel & Ruberg, 2023a). So gesehen verbindet sich mit der »Schule ohne Noten« das Schulentwicklungsziel, die verbreiteten einseitigen, oftmals intransparenten Beurteilungsrituale zu überwinden. Denn diese stellen meist eine Erwartung an die alleinige Bringschuld des Lernens und der Leistungspräsentation der Schüler*innenschaft in den Mittelpunkt. Sie orientieren sich dabei überwiegend an curricular begründeten Erträgen eines Lernens, das weder Verständigung pflegt noch Förderziele zuordnet.

Dies gilt ebenso für die mehrheitliche Praxis rein zensurenbezogener Beurteilung und der entsprechenden Dominanz von Ziffernzeugnissen. Deshalb ergibt sich aus schultheoretischer Perspektive die These, dass die Schule ihrer Aufgabe individuell erfolgreicher Zuweisung (Allokation) von Funktion, Beruf, Studium und in dessen Folge sozialer Position in der Gesellschaft dann besonders gerecht wird, wenn sie eine konstruktive und vielfaltsbezogene Lernkultur, bestmögliche Entwicklungschancen für ihre Schüler*innenschaft und grundlegende Demokratieerfahrungen zu Grundelementen der stetigen Veränderung von Schul- und Lernkultur macht (Beutel & Beutel, 2014).

Leistungsbeurteilung und Kinderrechte

Der Diskurs um die Wirkung einer juristisch tragenden Geltung der Kinderrechte berührt ebenfalls die Reform der schulischen Praxis der Leistungsbeurteilung und insbesondere kinderrechtlich fundierte Fragen an die Praxis der Ziffernnoten:

> »Mit der Kinderrechtskonvention hat sich ein Paradigmenwechsel in der Betrachtung von Kindern vollzogen: Kinder werden nicht länger als schutzbedürftige, machtlose und unmündige Wesen betrachtet, welche den Entscheidungen von Erwachsenen unterworfen sind. Die Konvention betont vielmehr die Subjektstellung des Kindes, seine Eigenständigkeit und seine Rechte. Als *subjektive* [Hervorhebung v. Verf.] Rechte begründen Kinderrechte einklagbare Rechtsansprüche gegen willkürlichen Machtgebrauch über sie. Als *objektive* [Hervorhebung v. Verf.] Rechte legen die Kinderrechte Erwachsenen und staatlichen Institutionen die Verpflichtung auf, die fundamentalen Interessen des Kindes anzuerkennen [...]« (Heldt, 2022, S. 387–388).

Wirkungsprägend sind sowohl die UN-Kinderrechtskonvention (United Nations Children's Fund [UNICEF], n. d.) als auch die UN-Behindertenrechtskonvention (Beauftragter der Bundesregierung für die Belange von Menschen mit Behinderungen, 2018). Beide juristische Komplexe beeinflussen das geltende Recht in Deutschland und legen einen veränderten Umgang auch mit der Leistungsbeurteilung in der Schule nahe: Der Unterricht muss im Licht dieser beiden Rechtskonventionen ein Lehren und Lernen fördern, das Formen der Individualisierung des Lernens erforderlich macht, in denen Didaktik, Methodik sowie die Anerkennung unterschiedlicher Lernvoraussetzungen und Verhaltenserwartungen ebenso wie biographische Erziehungs- und Sozialisationserfahrungen, Bindungen, Stärken und Schwächen der Lernenden berücksichtigt werden. Die hierfür notwendigen schulpraktischen Überlegungen müssen nunmehr die Inklusionspraxis sowie die rechtlich bindenden Ansprüche von Kinderrechten einbeziehen, die in einer demokratisch-pluralen und auf Verschiedenheiten setzenden Gesellschaft besonders stark ausgeprägt sind. Individualisierung als Herausforderung und Folge dieser noch keinesfalls selbstverständlichen Rechtssituation ist für die Schule in Deutschland und deren pädagogische Qualität deshalb eine der aktuellen Entwicklungsaufgaben. Zugespitzt formuliert: Kinderrechtsansprüche und eine umfassende Praxis der Inklusion stehen in gravierendem Widerspruch zu einer curricular zentrierten Notenpraxis und zu möglichen Formen von sozialen Vergleichen, welche die Ausgrenzung begünstigen.

Denn die Kinder als Träger ihrer eigenen, nicht begrenzbaren Menschenrechte haben ein Recht auf Gehör (Art. 12 Kinderrechtskonvention [KRK]), auf Berücksichtigung ihres Wohls (Art. 3 KRK), auf Förderung ihrer Entwicklung (Art. 6 KRK) und auf Bildung durch Handeln und Urteilen (Art. 28/29 KRK), wie dies Krappmann (2016) in These 8 des Manifests »Kinderrechte, Demokratie und Schule« prägnant zusammengefasst hat: »Die leitende Absicht [der KRK] ist, die Kinder dahin zu führen, ihre Rechte selber ausüben zu können und bis dahin die Erfüllung ihrer Rechte in ihrem Sinne sicherzustellen« (S. 22). Der pädagogische Umgang mit Vielfalt führt notwendigerweise an die Grenzen der Unterschiedlichkeit und verlangt aktive Toleranz sowie Werteklarheit. Das führt in der schulischen Praxis zu Situationen, in denen die Grenzen des Miteinanders immer wieder neu ausgelotet werden müssen. Denn das Verhältnis der Lehrenden zu ihrer Schüler*innenschaft sowie auch der Schüler*innen zueinander braucht eine individualitätssensible Wahrnehmung und damit letztlich auch eine persönlich zentrierte und zugleich professionelle Haltung der Lehrkräfte zur beruflichen Aufgabe der Leistungsbeurteilung. Eine inklusionsstarke Schule zu entwickeln, führt zur Herausforderung, den Druck zur Aussonderung zu reduzieren sowie die schulischen Erwartungen an Normierung und Standardisierung sinnvoll zu gestalten und zugleich kritisch zu beleuchten. Die Schule kann hierbei alternative Konzepte des Lernens entwickeln, die sich dann in der Kultur der Leistungsbeurteilung ausweisen können. Eine die Schule immer noch mehrheitlich dominierende Defizitorientierung sollte gegenüber der Förderung individueller Stärken und eines entsprechenden Lernens in den Hintergrund treten.

Das schließt letztlich auch bildungspolitische Forderungen und Veränderungen ein, die darauf zielen, dass ein umfassendes, schüler*innennahes und individualisierendes Konzept von Leistung die Grundlage sein muss für die Bewältigung der schulischen Aufgabe, mehr Gerechtigkeit gegenüber den sozialen Kontexten ihrer Schüler*innenschaft ausüben zu können, denn

»[...] dann muss der Begriff von Leistung wieder seine umfassende Bedeutung erhalten. Dann muss Schule befreit werden von der Dominanz ihrer Selektionsfunktion und dem irrationalen Streben nach vermeintlicher Homogenität. Dann wird Leistung nicht mehr zur Legitimierung von Sortierungsentscheidungen missbraucht, sondern in seiner umfassenden Bedeutung zum Ziel der individuellen Förderung jedes einzelnen Schülers« (Schäffer, 2017, S. 31).

»Leistung« im Deutschen Schulpreis

In diesem Band wird der Möglichkeitsraum formativer Leistungsbeurteilung exemplarisch an Preisträgerschulen und nominierten Schulen des Deutschen Schulpreises aufgezeigt. Wir wählen diesen Zugang, um begriffliche Klärungen vorzunehmen und in die Weite der Konzepte einzuführen, Praxisrelevanz und Anwendung aufzuzeigen sowie mögliche Distanz zur Einführung zu verringern.

Der Deutsche Schulpreis (DSP)[1] setzt sich seit 2006 jährlich mit entwicklungsstarken Schulen und deren pädagogischen Konzepten auseinander. Dabei spielt die pädagogische Konzeption von Leistung und Leistungsbeurteilung ebenso eine Rolle wie der datengestützte Ausweis schulischer Leistung im Kontext des jeweiligen Schulsystems. Es zeigt sich dabei, dass die dort qualifizierten »guten Schulen« ein differenziertes, viele Domänen betreffendes Curriculum und Angebotsportfolio vorweisen, das einen differenzierten Umgang mit dem Komplex schulischer Leistung und Leistungsbeurteilung sowie eine entsprechende curriculare Reflexion und Praxis einschließt. Dabei dominiert nicht die tradierte Fokussierung allein auf »akademische Kompetenzen« im Sinne curricular verankerter Fachleistungen, gerade wenn neben der Förderung sprachlicher Kompetenzen sowie der Vermittlung mehrerer Sprachen naturwissenschaftliche Angebote ausgeprägt sind. Entscheidend ist, dass dies didaktisch meist mit

---

1 Der Deutsche Schulpreis wird von der Robert Bosch Stiftung und der Heidehof Stiftung ausgelobt, siehe https://www.deutscher-schulpreis.de/.

Formen forschenden Lernens und schulöffentlicher Präsentation sowie entsprechenden Projektarbeiten verknüpft ist. Wettbewerbsteilnahmen und Kooperationen mit namhaften und exzellenten Partner*innen des tertiären Bildungsbereichs schließen sich an. Ein Wechselspiel von individueller und kooperativer Leistung, von vielfältigem und gekonntem Lernen wird so im gesamten Schulhaus – hier durchaus auch räumlich und sozial gemeint – dokumentiert. Das leistungsambitionierte Auftreten solcher Schulen korrespondiert auf der Seite der Schüler*innen mit positiven Lernhaltungen, Offenheit und Interesse sowie mit Elternhäusern, die ein solches Leistungskonzept erwarten, mittragen und unterstützen.

So wird das individuelle Leistungsgeschehen beispielsweise in regelmäßig stattfindenden »Schüler*innen-Eltern-Lehrer*innen-Konferenzen« reflektiert. Die Schulen des Deutschen Schulpreises überzeugen durch Lernsettings, in denen sich individuelles und kooperatives Lernen, Beziehung, Neugierde, Beteiligung und Zutrauen verbinden. Durch außerschulische Kooperation und ein damit eröffnetes Feld für Projekte kleinerer und größerer Dimension kann der Eigensinn des schulischen Lernens – Konzentration, gemeinsame Aufgabenbestimmung in altersähnlichen Gruppen, die Teilung kultureller und entwicklungsbezogener Formen der Repräsentation im sozialen Miteinander und anderes mehr, was die Schule als positive Lebenswelt von Kindern und Jugendlichen ausmacht – auch im Kontext künftiger Bildungs- und Ausbildungschancen gesehen werden. Es ist gewollter Teil pädagogischer Arbeit, dass Jugendliche einen vorausschauenden »Zeitsprung« ihres biographischen Werdegangs mitbedenken und darin ihr Lernen sowie ihre Leistungen reflektieren.

In den standardisierten Überprüfungen, wie auch in den Abiturabschlussprüfungen in Schulformen mit gymnasialer Oberstufe, zeigen die Schüler*innen oftmals überdurchschnittliche Leistungen. Die Schulen nutzen die Teilnahme an Lernstandserhebungen bzw. Vergleichsarbeiten nicht nur als Diagnostik ihres je aktuellen Status, sondern als Ausgangspunkt einer Datensammlung und Ergebnisauswertung für weitere individuelle Lernausgangslagen und Lernstände sowie als Anlass zur didaktischen Nachsteuerung in Fachgruppen – sie ziehen daraus einen im engeren Sinne pädagogischen Nutzen in der Bewältigung der aktuellen Aufgaben zwischen Individualisierung und Berechtigungswesen. Sowohl das umfassende pädagogische Leistungsverständnis als auch die sichtbaren Erfolge in den Lernstandserhebungen sowie die Verbindung der Leistungsethik mit einer lebenspraktisch orientierten Zielbeschreibung für das Leistungsbild der Schule begründen die bei den DSP-Preisträgern vorfindliche Vielfalt und Besonderheit dieser Schulen. Man kann aufgrund dessen zumindest die Vermutung formulieren, dass es den DSP-Schulen in dem für das deutsche Schulwesen kennzeichnenden »[…] Spannungsfeld aus inhaltlicher Unter- und bürokratischer Überregulierung« (Schratz, Pant & Wischer, 2014, S. 10) immer wieder gelingt, »[…] die Entkoppelung von Legitimitätsanspruch und Praxis der Leistungsbeurteilung durch gute selbstentwickelte Koppelungen zu überwinden« (Schratz et al., 2014, S. 10).

Bei nahezu allen exzellenten, d.h. im Preisträgerstatus des DSP qualifizierten Schulen ist eine lernförderliche Beziehung zwischen den Lernenden und Lehrkräften klar ersichtlich. Das führt zur schulpraktischen Anwendung der Einsicht, dass auch ein*e Schüler*in eine*n Schüler*in unterrichten kann, dass neue und andere Erklärungswege von Gegenständen, Phänomenen und Lernaufgaben – unterstützt von visualisierenden Medien – oftmals hilfreicher sind als tradierte fachdidaktische Konzepte. Zudem stärkt es eine Praxis, in der Schwächen und Fehler bei Lernenden nicht Ausschluss und Sanktion bedeuten, sondern Anlässe für ein Nachdenken der Lehrenden über das Lernen und für die Entwicklung von Unterstützungsangeboten für die Lernenden geben. Lernergebnisse zu erreichen und zu dokumentieren, liegt hier nicht allein in der Verantwortung der Schüler*innenschaft, sondern wird als durch die Individualisierung notwendigerweise erzeugte Herausforderung in der Lehrer*innenschaft verstanden. Die Dokumentationsformen von Lernergebnissen sind dabei – auch bedingt durch die Aufgabenvarianz – vielfältig. Unterschiedliche Wege des Verstehens der Lernenden beim Lernen werden respektiert. Die Vielfalt von Richtigkeitsansprüchen und deren Geltung wird in der Verständigung zwischen Lehrenden und Lernenden überprüft und auch korrigiert. Es wird deutlich, dass die an den Schulen des DSP eingeschlagenen Wege zu mehr Individualisierung im Unterricht und zur Selbstverantwortung beim Lernen weniger einen pädagogischen Trend oder einen didaktisch-methodischen Selbstzweck beschreiben – sie sind vielmehr eine vernünftig begründete Antwort auf die Herausforderungen von Vielfalt und Differenz in den Lern- und Lebensbiographien der Kinder und Jugendlichen. Die Schulen praktizieren mit ihren Kollegien eine pädagogische Haltung, die sich nicht nur auf die schulfachliche Leistungsentwicklung konzentriert, sondern Lernen und Leistung in den Kontexten von Beziehung, sozialer Begegnung und herausforderndem Lernangebot beschreibt. Über alle Jahrgangsstufen hinweg sind Differenzierungsmuster erkennbar. Dabei lassen sich verschiedene Formen größtmöglicher Konzentration auf individuelle Prozesse der Kompetenzentwicklung erkennen. Es spielen kompetenzorientierte Lernarrangements, variantenreiche Aufgaben- und Arbeitsmaterialien (geordnet nach Darbietung, Tempo, Umfang, Aufgabenstellung, Patensystem, Methode und Arbeitsmittel etc.) eine entscheidende Rolle. Kooperative Lernformen werden durch gemeinsame, forschend-erkundende Dialoge zwischen Lehrkräften und Schüler*innen eingeleitet und angelegt. Aufgabenplanung und Reflexion gehören dazu. Die Flure und – mit pädagogischer Perspektive in Aktivitätszonen unterteilte – Gruppenräume, meist mit ästhetisch anspruchsvoll ausgestellten Schüler*innenarbeiten, sind nicht nur moderne Lernorte mit Galerien als Ergebnisnachweis, sondern bilden zugleich ein öffentlich wahrnehmbares Bildungspanorama der Schule. Sie sind ein auch den Eltern und der Öffentlichkeit zugänglicher Ort, an dem das Lernen der Kinder nachvollziehbar und zum Gesprächsanlass wird. Didaktische Schwächen können dabei durchaus hervortreten. Sie sind der Lehrer*innen- wie der Schüler*innenwahrnehmung zugänglich und sie fordern neue Entwicklungsleistungen ein (S.-I. Beutel, Höhmann, Pant & Schratz, 2017).

Die Schulen sehen die Notwendigkeit des Sichtbarmachens von Leistung und Leistungsergebnissen auf den Ebenen der Lernenden, der Schule als pädagogischer Handlungseinheit und der systemischen Ebene. Ihre Arbeit ist öffentlich und fachlich legitimationspflichtig. Sie müssen beschreiben und ausweisen können, was sie gemessen an der Erwartung von Staat, Gesellschaft und den aus ihr und in ihr handelnden Menschen erreichen wollen und mit welchem Mittelaufwand sie dieses tun. Dabei gilt zugleich jedoch die der Schule eigene pädagogische Bestimmung, Schüler*innen eine herausragende Umgebung für ihr Lernen und ihre Kompetenzentwicklung zu bieten und ihren Erfolg daran zu bemessen. Schulentwicklung benötigt entsprechend einen vernünftig begründeten

Umgang mit Leistungsdiagnostik auf allen Ebenen, zuletzt und vor allem auf Ebene der Lernenden selbst und ihrer Erwartungen an ihre eigene Arbeit, aber auch an die Arbeit ihrer Schulen. Für eine »Schule ohne Noten«, die Leistungsbeurteilung als rational begründete, professionell fundierte Aufgabe ihrer Lehrer*innenschaft versteht, können wir also festhalten: Leistungsbeurteilung ist mehr als curricular begründete Notenvergabe. Die Diskussion um Formen der Leistungsbeurteilung ist aber auch mehr als die pure und meist schnell vorgetragene Reproduktion allein der Forderung, »Noten abzuschaffen«. Sie fokussiert vielmehr darauf, diese Aufgabe gut begründet als professionelles Handlungserfordernis zu verstehen, das im produktiven, auf Wechselseitigkeit, Anerkennung und Verständigung setzenden Prozess mit den Lernenden transparent und valide gelöst werden kann. Leistungsbeurteilung an der jeweiligen Schule ist pädagogisch-professionell gesehen dann qualitativ so gut, wie es der Unterricht und das Lernen dort auch sind.

Wir fassen unsere einführenden Überlegungen in drei Aspekten zusammen:

- Leistungsbeurteilung muss valide und gut begründbare Verfahren der Überprüfung von Lernleistungen, die Einordnung der Lernleistungen, kompetenzbegründete Lern- und Leistungsanforderungen sowie deren transparente und nachvollziehbare Kommunikation berücksichtigen. Dazu gehören elementare entwicklungspsychologische Einsichten zum Verstehen und Lernen, zur moralischen und sozialen Urteilskompetenz von Kindern und Jugendlichen sowie zu deren prozesshafter Entwicklung in Kindheit und Adoleszenz.
- Leistungsbeurteilung benötigt beides – ein Leistungskonzept und ein begründetes Konzept von Beurteilung. Als kritisches Korrektiv bedarf sie zudem der Einsicht, dass Noten nur einen scheinbar objektiven Charakter haben, wie alle Darstellung sozialer Verhältnisse allein durch Zahlen. Der ideologische Charakter solcher Traditionen ist allerdings auch Formen alternativer Leistungsbeurteilung, etwa durch verbale Berichte, nicht fremd. Nur die Umstellung der Darstellungsformen von der Zahl zum Wort wirkt allein weder aufklärend noch entideologisierend. Entscheidend sind die Konzepte der Begründung und die nach-

vollziehbare, professionell begründbare Form der Anwendung. Aus der Erfahrung praktischer Pädagogik kann davon ausgegangen werden, dass kommunikativen Formen verbaler Leistungsbeurteilung ein variantenreicherer und dem Erfordernis der Individualisierung eher entsprechender Grundzug innewohnt, als dies bei Ziffernzensuren der Fall ist.
- Dabei ist besonders bemerkenswert, dass die Kinder und Jugendlichen in der Schule mehrheitlich über ihr Lernen und ihre Leistungen auskunftsfähig sind. Das betrifft sowohl den eigenen Lernprozess als auch aktuelle Tätigkeiten. Sie können diese in der Relevanz für Tests und Klassenarbeiten einordnen. Eine valide Praxis lernförderlicher Leistungsbeurteilung kommt schon allein deshalb ohne Beteiligung der Lernenden nicht aus. Sie fördert Souveränität in der Selbststeuerung und ist Ausweis einer praktizierten Kultur des sich vergewissernden Austausches zwischen Lehrenden und Lernenden.

Eine Herausforderung schulischer und unterrichtlicher Entwicklung im Hinblick auf den Einbezug alternativer, formativer bzw. förderorientierter Beurteilungsformen kann hierbei in der Frage liegen, wie diese Beurteilungsformen möglichst passend in die Gestaltung unterrichtlicher Angebote unter Berücksichtigung der schulischen und außerschulischen Bedingungen und Abhängigkeiten eingebunden werden können. Hierfür soll im Folgenden überblicksartig ein handlungstheoretischer Rahmen skizziert werden (zu den komplexen Prozessen pädagogischer Diagnostik und schulischer Leistungsbeurteilung und der Differenzierung zwischen summativen und formativen Verfahren siehe im Überblick Jürgens, 2022; ergänzend und vertiefend: Jürgens & Lissmann, 2015; Sacher, 2014; Zimmermann, Möller & Riecke-Baulecke, 2019).

Der Prozess der pädagogischen Leistungsbeurteilung im schulischen Kontext kann mit Ingenkamp und Lissmann (2008) als komplexer interaktiver Vorgang charakterisiert werden, der durch subjektive Erwartungen sowie durch weitere Merkmale der beteiligten Lehrkräfte und Schüler*innen (z. B. Kompetenzen, sozio-emotionale Aspekte und Beurteilungserfahrungen) ebenso beeinflusst wird wie durch Merkmale der Beurteilungssituation (z. B. Ziele und Verfahren der Beurteilung) und institutionelle Rahmenbedingungen (z. B. Prüfungsordnungen, Erziehungsnormen und Selektionsforderungen). Wenn hierbei die Lernentwicklung und -begleitung der Schüler*innen im Sinne einer formativen, förderorientierten Leistungsdiagnostik und -beurteilung im Zentrum stehen sollen, ist stets auch die didaktische Perspektive einzubeziehen, um die Verbindung zu Fragen des Unterrichts und zur Gestaltung sachgerechter, personenzentrierter und produktiver Lernumwelten herzustellen (Jäger, 2007; Jürgens & Lissmann, 2015; Winter, 2020). Leistungsbeurteilung ist in diesem Zusammenhang als ko-produktiver und -konstruktiver Prozess zu verstehen:

> »Fördernde Beurteilung ist in einer Unterrichtskultur, in der die Schülerinnen und Schüler selbst planen, gestalten und organisieren sowie selbst Verantwortung im Rahmen des Erziehungs- und Bildungsauftrags übernehmen sollen, keine ausschließlich in der Hand der Lehrkraft liegende, sondern eine geteilte Aufgabe« (Jürgens & Lissmann, 2015, S. 193).

Die interaktive Wechselbeziehung zwischen Lehrkräften und Schüler*innen im Beurteilungsprozess kann – in formativer Sicht der in diesem Band dargestellten alternativen Konzepte der Leistungsbeurteilung – als integraler Bestandteil des Lehr-Lern-Prozesses und der unterrichtlichen Lernsettings gedacht werden. Wie in diesem Band detailliert ausgeführt wird, ist es hierbei wichtig, zwischen Leistungserfassung einerseits und Leistungsbeurteilung andererseits zu unterscheiden. Darüber hinaus ist es mit Blick auf eine möglichst förderliche Funktion der Beurteilung für die Lernentwicklung der Schüler*innen relevant, nicht nur erreichte Lernstände im Verhältnis zu den Lernzielen, sondern vor allem auch die Lernprozesse der Schüler*innen einzubeziehen. Eine entsprechende formative Leistungsbeurteilung (im Sinne eines assessment *for* learning), bei der fortlaufend diagnostische Informationen zur Lernentwicklung der Lernenden gesammelt und diese Informationen genutzt werden, um den Lernenden Rückmeldungen zur Optimierung ihrer individuellen Lernprozesse zu geben und bei Bedarf Unterrichtsprozesse anzupassen (Black & Wiliam, 1998; Bürgermeister & Saalbach, 2018; Smit, 2009), stellt eine bedeutsame Möglichkeit dar, »Lehr- und Lernprozesse im Unterricht zu unterstützen und [sollte] deshalb als ein zentrales Element unterrichtlichen Handelns verstanden werden« (Bürgermeister & Saalbach, 2018, S. 202–203; vgl. auch Bürgermeister, Klieme, Rakoczy, Harks & Blum, 2014; zur Differenzierung zwischen Leistungserfassung und Leistungsbeurteilung siehe ▶ Kap. 1 dieses Bandes; zu formativer Leistungsbeurteilung siehe ▶ Kap. 2).

Unterricht kann im Sinne eines konstruktivistischen Lernverständnisses (Reusser, 2006) als Interaktion von Lehrenden, Lernenden und einem Unterrichtsgegenstand und somit als gemeinsame Aktivität verstanden werden, bei der Lernergebnisse aus ko-konstruktiven Prozessen zwischen Lehrenden und Lernenden im Klassensetting resultieren (Fend, 2019; Reusser & Pauli, 2010). Die unterrichtlichen Lehr-Lern-Arrangements können hierbei als institutionelle Angebote von Lerngelegenheiten aufgefasst werden, die von den Lernenden je nach ihren Voraussetzungen (wie Vorwissen, Einstellungen etc.) unterschiedlich genutzt, wahrgenommen und interpretiert werden. Auch die Lehrenden nehmen ihrerseits das Unterrichtsangebot und die Geschehnisse im Klassenzimmer wahr und interpretieren sie, wodurch auch bei ihnen kognitives, motivationales und emotionales Erleben ausgelöst wird, was wiederum ihr Unterrichtshandeln beeinflussen kann (Vieluf, Praetorius, Rakoczy, Kleinknecht & Pietsch, 2020). Bildungserträge schulischen Unterrichts sind in dieser Perspektive nicht nur davon abhängig, welche Lerngelegenheiten im Unterricht angeboten, sondern auch davon, ob und auf welche Weise diese durch die Lernenden genutzt und durch die Lehrenden verarbeitet werden. Die konzeptionelle Idee der Differenzierung von Angebots- und Nutzungsseite im Bildungsprozess (Fend, 1980) liegt entsprechenden Angebots-Nutzungs-Modellen der Wirkweise des Unterrichts zugrunde, die zudem Einflüsse von Merkmalen der im Unterricht zusammenhandelnden Akteur*innen (Lehrkräfte, Schüler*innen) sowie der Kontexte berücksichtigen, in welche die unterrichtlichen Interaktionen eingebettet sind (Fend, 2008, 2019; Helmke, 2003, 2022; im Überblick: Vieluf et al., 2020; in Bezug auf schulbezogene Einstellungen von Schüler*innen: Pfänder, Goy, Kilisch & Sartory, 2023).

Im sozialen Prozess des Unterrichts sind die Lernenden in dieser Perspektive aktive Ko-Produzent*innen des Bildungsangebots (Fend, 2008; Klieme, 2006), zu dem in der hier vorgeschlagenen Sicht auch die Leistungsbeurteilung gezählt werden kann. Hierbei rückt auch die Frage der Passung zwischen den individuellen Voraussetzungen auf Seiten der Schüler*innen und den institutionellen Leistungsanforderungen und -erwartungen in den Blick. Diese Passungsfrage konkretisiert sich in der unterrichtlichen Angebotsgestaltung und ist für die schüler*innenseitige Nutzung und ko-konstruktive Mitgestaltung der Bildungsangebote sowie die damit verbundenen schulischen Lernerträge als maßgeblich einzuschätzen (Pfänder et al., 2023). Hieran anknüpfend ist die Frage der Passung auch für eine pädagogische Ausgestaltung der Leistungsbeurteilung im Unterrichtskontext und die Nutzung und Mitgestaltung der Beurteilungsangebote durch die Schüler*innen als entsprechend bedeutsam anzunehmen. Hieraus resultieren u.a. Anforderungen an ein möglichst adaptives Ansetzen an den Ausgangslagen sowie Lern- und Entwicklungsbedarfen der Schüler*innen (vgl. auch Bürgermeister & Saalbach, 2018).

Alternative, förderorientierte bzw. formative Formen der Leistungsbeurteilung, die in diesem Band vorgestellt werden, korrespondieren mit einem pädagogisch motivierten Leistungsverständnis (siehe u.a. Bohl, 2003, 2012), das in Verknüpfung mit einem erweiterten Lernverständnis (ebd.) zentraler Bezugspunkt der Beurteilungsgestaltung ist. Ein solches Verständnis steht in Relation zu einem umfassenden Konzept von Bildungszielen und unterrichtlich anzustrebenden Bildungswirkungen, das nicht allein kognitive Aspekte fokussiert, sondern berücksichtigt, dass neben fachlichen Leistungen und Kompetenzen auch überfachliche Kompetenzen, wie Problemlösefähigkeit oder soziale Kompetenz, und motivationale sowie volitionale Aspekte zu den multikriterialen Zielen unterrichtlicher Wirksamkeit zählen (Brühwiler & Helmke, 2018; in Angebots-Nutzungs-Perspektive vgl. u.a. Vieluf et al., 2020; Helmke, 2022). Hinsichtlich der Bildungserträge als Nutzungsresultate unterrichtlicher Lernangebote ist die Relevanz des Einsatzes notenalternativer, formativer Formen der Leistungsbeurteilung somit nicht allein dadurch begründet, dass die Schüler*innen durch eine mit diesen Beurteilungsformen einhergehende intensivere Auseinandersetzung mit Lernzielen und Beurteilungsinhalten ein vertieferes Verständnis der Lerninhalte erlangen können, sondern auch durch die Annahme, dass diese Beurteilungsformen aufgrund ihrer formativen und handlungsorientierten Ausrichtung in einer multikriterialen bzw. mehrdimensionalen Perspektive von Bildungszielen auch Aspekte wie Motivation und selbstregulative Fähigkeiten günstiger beeinflussen sollten.

Die unterrichtlichen Prozesse, in welche eine formative Leistungsbeurteilung eingebettet ist, werden in Angebots-Nutzungs-Modellen in wechselseitigen Bedingungsverhältnissen mit den sie rahmenden Kontexten und den in ihnen handelnden Akteur*innen betrachtet. In schul- und gesellschaftssystemischer Mehrebenenperspektive lassen sich in einer analog zu Vieluf et al. (2020) gewählten Differenzierung auf schulischer Seite die Kontexte von Klasse und Fach (z. B. mit Blick auf Lernkultur und Klassenkomposition), der Schule (z. B. hinsichtlich Schulkultur, Einstellungen von Leitung und Kollegium sowie Leitungshandeln) sowie des Schul- bzw. Bildungssystems (z. B. hinsichtlich Gesetzen, Erlassen und Verordnungen, Lehrer*innenausbildung sowie Angebotsstrukturen zu Fort- und Weiterbildungen) betrachten (zur Pädagogischen Diagnostik als alle Ebenen des Schulsystems tangierendes Konzept vgl. auch Schreiner, 2024). Auf außerschulischer Seite können als entsprechende Kontexte mit Relevanz für die Ausgestaltungsmöglichkeiten der Leistungsbeurteilung im Rahmen des schulischen Unterrichts das direkte soziale Umfeld (z. B. bezüglich der Akzeptanz alternativer Formen der Leistungsbeurteilung in den Familien der Schüler*innen), die Region, in der sich die Schule befindet (z. B. mit Blick auf ein mögliches Netz an Beratungs- und Kooperationspartner*innen außerhalb der Schule) sowie eine (gesamt-)gesellschaftliche Ebene differenziert werden (z. B. hinsichtlich Gesetzgebungen, Werten und Normen, Akzeptanz alternativer Leistungszertifizierungen, Umsetzung der Kinder- und Behindertenrechtskonventionen u. w. m.). Schulische und außerschulische Kontexte sind dabei nicht unverbunden, sondern stehen ebenfalls in Relation. In der folgenden Abbildung (▶ Abb. 1) wird das skizzierte Bedingungsgefüge grafisch veranschaulicht (zur Adaption der Modellvorlage von Vieluf et al., 2020, vgl. auch Pfänder et al., 2023).

Im Sinne des handlungstheoretischen Konzepts der Rekontextualisierung (Fend, 2008, 2022) ist davon auszugehen, dass zwischen den Ebenen des Bildungssystems und den in ihnen handelnden Akteur*innen – und analog auch zwischen den Ebenen der mit den schulischen Kontexten in Verbindung stehenden außerschulischen Kontexte (Vieluf et al., 2020) – kein Abhängigkeitsverhältnis im Sinne von *top-down*-Relationen besteht. Das Verhältnis ist in dieser Perspektive vielmehr durch Interpretations- und Adaptionsprozesse bestimmt, bei denen auf höheren Ebenen Rahmenvorgaben gemacht werden, diese von den Akteur*innen auf den darunter

»Leistung« im Deutschen Schulpreis

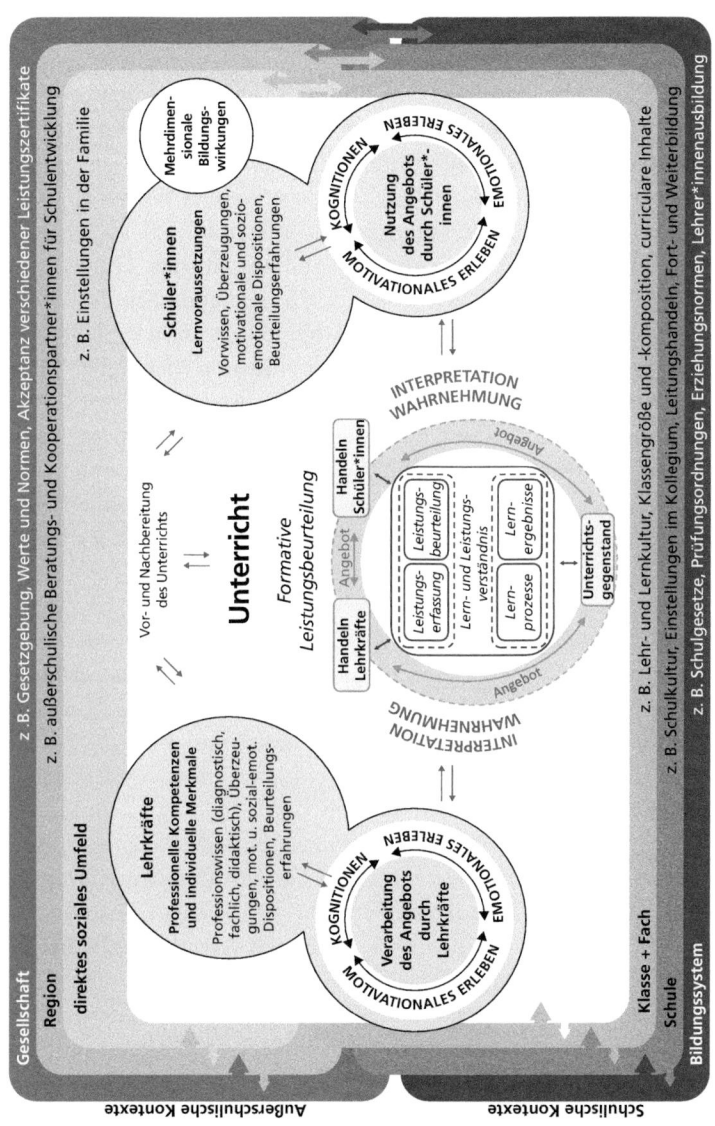

Abb. 1: Angebots-Nutzungs-Modell der Wirkweise des Unterrichts in beurteilungsbezogener Spezifizierung und mehrebenenperspektivischer Rahmung (Adaption der Modellvorlage von Vieluf et al., 2020, S. 76)

liegenden Ebenen jedoch nicht identisch umgesetzt, sondern durch sie interpretiert und – auch vor dem Hintergrund ihrer Interessen und Ressourcen – an ihre jeweiligen Handlungsbedingungen adaptiert werden. Zudem können die Akteur*innen auch Einfluss auf übergeordnete Ebenen ausüben, damit beispielsweise die Handlungsvorgaben besser auf die Bedingungen und Bedarfe der Praxis angepasst werden (Vieluf et al., 2020; mit spezifischem Bezug zur Pädagogischen Diagnostik vgl. auch Schreiner, 2024). Durch diese Adaptions- und Aushandlungsprozesse können sich auf Einzelschul- und Unterrichtsebene u. a. divergierende Schul-, Lern- und Beurteilungskulturen ausprägen. Die dargestellten Kontexte können hierbei als Handlungsspielräume schulischer und unterrichtlicher Entwicklungen verstanden werden. Darüber hinaus verweisen die hier nur kursorisch dargestellten Zusammenhangskomplexe darauf, dass der Einbezug formativer Verfahren von Leistungsbeurteilungen für eine möglichst gut gelingende Umsetzung auf die Bedingungen an den einzelnen Schulen und die sie jeweils rahmenden Gelegenheitsstrukturen adaptiv anzupassen ist.

Aus den Ansprüchen formativer Leistungsbeurteilung resultieren allerdings nicht nur Möglichkeiten der Lern- und Leistungsförderung, sondern zugleich auch Herausforderungen für die Unterrichts-, Schul- und Schulsystementwicklung. Unter anderem ist zu bedenken, dass die Nutzung von Ziffernnoten, zumindest für bestimmte Bereiche von Leistungsbeurteilung und Zertifikatsvergabe, in der Praxis vieler Schulen auf absehbare Zeit wohl bestehen bleiben dürfte, woraus sich Koordinierungsbedarfe der Beurteilungsformate und -praktiken ergeben. Für eine Etablierung notenalternativer Verfahren der Leistungsbeurteilung in der Schulpraxis ist ferner festzuhalten, dass ihr förderlicher Einsatz nicht voraussetzungslos ist: Zum einen sind mit Noten verbundene Beurteilungsfehler auch mit alternativen Beurteilungsverfahren möglich, zum anderen erfordert die Einführung alternativer Beurteilungsverfahren eine umfassende Qualifizierung der Lehrkräfte, da mit der Notenvergabe verbundene Maßstäbe und Praktiken nicht einfach auf die alternativen Formen schulischer Leistungsbeurteilung übertragen werden können. Bei dem Auf- und Ausbau einer formativ ausgerichteten Prüfungskultur wäre weiterhin zu vermeiden, dass eine Fokussierung auf die formative Beurteilung des Lernprozesses – aufgrund einer Intensivierung der Kommunikation zur richtigen Deutung der formativen Beurteilungskriterien, auch im Verhältnis zu Notenstufen – nun gerade zu einem stärkeren Fokus auf die Lernergebnisse in Form von Noten führt, wie in einem Vergleich mit dem schwedischen Bildungssystem sichtbar wurde, in dem *formative assessment* bereits eine wesentlich größere Rolle spielt (Falkenberg, 2021, 2023). Für eine Etablierung alternativer Verfahren der Leistungsbeurteilung bleibt es somit geboten, mit der gleichen kritischen Perspektive, die den Ziffernnoten gegenüber eingenommen werden kann, auch die alternativen Verfahren zu betrachten und deren Erprobung und Einsatz zu evaluieren, um ihren Einbezug – im Sinne der Zielsetzungen pädagogischer Diagnostik und mit einer Vergewisserung des tatsächlichen Erreichens damit verbundener, auch normativer Ansprüche an Leistungsbeurteilung – als Teil von Schulqualität gestalten zu können (vgl. auch Beutel, Goy & Ruberg, 2024).

Die Kapitel dieses Bandes erlauben es im Folgenden, sich einen theoretisch, empirisch und schulpraktisch begründeten Überblick über den aktuellen Stand der Handlungsspielräume und -möglichkeiten des Einsatzes notalternativer Formen der Leistungsbeurteilung zu verschaffen – ausgehend von zentralen konzeptionellen Definitionen und gesellschaftlichen Rahmenperspektiven zu den Thematiken von Notengebung, Leistungsprinzip und Bildungsgerechtigkeit über Forschungserkenntnisse zu Ansätzen und Effekten notenunabhängiger Leistungserfassung und -beurteilung sowie schulkulturellen Konzepten eines innovativen Lern- und Leistungsverständnisses bis hin zu detaillierten (einzel-)schulischen und unterrichtlichen Entwicklungsbeispielen und -prozessen.

In diesem Band soll es somit zunächst darum gehen, Notengebung als den immer noch dominierenden Ansatz in der schulischen Leistungsbeurteilung aufzugreifen und kritisch einzuordnen. Es geht uns um ein Verständnis dafür, welche tiefe Verwurzelung ein Denken in Noten hat und was es scheinbar so unverzichtbar macht (▶ Kap. 1). Wir möchten daran anschließend eine notenunabhängige Leistungserfassung und -beurteilung mit Ansätzen und Effekten beschreiben (▶ Kap. 2). Sodann konturieren wir ein neues Verständnis von Lernen und Leistung, bieten einen Überblick über für die schulische Aufbau- und Entwicklungsarbeit notwendige Konzepte und veranschaulichen deren Bedeutung mit Statements von Leitungskräften aus Preisträgerschulen des Deutschen Schulpreises (▶ Kap. 3). Den Potenzialen einer alternativen Leistungsbeurteilung und ihrer professionellen Anwendung gehen wir mit einer Interviewstudie an drei Preisträgerschulen nach, die eine Anschauung guter Praxis bieten (▶ Kap. 4). Schließlich wenden wir uns der Entwicklung und Implementation innovativer Förder- und Leistungskonzepte sowie Instrumenten an drei Beispielschulen zu (▶ Kap. 5). In einem Schlussteil bündeln wir Erkenntnisse und formulieren im Ausblick, wie eine notenfreie Leistungsbeurteilung systematisch fortgeschrieben werden kann, wie Beteiligung, Anwendung und Qualitätssicherung gelingen können und welche Herausforderungen sowie weiterführend zu beantwortende Fragen sich in diesem Zusammenhang stellen (▶ Kap. 6).

1 Notengebung, Leistungsprinzip und Bildungsgerechtigkeit

Hans Anand Pant

»*Noten sind halt ungerecht, aber was willste machen?!*« – in diesem leicht resignativen Alltagszitat einer Sekundarschullehrerin kommt zum Ausdruck, was die Diskussion um Notengebung als der dominierenden Praxis der Leistungsbeurteilung in Deutschland immer noch auszeichnet. Es ist eine Mischung aus rationaler Einsicht in die pädagogische Untauglichkeit von Noten und gleichzeitig deren scheinbare Unverzichtbarkeit für die Institution Schule und die alltägliche Anforderung der Leistungsbeurteilung an Lehrer*innen.

Dieses Kapitel möchte die Annahme der prinzipiellen Ungerechtigkeit von Notensystemen unter verschiedenen Perspektiven beleuchten und zuspitzen. Dabei soll und kann die jahrzehntelange fachliche Beschäftigung aus pädagogischer, historischer, soziologischer, lernpsychologischer, bildungsrechtlicher und anderer Perspektive auch nicht ansatzweise rekapituliert werden. Ziel dieses Abschnitts ist es vielmehr, ein Bewusstsein dafür zu schaffen, dass es häufig die unhinterfragten Annahmen im alltäglichen Nachdenken über Leistungsbeurteilung sind, die Pädagog*innen zwangsläufig in »Fallen« laufen lassen. Durch die Anregung zur Reflexion dieser »Fallen« wird es (hoffentlich) verständlicher, was die praktischen Schulbeispiele alternativer, integrierter Systeme der Lernbegleitung und Leistungsbeurteilung, die im Verlauf des Buches zur Darstellung kommen, leisten können: Sie erobern das Leistungsprinzip zurück in einem erweiterten pädagogischen Sinne, d. h. als Vorstellung einer *ko-konstruktiven Gemeinschaftsanstrengung* aller am pädagogischen Prozess Beteiligten.

Im massenmedialen, aber auch im fachlichen Noten- und Leistungsdiskurs trifft man zunächst auf viel »semantisches Gestrüpp«. Da werden die Unterschiede zwischen Schlüsselkonzepten wie Lernen, Leistung, Potenzial und Fähigkeit verwischt oder – etwas konkreter – PISA-Test und

Klassenarbeiten in einem Zuge als Instrumente der Leistungs*beurteilung* bezeichnet. Zunächst sollen deshalb einige begriffliche »Sortierungen« und Ordnungsversuche vorgenommen werden. Diese beanspruchen keinen »Wahrheitswert«, sie möchten aber den fachwissenschaftlichen Diskurs aufgreifen und Lesenden und Schreibenden als gemeinsame Referenzpunkte im »Diskursgestrüpp« über Leistung und Noten dienen. Anschließend betrachten wir Notengebung – oder allgemeiner: Formen der Leistungsbeurteilung – unter *gerechtigkeitstheoretischen* Gesichtspunkten. Es wird versucht aufzuzeigen, welche widersprüchlichen Gerechtigkeitsmodelle zurzeit in der Diskussion kursieren und wie sich diese in einem zentralen Punkt der Leistungsbeurteilung widerspiegeln, der Bezugsnormorientierung.

Zum Schluss dieses Kapitels möchten wir der Illusion entgegentreten, dass man allein durch wissenschaftliche Begründungen und Untersuchungen zu einer »gerechten« Form der Leistungsbeurteilung kommen könne, und argumentieren, dass wir immer wieder bei normativen Grundfragen landen werden. Welche Formen des gesellschaftlichen Miteinanders wünschen wir uns *grundsätzlich*, d. h. auch und gerade jenseits der Institution Schule? Wie stellen wir uns das »Mischverhältnis« von inklusiven, kooperativen, wettbewerblichen, (höchst-)leistungsorientierten, glücksorientierten oder anderen Prinzipien des Zusammenlebens vor? Wer diese Fragen dauerhaft ausblendet, so unsere Schlussfolgerung, wird – sei es als Lehrer*in, als Elternteil oder als Schulleitung – höchstwahrscheinlich in der »Notenfalle« stecken bleiben.

1.1 Lernen, Leistung, Leistungsfeststellung, Leistungsbeurteilung, Noten – einige begriffliche Sortiervorschläge

Betrachtet man jenseits einer routinehaften und »kurzatmigen« Alltagssicht (»Noten zeigen, wie gut Schüler*innen etwas gelernt haben«) den

Zusammenhang zwischen Lehren, Lernen, Leistung und Noten, dann erscheint er schnell ziemlich komplex. Lernen im Kontext von Unterricht und Schule wird zunächst immer als ein Lernen in Bezug auf ein Lehren, also als Lehr-Lern-Prozess verstanden. Dabei ist die Seite des Lehrens verhältnismäßig gut sichtbar, planbar und beeinflussbar und liegt (in »klassischer« Sichtweise) überwiegend in der Verantwortung der/des Pädagog*in. Dass »auf der anderen Seite«, also auf Seiten der Kinder und Jugendlichen, etwas gelernt wurde, muss hingegen erst sichtbar gemacht werden durch entsprechende Verfahren der *Feststellung* oder *Erfassung* von Ergebnissen des schulischen Lernvorgangs. Dazu zählen längst nicht mehr nur klassische Lernerfolgskontrollen, wie etwa von der Lehrkraft entwickelte schriftliche Klausuren und mündliche Prüfungen, sondern ein ausdifferenziertes Arsenal an unstandardisierten und standardisierten Instrumenten, wie Lerntagebücher, Lernlandkarten, Portfolios, Kompetenzraster, Lernentwicklungsgespräche, um nur Beispiele zu nennen. In Kapitel 2 werden einige von ihnen näher beschrieben und auf ihre empirisch feststellbaren Wirkungen und Zusammenhänge mit Lernergebnissen untersucht (▶ Kap. 2).

Diese Instrumente werden eingesetzt, um etwas *prinzipiell* für Außenstehende – auch für den/die Lehrer*in – »*Uneinsehbares*«, nämlich das Lernen selbst, sichtbar und für den Lehr-Lern-Prozess verfügbar zu machen.[2] Die Lernenden selbst bräuchten, um zu lernen, diese Akte der Feststellung und Erfassung von außen nicht. Sie könnten ihr eigenes Lernen, d.h. »das Mehr« und die Entfaltung von Wissen und Können, in der tätigen oder reflexiven Auseinandersetzung mit der dinglichen und sozialen Umwelt erleben und für sich selbst erfahren. Der hohe Stellenwert, den geeignete Rückmeldungen (»Feedback«) im Lernprozess haben können, ändert an dieser prinzipiellen Unabhängigkeit von innerem Lern-

---

2 Diese Vorstellung findet sich erziehungswissenschaftlich erheblich detaillierter ausformuliert in der Unterscheidung von *Tiefen*- und *Sichtstrukturen* des Lehr-Lern-Prozesses. Tiefenstruktur bezieht sich auf die »Natur« und Abfolge des unsichtbaren Lernprozesses, Sicht- oder Oberflächenstruktur auf das breite Arsenal sichtbarer Methoden und Sozialformen des Lehrens, die in »Choreografien schulischen Lernens« (Oser & Patry, 1994; Oser, Patry, Elsässer, Sarasin & Wagner, 1997) möglichst individuell lernförderlich aufeinander bezogen werden sollen.

vorgang und äußerer Sichtbarmachung nichts. In diesem Sinne bleibt Lernen stets ein latentes Konstrukt. Der institutionelle Zugriff auf das unsichtbare Lernen erfolgt nun, wenn man so will, durch einen gesellschaftlich anerkannten, d.h. über Normen und Traditionen abgesicherten, sowohl rechtlich, administrativ als auch professionsmäßig verankerten »Kniff«. Dieser Kniff besteht ganz simpel darin, dass Lernen im schulischen Kontext als *Leistung* deklariert wird: Wer in der Schule (nachweislich) etwas gelernt hat, hat etwas geleistet. Aus dem unbeobachtbaren Lernprozess resultiert die ebenso konstrukthafte Lernleistung. Aus dem Versuch, mittels Verfahren und Instrumenten *Lernprozesse* sichtbar und fassbar zu machen, wird auf diese Weise *Leistungsfeststellung* bzw. *Leistungserfassung*. Für diesen Etikettierungsvorgang ist es zunächst unerheblich, was der Gegenstand des Lernens ist oder welches die Lernziele sind. Diese können ebenso fachlicher wie fachübergreifender Art, auf soziales Lernen oder auf das Lernen-Lernen, also Lernstrategien, oder das Kennen und Anerkennen sozial erwünschter Haltungen und Einstellungen gerichtet sein – alles, was demzufolge im schulischen Kontext als lernbar angesehen wird, bzw. für das Lernziele formuliert werden können, ist *grundsätzlich* als Leistung definierbar.

1.2 »Was ist schulische Leistung?«

Obwohl also der Leistungsbegriff in der schulischen Praxis und in der Erziehungswissenschaft ganz offenbar von zentraler Bedeutung zu sein scheint, gerät man schnell ins Stocken, wenn man jenseits der Behauptung, es handele sich um eine bloße Etikettierung (»Kniff«), dingfest machen soll, was schulische Leistung »im Kern« bedeutet. Es mangelt dabei keinesfalls an Definitionsversuchen in der bildungstheoretischen und erziehungswissenschaftlichen Fachliteratur. Für Klafki (1985) ist Leistung z.B. bestimmt als »*Ergebnis* und *Vollzug* einer *zielgerichteten Tätigkeit*, die mit *Anstrengung* und ggf. mit Selbstüberwindung *verbunden* ist und für die

Gütemaßstäbe anerkannt werden, die also beurteilt wird« (S. 174; Hervorhebungen v. Verf.).

Der Schulpädagoge und ausgebildete Lehrer *Christian Nerowski* hat eine ganze Reihe solcher Bestimmungsversuche aus Pädagogik, Psychologie und empirischer Bildungsforschung auf gemeinsame Elemente untersucht. Er hat dabei eine überschaubare Anzahl von Kriterien identifiziert, die wiederholt genannt werden (Nerowski, 2018a). Demnach ist schulische Leistung u. a. verbunden mit der Vorstellung von »Aktivität«, »Tätigkeit« und »Anstrengung« der Schüler*innen, sie ist »zielgerichtet« und damit »absichtsvoll«, an schulischen »Anforderungen« ausgerichtet und »ergebnisorientiert«. Schulische Leistungen müssen prinzipiell durch geeignete Aufgaben, didaktische Methoden und Sozialformen des Unterrichtens initiierbar und steuerbar sein. Leistung muss, um als solche bezeichnet zu werden, feststellbar, an »Gütemaßstäben« orientiert und einer Bewertung zugänglich sein. Die der Leistung zugrundeliegenden Handlungen müssen grundsätzlich in der Gesellschaft als »wertvoll« angesehen werden. Als sehr verdichtetes Definitionsbeispiel soll hier der Ansatz von Ricken (2018) genannt sein (als weiteres, eher schulnahes Beispiel siehe den folgenden Kasten »Pädagogischer Leistungsbegriff« nach Bohl, 2003):

Verkürzt lässt sich die (Produktions-)Logik der »Leistung« vielleicht so beschreiben: »Leistung« setzt – *erstens* – Gelegenheiten (und das Arrangement von Gelegenheiten z. B. durch Aufgabenstellung) voraus, etwas zeigen zu können, manifestiert sich – *zweitens* – immer in einer (herzustellenden und zu zeigenden bzw. identifizierbaren) Form und Materialität, die dann – *drittens* – einzelnen Akteur*innen verantwortlich bzw. urheberisch als deren Produkt oder Ergebnis zugeschrieben werden kann; als identifizierbares Produkt ist sie – *viertens* – in sich selbst inhaltlich graduierbar und muss – *fünftens* – sozial vergleichbar gemacht werden (können), um schließlich – *sechstens* – durch Beurteilung bzw. Benotung allererst zu einer (schulischen) »Leistung« zu werden (Ricken, 2018, S. 52).

Pädagogischer Leistungsbegriff bei Bohl (2003, S. 215)

»Neue Formen der Leistungsbewertung korrespondieren mit einem pädagogisch motivierten Leistungsverständnis […]. Ein derartiges

Leistungsverständnis entzieht sich einem traditionell engen, kognitiv orientierten, produktbezogenen, individuellen Leistungsbegriff. Wesentliche normative Merkmale dieses Leistungsverständnisses sind [...]:

- Leistung setzt eine vertrauensvolle Beziehungsstruktur unter allen Beteiligten voraus, ansonsten werden Lernprozesse von anderen Themen und Problemen überlagert.
- Leistung benötigt institutionelle und systemische Unterstützung, um optimale Förderung zu gewährleisten und individuelle Problemfelder professionell begleiten zu können.
- Lernen und Leisten ist immer und zwangsläufig ein individueller Prozess und benötigt daher ein differenziertes und vielfältiges Anregungspotenzial.
- Leistung vollzieht sich in kooperativen und solidarischen Arrangements, wodurch uneingeschränkter Selbstverwirklichung begegnet wird.
- Leistung ist vielfältig und kann sich in Prozess-, Produkt-, Präsentationsleistungen, in Reproduktions-, Reorganisations-, Transfer- und Problemlösungsleistungen und in kreativen, sozialen, kognitiven, produktiven, handlungsorientierten Leistungen zeigen.
- Leistung ist niemals wertfrei und bedarf daher einer regelmäßigen Verständigung und Reflexion. ›Leistung ist ein Konstrukt‹ [...] und daher niemals per se, sondern nur durch Vereinbarungen definiert.«

In seiner Begriffsanalyse kommt Nerowski (2018a) zu dem überraschend übersichtlichen Ergebnis, dass es nur zwei notwendiger Bestimmungsstücke bedarf, um den schulischen Leistungsbegriff hinreichend klar zu fassen: *Handlung* und *Bewertung*. Alle anderen häufig genannten Definitionsaspekte (Anstrengung, Zielorientierung, Gütemaßstab etc.) lassen sich, wie der Autor plausibel aufzeigt, aus dem Handlungs- und dem Bewertungsbegriff ableiten bzw. darunter subsumieren. Der Handlungsbegriff umfasst in der schulbezogenen Konkretion ein weites Spektrum an zielgerichteten Aktivitäten und Tätigkeiten von Schüler*innen. Als Handlung gilt das Vokabellernen ebenso wie das Schreiben einer Mathematikklausur, die Sitzungsleitung einer Anti-Mobbing-AG, die Anfertigung eines

1.2 »Was ist schulische Leistung?«

Kunstportfolios, das Sozialpraktikum im Altersheim oder die Vorbereitung auf den Wettbewerb »Jugend debattiert«. Entscheidend dafür, um von Handlung zu sprechen, sei das Vorliegen einer individuell zurechenbaren Absicht der oder des Handelnden:

> »Der Grund für die Notwendigkeit von Absicht oder Zielorientierung bei die [sic] Rede von ›Leistung‹ liegt darin, dass die ›Leistung‹ nur unter dieser Voraussetzung der Person zugerechnet werden kann. [...] Nur, wenn ›Leistung‹ als von der Person selbst und absichtlich hervorgebrachte Tätigkeit interpretiert wird, kann ›Leistung‹ auch ›Ausdruck einer individuellen Urheberschaft‹ (Ricken, 2018, S. 47) sein« (Nerowski, 2018a, S. 235).

Umgekehrt können alle absichtsvollen und zurechenbaren Handlungen von Schüler*innen, die einem – nach wie vor unsichtbaren – Lernvorgang zuzuordnen sind, potenziell als Leistungen gesehen werden. Auch die absichtsvolle und zurechenbare *Nicht-Handlung*, also z.B. das völlige Verweigern einer Klausurvorbereitung und die anschließende Abgabe eines leeren Blattes in der Klausur, ist hierbei eingeschlossen. Leistung, verstanden als zurechenbares (Nicht-)Handeln, kann in dieser Perspektive als *Prozess und* als *Produkt* aufgefasst werden.

Das zweite notwendige Bestimmungsstück bei der Definition von Leistung ist nach Nerowski die *Bewertung*:

> »Die Bewertung scheint konstitutiv für ›Leistung‹ zu sein. Im schulischen Bereich ist die Bewertung durch Punkte- und Notenskalen fest etabliert. Aber auch alle Attribute, die einer Leistung jenseits von Punkten und Noten zugeschrieben werden, wie etwa beeindruckende Leistung, schwache Leistung, akzeptable Leistung oder durchschnittliche Leistung, verweisen auf die Dimension zwischen gut und schlecht. [...] Es scheint unmöglich, von einer Leistung zu reden, ohne auf die Dimension zwischen gut und schlecht zu verweisen. Mithin scheint das Entstehen von ›Leistung‹ ohne eine Bewertung nicht möglich zu sein. Als Antwort auf die Frage ›Was ist ›Leistung‹?‹ ist mithin [...] festzuhalten: Leistung ist eine bewertete Handlung« (Nerowski, 2018a, S. 240).

Aus der Begriffsanalyse von Nerowski ergeben sich einige interessante Konsequenzen für die Ausformulierung eines sehr offenen und dynamischen Leistungsverständnisses im schulischen Kontext:

- Das Spektrum dessen, was als schulische Leistung angesehen werden kann, ist potenziell fast unbegrenzt und kann sich je nach zugemesse-

nem gesellschaftlichem Wert ändern. So ist es aus diesem Leistungsbegriff keinesfalls begründbar, etwa Fachleistungen (zumal in wenigen »Kernfächern«) *per se* als wichtiger oder höherwertiger anzusehen als Leistungen im sozialen oder in anderen Bereichen.
- Handlungen werden durch Bewertungen zu Leistungen. Damit ist jedoch nicht festgelegt, *wer* diese Bewertungen vornimmt. Dies können im schulischen Kontext sowohl Lehrpersonen als auch die Lernenden für sich selbst oder Mitschüler*innen sein. Mit dieser Aussage wird also keine konkrete Praxis vorgegeben, die Lehrkräfte begriffslogisch als Bewertende bevorzugen würde, um von einem klaren Leistungsverständnis sprechen zu können.
- Um als Leistungen angesehen zu werden, müssen die zu bewertenden Handlungen (der Schüler*innen) absichtsvoll und zielgerichtet gewesen sein. Gleichzeitig erscheint es aber nur dann sinnvoll, von Leistung zu sprechen, wenn sich die Bewertungen zumindest grundsätzlich auf das Gleiche beziehen, das die Handelnden mit ihrer Handlung beabsichtigt haben. Würde beispielsweise ein Sozialpraktikum im Altersheim *ausschließlich* unter den Kriterien der aufzuwendenden Anreisezeit, Pünktlichkeit und Anwesenheitsdauer bewertet, so kämen (soziale) Handlungsabsichten und Bewertung nicht zusammen, man würde nicht von einer Leistung sprechen. »Eine Handlung kann also nur dann als Handlung bewertet (und damit zur ›Leistung‹) werden, wenn die Absichten, Gründe oder Motive, die die handelnde Person zur Handlung bewegt haben, in den Dimensionen und Kategorien der Bewertung abbildbar sind« (Nerowski, 2018a, S. 245).

Insbesondere die in den Punkten zwei und drei angesprochenen Aspekte des Leistungsbegriffs legen nahe, dass am Lern- und Leistungsort Schule eine gemeinsame und wechselseitige »kommunikative Validierung« von Bewertungsmaßstäben und Bewertungen handlungsleitend sein sollte (Bohl, 2012). Aus dem hier vorgestellten Leistungsbegriff kann unmittelbar abgeleitet werden, dass ein Höchstmaß an Kohärenz und Transparenz im Verhältnis von Handlung und Bewertung ein wichtiges Ziel von Leistungsbeurteilungen sein sollte.

In zwei miteinander verbundenen Aspekten widersprechen wir der Argumentation von Nerowski zwar nicht grundsätzlich, wollen sie aber

1.2 »Was ist schulische Leistung?«

dennoch präzisieren, um sie für die im Buch dargestellten schulischen Praxisbeispiele anschlussfähiger zu halten. Zum einen geht es um die Frage, ob – um von Leistung sprechen zu können – die schüler*innenseitigen Handlungen zwingend *individuell zurechenbar* sein müssen. Wären beispielsweise eine Gruppenprojektarbeit zum Thema »nachhaltige Wasserwirtschaft« und deren gemeinsame Abschlusspräsentation durch vier von zehn der Mitarbeitenden *allein deshalb* nicht als Leistungen anzusehen, weil es der Lehrkraft nicht möglich ist, die »individuellen Urheberschaften«[3] zuzuordnen, um sie individuell bewertbar zu machen? Aus unserer Sicht ergibt sich eine solche Konsequenz nur dann, wenn man – und dies ist der zweite Aspekt, bei dem wir von Nerowski abweichen – begrifflich nicht zwischen Leistungs*feststellung* und Leistungs*beurteilung* unterscheidet.

Nerowskis Definition »Leistung ist eine bewertete Handlung« (2018a, S. 240) schreibt aus unserer Sicht nicht zwingend vor, dass die Bewertung der Handlung unmittelbar in der Schule erfolgen muss, also z. B. durch Zensurengebung. Von Leistung kann auch dann gesprochen werden, wenn eine Bewertung der Handlung *grundsätzlich* vorliegt, wenn also, in unserem Beispiel, die Beschäftigung mit »nachhaltiger Wasserwirtschaft« gesellschaftlich als wichtige »Handlung« angesehen und »wertgeschätzt« wird, ohne dass sie konkret in der schulischen Situation benotet wird. Die konkrete Handlung wird also generell positiv bewertet und *dadurch* zur Leistung, ohne dass sie »vor Ort« im Unterrichtskontext sofort bewertet

---

3 Ob und inwieweit Kindern und Jugendlichen angesichts komplexer, in ihrer Wirkung und Wechselwirkung unentwirrbarer biographischer Vorbedingungen (z. B. Entwicklungsalter, soziale Herkunft, Übernahme von Geschlechtsstereotypen) bzw. schulischer Rahmenbedingungen (z. B. Qualität der Lernangebote) überhaupt autonome Handlungsabsichten unterstellt werden dürfen, bleibt im Leistungsdiskurs umstritten (Ricken, 2018). Bestreitet man dies grundlegend, dann könnten auch *individuell zu verantwortende Leistungen* nicht mehr festgestellt werden. Wir folgen hier Nerowskis Auffassung: »Da eine voraussetzungslose und von sämtlichen äußeren Einflüssen freie, alleine auf dem «reinen» Willen der Person basierende Handlung nicht möglich sei, könne das Konzept der Verantwortung generell nur aufrecht erhalten werden, wenn eine Zuschreibung von Verantwortung auch bei Voraussetzungen und äußeren Einflüssen möglich ist« (Nerowski, 2018a, S. 235).

werden müsste. Es genügt, dass sie festgestellt und auf einen anerkannten Bewertungsmaßstab bezogen werden *kann*.

Diese Unterscheidung in *Feststellung* und *Beurteilung* mag auf den ersten Blick »wortklauberisch« erscheinen; in der »klassischen« schulischen Praxis geht beides oft nahtlos und wie selbstverständlich ineinander über. Für eine schulische Praxis jedoch, die eine Vielfalt von Leistungen sichtbar machen will, sie anerkennen und (auch) »bewertungsfrei« zur Förderung weiterer Leistungen einsetzen möchte (Lernförderung), ist diese Unterscheidung unverzichtbar. Der im Verlauf dieses Buches noch eingehender dargestellte Ansatz der lernförderlichen Leistungsfeststellung und -rückmeldung (*formatives Assessment*, ▶ Kap. 2) beruht geradezu auf der Vorstellung, dass Leistungen »notenfrei« gesehen und festgestellt werden können.

Die eingangs des Kapitels benannte »*Common-Sense*«-Vorstellung, Noten seien eben ungerecht, rückt auch wissenschaftlich immer stärker in den Fokus. Die Frage der Leistungsbeurteilung wird zunehmend unter Gerechtigkeitsaspekten diskutiert (z. B. bei Ditton, 2010; Gomolla, 2012; Heid, 2012; Nerowski, 2018b; Ricken, 2018; Schäfer, 2015; Stojanov, 2015).

Folgt man der bisherigen begrifflichen Klärung, was unter *Leistung*, Leistungs*feststellung* (hier gleichbedeutend mit Leistungs*erfassung* verwendet) und Leistungs*beurteilung* (gleichbedeutend: Leistungs*bewertung*[4]) verstanden werden kann, fällt die übliche Notengebung eindeutig in den Bereich der Leistungs*beurteilung*. Genau genommen stellt die Schulnotenskala selbst jedoch keine Leistungsbeurteilung dar. Es handelt sich vielmehr um die (willkürliche) Zuordnung von Zahlenwerten zu sehr groben und unpräzisen Bewertungsaussagen. Immerhin geschieht dies im Range schulgesetzlicher Vorgaben der Bundesländer, die auf einen Beschluss der Kultusministerkonferenz aus dem Jahr 1968 zurückgehen und bis heute verbindlich sind. Die Ziffernnote »1« steht beispielsweise für die Bewertungsaussage »sehr gut – wenn die Leistung den Anforderungen in

---

4 Andere Autor*innen (z. B. Tsarouha, 2019) differenzieren zwischen Beurteilung und Bewertung und bezeichnen mit Bewertung nur den letzten Schritt der Notenziffernzuordnung nach zuvor erfolgter Beurteilung des Ergebnisses der Schülerin bzw. des Schülers.

besonderem Maße entspricht« (§ 58 (3) des Schulgesetzes für das Land Berlin i.d.F. vom 18.12.2018). Dies ist selbst dann – vorsichtig ausgedrückt – *interpretationsoffen*, wenn sich eine Lehrkraft in der Bewertungspraxis jedes Mal die Mühe machte, die *Anforderungen*, d.h. die bildungsgang- und jahrgangsbezogenen Passagen der Rahmenlehrpläne und ggf. das eigene Schulcurriculum präsent zu haben und mit dem zu bewertenden Handlungsergebnis der Schülerin bzw. des Schülers abzugleichen. Diese Interpretationsoffenheit hat die Notengebung, neben vielen weiteren defizitären Eigenschaften, unter den Verdacht gestellt, *prinzipiell* für eine ungerechte Leistungsbeurteilung anfällig zu sein.

Im Folgenden sollen zwei Kritiklinien zum Thema Noten(un)gerechtigkeit unterschieden werden. Zunächst wird in knapper Form die seit über 50 Jahren empirisch gut belegte Erkenntnis rekapituliert, dass die Vergabepraxis von Schulnoten *unfair* ist (Ingenkamp, 1971). Der zweite Kritikansatz reicht sehr viel weiter. Er betrachtet das Notensystem und das damit verbundene Zeugnis- und Berechtigungswesen (Übergangsberechtigungen zum Besuch der nächsten Jahrgangsstufe, einer weiterführenden Schule oder Hochschule) als den Eckpfeiler eines gesellschaftlich legitimierten *Verteilungsprinzips* von Privilegien und Vergünstigungen nach dem Leistungskriterium. Kritisch diskutiert wird hierbei nicht die Notengebung, sondern die Frage, ob das Leistungsprinzip überhaupt Bildungsgerechtigkeit ermöglichen kann.

1.3 Noten und Fairness

Noten durchwirken den Schulalltag sowohl von Schüler*innen als auch von Lehrkräften massiv. Sie können bei Kindern und Jugendlichen ebenso Glücksgefühle und Lernmotivation wie schwerste Selbstzweifel, Ängste, gesundheitliche Beeinträchtigungen und Depressionen bis hin zur Lebensunlust auslösen und befördern (Bohnsack, 2013). Werden Noten dauerhaft von den »Objekten« und »Adressat*innen« der Bewertung als unfair empfunden, kann das zu den genannten negativen Konsequenzen

1 Notengebung, Leistungsprinzip und Bildungsgerechtigkeit

beitragen. In diesem Abschnitt soll es nicht um die subjektiv empfundene Fairness oder Unfairness von Noten gehen, also das *Gerechtigkeitsempfinden*, sondern um die nachweisbaren Beurteilungsfehler in der Praxis der Zensurengebung. Dabei werden diese Beurteilungsfehler nicht als individuell zurechenbare »Unfähigkeit« oder »Boshaftigkeit« der Lehrpersonen betrachtet, sondern als prinzipielle Nicht-Eignung des Notensystems für Zwecke einer fairen Leistungsbewertung.

Die Frage der Beurteilungsfairness lautet nach unserem bisher entwickelten Leistungsbegriff: Werden in der Praxis von Schulnotenvergabe gleiche oder sehr ähnliche Handlungen (»Schüler*innenleistungen«) auch gleich benotet? Diese Frage ist seit den Studien von Ingenkamp (1971; siehe auch Ingenkamp & Lissmann, 2008; Kaiser, Südkamp & Möller, 2017) eindeutig und empirisch immer wieder von Neuem mit *Nein* beantwortet worden. Seit dem Aufkommen von normierten Fachleistungstests gehen viele Studien so vor, dass sie die fachbezogenen (Halbjahres-)Noten von Schüler*innen mit deren Ergebnissen in entsprechenden Fachtests abgleichen (Südkamp, Kaiser & Möller, 2012; siehe hierzu das auf realen Daten basierende Beispiel im Kasten »Fachnoten und Kompetenzen«). So stellen Neumann, Nagy, Trautwein und Lüdtke (2009) beispielsweise erhebliche Unterschiede in den Bewertungsmaßstäben beim Abitur zwischen den Ländern Hamburg und Baden-Württemberg fest. In einer neueren Überblicksarbeit resümiert Holmeier (2013) die Studienergebnisse mehrerer Jahrzehnte wie folgt:

> »Die Untersuchungen verdeutlichen, dass Noten nur wenig objektiv sind. Dies zeigte sich darin, dass die gleiche Leistung von unterschiedlichen Lehrpersonen verschieden bewertet wurde und dass Noten über Klassen, Schulen und Länder hinweg nicht vergleichbar waren, da sich unterschiedliche Leistungen nicht in unterschiedlichen Noten abbildeten« (S. 116).[5]

Die Mechanismen, die an dieser unfairen Notenpraxis beteiligt sind, werden inzwischen in den Curricula und Standardlehrbüchern der Lehr-

---

5 Für die eher messtheoretische Diskussion, inwieweit Schulnoten den wichtigsten Gütekriterien eines standardisierten Fachtests, d. h. *Objektivität, Reliabilität, Validität* genügen, soll auf die ausführliche Darstellung bei Ingenkamp und Lissmann (2008), Jürgens und Lissmann (2015) sowie Brunner, Stanat und Pant (2014) verwiesen werden.

amtsausbildung angesprochen und dargestellt (z. B. Schwaighofer, Heene & Bühner, 2019). Die wichtigsten Beobachtungs- und Beurteilungsfehler, die bei schriftlichen oder mündlichen Benotungssituationen nachgewiesen wurden, sind in Tabelle 1 (▶ Tab. 1) zusammengestellt. Hierbei werden grob vier Typen von Beobachtungs- und Beurteilungsfehlern unterschieden[6]: (A) Erwartungseffekte, (B) Verlaufseffekte, (C) Effekte der Lehrer*innenpersönlichkeit und (D) Angleichungseffekte.

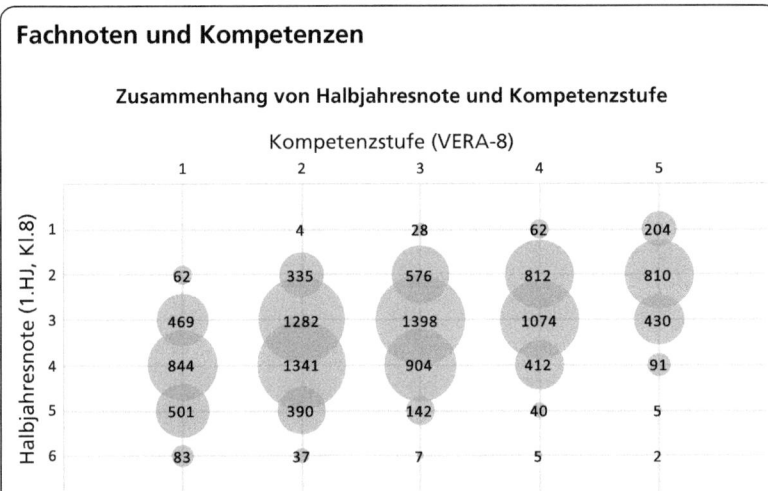

Abb. 2: Abgleich der Halbjahresnoten in Mathematik mit den Testleistungen in der landesweiten Vergleichsarbeit der achten Jahrgangsstufe (VERA-8), eingeteilt nach Kompetenzstufen der KMK-Bildungsstandards (N = 12.350 Schüler*innen eines Bundeslandes)

Fachnoten bringen ganz offensichtlich für viele Schüler*innen nicht gut zum Ausdruck, welches »Potenzial« in ihnen steckt. Die Abbildung (▶ Abb. 2) zeigt, dass es zwar viele Übereinstimmungen zwischen den Halbjahresnoten in Mathematik und den im VERA-Mathematik-Test erreichten Kompetenzstufen gibt, allerdings auch beträchtliche Ab-

---

6 Manche Autor*innen nehmen eine etwas abweichende Einteilung vor (Sacher, 2009; Tsarouha, 2019).

weichungen. So erreichen im dargestellten Fall 430 Schüler*innen mit einer Fachnote 3 die höchste Kompetenzstufe 5. Dagegen finden sich 469 Schüler*innen mit gleicher Halbjahresnote auf der untersten Kompetenzstufe 1.

Vergleicht man die Bewertungsaussagen, die hinter der Note 3 und den Kompetenzstufen 1 bzw. 5 der Bildungsstandards stehen, so wird das inhaltliche Ausmaß der geschilderten Abweichung deutlich.

Notenskala:
»befriedigend« (3) – wenn die Leistung im Allgemeinen den Anforderungen entspricht.

Kompetenzstufenskala der KMK-Bildungsstandards (Blum, Roppelt & Müller, 2013):
1 = »Insgesamt gehen die Kompetenzen auf dieser Stufe nicht über solche hinaus, die bereits in der Grundschule gefordert waren. Schülerinnen und Schüler auf dieser Stufe verfehlen selbst die Mindestanforderungen für den HSA. Sie werden vermutlich nicht in der Lage sein, selbst einfache mathematikhaltige Situationen in Alltag und Beruf zu bewältigen (z. B. einen ›Dreisatzschluss‹ durchzuführen oder einen Prozentwert zu berechnen)« (S. 62).
5 = »Schülerinnen und Schüler auf dieser Stufe haben einen Leistungsstand erreicht, der über die Zielsetzungen der Sekundarstufe I hinausgeht und nur bei optimalen schulischen und außerschulischen Lehr-Lern-Bedingungen erwartet werden kann. Man kann hier von einem *Optimalstandard* für den MSA sprechen. Schülerinnen und Schüler, die den HSA anstreben, werden wohl nur in Ausnahmefällen diese Stufe erreichen« (S. 67).

Bei *Erwartungseffekten* wirken sich unbewusste oder zumindest nicht transparent gemachte Haltungen, Sympathien oder Antipathien der Lehrkraft gegenüber einem Prüfling verzerrend auf die Bewertungssituation und das Notenergebnis aus.

Verlaufseffekte entstehen durch die Ungleichgewichtung von Teilleistungen im Verlauf einer Prüfungs- bzw. Bewertungssituation. Mal dominiert der erste Eindruck, mal die »Last-Minute«-Antwort das gesamte Prüfungsergebnis in unangemessener Weise. Grundsätzlich zu *milde* oder zu *strenge* Benotungen werden eher als *Effekte der Persönlichkeit* der Lehrkraft angesehen, die in tief verwurzelten (impliziten) Lerntheorien, Persönlichkeitstheorien oder Menschenbildern gründen. *Angleichungseffekte* schließlich liegen dann vor, wenn über lange Zeiträume betrachtet die Notenvergabepraxis sich stark zu einem kleinen Spektrum sehr guter Noten hin verengt und es zur »Noteninflation« kommt.

Die meisten der genannten Beobachtungs- und Beurteilungsfehler können als misslungene oder gänzlich fehlende Verständigung bzw. Kommunikation zwischen Bewertenden und Bewerteten, also Lehrkräften und Schüler*innen begriffen werden. Einzelne von diesen »Miss-Kommunikationen« lassen sich auch *innerhalb* des notenbasierten Beurteilungssystems durch entsprechende Sensibilisierung auf Seiten der Lehrkräfte, gute Passung zwischen Anforderungen und Abforderungen (Prüfungsinhalten), Transparenz der Bewertungskriterien, stringente Bepunktungssysteme inklusive klarer Zuordnungsvorschrift zwischen Punkten und Noten etc. abmildern (Worbach, Drechsel & Carstensen, 2019, und Falkenberg, Vogt & Waldow, 2017, für ein Modell aus Schweden).

Dennoch bleibt die grundsätzliche Problematik bestehen, dass das Notensystem für die Komplexität und teilweise Intransparenz der Prozesse, die bei der Leistungsfeststellung und Leistungsbeurteilung wirken, kein angemessenes und faires Abbildungsverfahren ist bzw. gar nicht sein *kann*. Denn nicht die Noten sind das »Messinstrument«, sondern die Lehrer*innen selbst sind es.

1 Notengebung, Leistungsprinzip und Bildungsgerechtigkeit

Tab. 1: Typische Beobachtungs- und Beurteilungsfehler im Rahmen mündlicher oder schriftlicher Leistungskontrollen

Fehlertyp	Bezeichnung	Beschreibung/Beispiel
(A) Erwartungseffekte	*Halo-* oder *Hofeffekt* (Sympathie-/Antipathie-Effekte)	Beim Haloeffekt bzw. Hofeffekt erzeugen *leistungsfremde* Eigenschaften von Schüler*innen (z. B. Kleidung, Sprachgebrauch, Hautfarbe) bei der Lehrkraft einen Eindruck, der – je nach Wertesystem der Lehrperson – einen positiven oder negativen Gesamteindruck bewirkt und so verzerrend in die Leistungsbeurteilung einfließt. So können beispielsweise stark gepiercte Prüflinge ggf. schlechtere Noten erhalten als nicht-gepiercte, obwohl beide die gleiche Leistung erbringen.
	Logischer Fehler	Beim logischen Fehler fließen *leistungsbezogene* Vorinformationen über einen Prüfling in die akute Beurteilungssituation ein und verzerren die Note positiv oder negativ. Zum Beispiel könnte ein Chemielehrer aufgrund von Vorinformationen seiner Physikkollegin annehmen, dass der in Physik sehr gute Schüler auch in Chemie überdurchschnittlich sein wird. Der Zusammenhang muss dabei objektiv nicht falsch sein, aber er beeinflusst die Erwartungshaltung und damit ggf. die Unabhängigkeit der eigenen Beobachtung und Beurteilung.
	Pygmalion-Effekt, Selbsterfüllende Prophezeiungen	Im Unterschied zum Haloeffekt und zum logischen Fehler verändern beim Pygmalion-Effekt die positiven oder negativen Erwartungen einer Lehrperson die Prüfungsleistung selbst durch die zumeist unbewusste Interaktion in der Prüfungssituation (Lorenz, 2018).»Der Effekt in diesem Sinn besteht darin, dass die Erwartung ihre eigene Realisierung, also das Eintreffen des erwarteten Ereignisses, verursacht« (Ludwig, 2018, S. 141). Beispielsweise könnte ein Mathematiklehrer, der davon überzeugt ist, dass Mädchen weniger mathematisch begabt sind als Jungen, durch (unbewusst) abschätzige Gestik und Mimik in der Prüfung eine Schülerin so verunsichern, dass sie tatsächlich unter ihrem Leistungsvermögen bleibt (Ludwig, 2007).

1.3 Noten und Fairness

Tab. 1: Typische Beobachtungs- und Beurteilungsfehler im Rahmen mündlicher oder schriftlicher Leistungskontrollen – Fortsetzung

Fehlertyp	Bezeichnung	Beschreibung/Beispiel
	Übereinstimmungsfehler	Bei diesem Fehler liefert der Prüfling exakt das, was der/die Prüfer*in erwartet, und wird *deshalb* besser beurteilt als ein Prüfling, der die gleiche Leistung in eigener Darstellungsform, -reihung oder Begriffsverwendung erbringt. Hier wird in erster Linie »das *Passungsverhältnis* zwischen den Prüfenden und Prüflingen bewertet« (Tsarouha, 2019, S. 79).
(B) Verlaufseffekte, Sequenzeffekte	*Primacy*-Effekt	Der erste leistungsbezogene Eindruck kann sich in Prüfungssituationen auf die Wahrnehmung und Beurteilung aller – auch in der Qualität stark abweichender – Folgeleistungen auswirken. So kann eine sehr gute Antwort auf die Auftaktfrage dazu führen, dass die Lehrperson weniger gute Beiträge im Verlauf der Prüfung weniger stark in die Beurteilung der Gesamtleistung einbezieht.
	Recency-Effekt	Dies ist der gegenläufige Effekt zum *Primacy*-Effekt. Bei Leistungskontrollen, die aus mehreren Teilen bestehen, werden in der Benotung die zuletzt gegebenen Antworten bzw. gewonnenen Eindrücke übergewichtet. Dieser Effekt tritt insbesondere dann auf, wenn die Antworten des Prüflings über längere Zeit kein klares Urteil nahelegen.
	Beobachterdrift	Dieser Fehler bezeichnet die Zu- oder Abnahme der Beobachtungs*genauigkeit* über die Prüfungssituation hinweg, insbesondere bei einer zeitlich langandauernden Prüfungssequenz (»Prüfungsmarathon«). Ermüdungseffekte und Motivationsverluste der Prüferin bzw. des Prüfers können hierbei Einfluss auf die Beurteilung nehmen und gleiche Leistungen in Abhängigkeit von der zeitlichen Position des Prüflings ungleich bewerten.
(C) Effekte der Lehrer*-	*Strenge*-Fehler	Vom *Strenge*-Fehler (auch *Härte*-Fehler) wird gesprochen, wenn eine Lehrkraft in der Tendenz gleiche Leistungen schlechter beurteilt als dies bei

Tab. 1: Typische Beobachtungs- und Beurteilungsfehler im Rahmen mündlicher oder schriftlicher Leistungskontrollen – Fortsetzung

Fehlertyp	Bezeichnung	Beschreibung/Beispiel
innenpersönlichkeit (Dispositionelle Effekte)		einer Vergleichsgruppe von Lehrpersonen der Fall ist. Die Strenge wird u. a. als Effekt pädagogischer Grundannahmen (»Nur strenge Noten motivieren zu mehr Anstrengung und besserer Leistung«) oder von Selbstdarstellungsbedürfnissen (»Image des harten Hunds«) gedeutet.
	Milde-Fehler	Der *Milde*- oder *Großzügigkeits*-Fehler ist das Gegenstück des Strenge-Fehlers. Im Vergleich zu anderen Lehrpersonen werden gleiche Leistungen in der Tendenz besser benotet. Als Ursachen gelten wiederum pädagogische Grundannahmen (»Gute Noten motivieren das weitere Lernen«) oder Selbstdarstellungsbedürfnisse bzw. Selbsttäuschungen bezüglich der »guten Qualität« des eigenen Unterrichts, die sich auch in guten Noten ausdrücken müsse.
	»*Wissen-um-die Folgen*«-Fehler	Der »*Wissen-um-die-Folgen*«-Fehler kann als spezifischer Milde-Fehler angesehen werden. Hierbei kommt es zur »mildere[n] Beurteilung bei absehbaren negativen Folgen für den Schüler« (Ziegenspeck, 1999, S. 179). Wenn der weitere schulische oder außerschulische Werdegang stark von einer bestimmten Zensur abhängt (z. B. im Versetzungs- oder Abiturzeugnis), vergeben Lehrpersonen mit *Tendenz zur Milde* nochmals bessere Zensuren als bei weniger folgenreichen Beurteilungssituationen.
	»*Tendenz-zur-Mitte*«-Fehler	Bei diesem Fehler wird fast nur der mittlere Bereich der Notenskala zur Beurteilung genutzt, was dazu führt, dass besonders hochleistende Schüler*innen zu schlecht und Prüflinge mit schwacher Leistung zu gut benotet werden. Dieser Fehler tritt gehäuft bei unsicheren Lehrpersonen oder Berufseinsteiger*innen auf.
	»*Tendenz-zu-den-Ex-*	Bei diesem Benotungsstil wird das mittlere Notenspektrum vermieden und Lehrpersonen neigen zur

Tab. 1: Typische Beobachtungs- und Beurteilungsfehler im Rahmen mündlicher oder schriftlicher Leistungskontrollen – Fortsetzung

Fehlertyp	Bezeichnung	Beschreibung/Beispiel
	tremen«-Fehler	Vergabe von Extremzensuren. Als mögliche Ursachen werden angesehen, dass Lehrpersonen ein implizites dichotomes Leistungsverständnis haben (»Die Leistung war entweder gut oder schlecht, dazwischen gibt es für mich nichts«), oder dass sie die Kriterien für die Vergabe mittlerer Noten als zu »schwammig« ansehen.
(D) Kontextbedingte Angleichungs-Effekte	*Noteninflations*-Effekt	Der Noteninflationseffekt bezeichnet die Tendenz, dass über längere Zeiträume gesehen bessere Noten vergeben werden, ohne dass eine entsprechende Verbesserung der beurteilten Leistungen plausibel wäre. Für die Notengebung bei Hochschulabschlüssen ist dies bereits nachgewiesen, für die Abiturdurchschnittsnoten gibt es uneinheitliche Ergebnisse (Grözinger & Baillet, 2015; Müller-Benedict & Gaens, 2015; Schleithoff, 2015). Als Ursache wird, anders als beim *Milde*-Fehler, kein Effekt der individuellen Lehrer*innenpersönlichkeit, sondern ein diffus wahrgenommener, kollektiv sich im Kollegium verstärkender Außendruck (Lehrstellenmangel, knappe Studienplätze) vermutet.

Eine plausible Konsequenz wäre daher auf den ersten Blick, auf Notensysteme komplett zu verzichten und sich ganz auf notenunabhängige Verfahren der Leistungsfeststellung und Leistungsbeurteilung zu fokussieren. Denn die zentrale Bedeutung von Rückmeldungen, die Wirkmächtigkeit von *Feedback* (Harks, Rakoczy, Hattie, Besser & Klieme, 2014; Hattie & Timperley, 2007) für das Gelingen weiterer Bildungsprozesse, soll durch die Notkritik ja nicht in Zweifel gezogen werden. Zudem sollte auch darauf hingewiesen werden, dass mehrere der in Tabelle 1 (▶ Tab. 1) genannten Beobachtungs- und Beurteilungsfehler nicht nur auf notenbasierte Beurteilungssysteme zutreffen, sondern prinzipiell auch auf alle anderen Systeme, die nicht nur Leistungsfeststellung im Sinn haben, sondern auch Graduierung und Bewertung. Daher sind auch Verbalzeugnisse, Lernentwicklungsberichte und andere Instrumente, die in Kapitel 2 (▶ Kap. 2) als Alternative zu Notensystemen vorgestellt werden, gegen derartige Beobachtungs- und Beurteilungsfehler nicht allein deshalb schon immun, weil sie keine Ziffernnoten vergeben.

Angesichts der erdrückenden Eindeutigkeit der Studienergebnisse bleibt allerdings die Frage:

> »Wieso kann sich das offensichtlich ungeeignete System der Notengebung und der darauf basierenden Zertifizierungen so zäh an einer Stelle (der Schule) halten, die so zentral für die gesamtgesellschaftliche Regulierung individueller Lebenschancen ist?« (Schratz et al., 2014, S. 9).

In der erziehungswissenschaftlichen Literatur (z. B. Holmeier, 2013; Sacher, 2009) wird als Antwort darauf fast immer auf die *Selektions-* und *Allokationsfunktion* der Institution Schule verwiesen. »Noten sollen dazu beitragen, die Schüler/-innen auszuwählen (zu selektieren), die befähigt sind, in eine höhere Bildungslaufbahn oder in angesehene berufliche und gesellschaftliche Positionen einzutreten« (Sacher, 2009, S. 22). Diese Selektions- und Allokationsfunktion erfüllt Schule durch gesetzlich abgesicherte Berechtigungsinstrumente wie das Versetzungszeugnis in die nächste Klassenstufe, die Übergangsempfehlung für eine weiterführende Schulart, Schulabschlüsse am Ende der Regelschulpflichtzeit oder die Hochschulzugangsberechtigung – und diese seien nun mal, zumindest teilweise, notenbasiert.

Mehrere Autor*innen leiten aus der Selektions- und Allokationsfunktion von Noten weitere Funktionen ab, die ebenfalls nicht den Aspekt der Leistungsbeurteilung im »Binnenverhältnis« zwischen Lehrkraft und Schüler*innen betreffen, d. h. keine *Diagnose-*, *Rückmelde-* oder *Förderfunktion* haben. Hierzu zählen nach Holmeier (2013) die *Legitimationsfunktion* sowie die *Sozialisationsfunktion*. Unter *Legitimationsfunktion* wird die »Legitimation politischer, administrativer und unterrichtlicher Entscheidungen« (Sacher, 2009, S. 27) verstanden. So begründen Vertreter*innen aus Bildungspolitik und Bildungsverwaltung schulstrukturelle Entscheidungen (z. B. Erfolg, Abschaffung oder Zusammenschluss von Schularten, Einführung zentraler Prüfungen) über die Entwicklung der durchschnittlichen Abschlussnoten im eigenen Bundesland. Auch sind

Schulleitungen teilweise bemüht, ihre Schulen durch unauffällige Abschlussnoten »unter dem Radar« der Schulverwaltungen zu halten oder – bei positiven Abweichungen – Abiturdurchschnittsnoten, Abschluss- oder Übertrittsquoten als Werbeargument für leistungsorientierte Eltern zu nutzen.

Unter der *Sozialisationsfunktion* von Notensystemen wird die Einübung in eine spezifische und bürokratische Form der Anerkennung verstanden, die vor allem beim Übergang von der Kita in die Grundschule für wichtig gehalten wird: »Nicht Liebe, Sympathie oder Gehorsam bestimmen die Noten, sondern einzig und allein die erzielten Handlungsresultate« (Gläser-Zikuda, 2010, S. 370), dies zu verinnerlichen, sei das Sozialisationsziel von Zensuren. Oder wie Sacher (2009, S. 24) es ernüchternd ausdrückt: »In gewisser Weise ist die Notenbürokratie ein heimlicher Lehrplan zur Einübung in die bürokratische Gesellschaft«.

Insgesamt erscheint es daher plausibel, dass dieser »Funktionsmix«, den Noten »bedienen«, d. h. *gleichzeitig* funktional zu sein für die »lernseitigen« Interaktionen wie auch für das Außenverhältnis der *Institution* Schule, eine intransparente und ungesicherte Notenvergabepraxis geradezu unvermeidlich macht. Trotz ihrer offensichtlich mangelnden Objektivität und Validität, so das Argument, sollen die *nicht-pädagogischen* Funktionen, also Selektions- und Allokationsfunktion, einen so bedeutsamen gesellschaftlichen Mechanismus absichern, nämlich das *meritokratische Prinzip*[7], dass auf Noten nicht verzichtet werden könne.

Die Beteiligung der Schule an gesellschaftlichen Allokationsprozessen führt nicht nur zu dem bis in den pädagogischen Alltag hinein spürbaren – und hinlänglich bekannten – Antagonismus von Fördern und Selektieren. Die Leistungsthematik selbst ist sehr grundsätzlich von hoher pädagogischer Brisanz. Denn hier wird in besonderer Weise offenbar, dass die Gestaltung von Bildungs- und Erziehungsprozessen eben keineswegs allein pädagogischen Imperativen folgen kann. Vielmehr gibt es auch Erfordernisse zu bedenken, die daraus resultieren, dass Schule eine gesellschaftliche

---

7 »Der Begriff leitet sich aus dem Lateinischen (meritum: ›das Verdienst‹) und dem Griechischen (kratein: ›herrschen‹) ab. Er bezeichnet eine soziale Herrschaftsordnung, die sich über die Leistungsfähigkeit des Individuums legitimiert« (Schratz et al., 2014, S. 8, siehe hierzu ausführlich Becker & Hadjar, 2017).

Institution ist. Insbesondere als »Gatekeeper« der bildungsbasierten Meritokratie (Becker & Birkelbach, 2013) sitzen Schulen und Lehrkräfte dabei in recht vielfältiger Weise »in der Falle« (Schratz et al., 2014, S. 8). Schimank (2018, S. 20) beschreibt *(nicht: vertritt!)* die meritokratische Gesellschaftsvorstellung wie folgt:

> »In dem Maße, in dem die besseren Lebenschancen einer Person im Vergleich zu einer anderen darauf zurückgeführt werden können, dass Erstere mehr als Letztere geleistet hat, ist diese Besserstellung gerechtfertigt und hinzunehmen. Die Moderne ist in diesem Sinne eine meritokratische Gesellschaft. Wer mehr leistet, darf und soll besser leben«.

Das »meritokratische Versprechen«, das politisch mit dieser Gesellschaftsvorstellung gegeben wird, lautet parolenmäßig je nach Parteistandpunkt »Leistung muss sich wieder lohnen« (FDP) oder »Aufstieg durch Bildung« (CDU) bzw. »Aufstieg durch Bildung für alle« (SPD).

Im nächsten Abschnitt soll betrachtet werden, ob das Leistungsprinzip in der Schule, verstanden als Kernelement einer meritokratischen Gesellschaftsordnung, den einzig plausiblen Zugang zu einem Verständnis von *Bildungsgerechtigkeit* darstellt.

1.4 Leistungsprinzip, meritokratisches Versprechen und Bildungsgerechtigkeit

Die neuere gerechtigkeitstheoretische Diskussion um die Frage »Wann ist ein Schulsystem gerecht?« macht deutlich, dass man zunächst das Verständnis von Bildungsgerechtigkeit selbst klären muss (Bellenberg & Weegen, 2014; Hopf, 2017; Stojanov, 2011, 2015). Dabei werden drei theoretische Konzeptionen unterschieden (z. B. Nerowski, 2018b; Wigger, 2015): Bildungsgerechtigkeit als (1) *Verteilungs*gerechtigkeit, (2) *Anerkennungs*gerechtigkeit und (3) *Teilhabe*gerechtigkeit.

Verteilungsgerechtigkeit stellt den Modus dar, der mit dem meritokratischen Versprechen verbunden ist: Ein Schulsystem ist dann »bildungsge-

1.4 Leistungsprinzip, meritokratisches Versprechen und Bildungsgerechtigkeit

recht«, wenn es nach dem Leistungskriterium eine gerechte Verteilung der Zertifikate und Berechtigungen sicherstellt, die später im Leben zu unterschiedlicher beruflicher und sozialer Stellung, Ansehen, Macht, Einkommen etc. »berechtigen«. Nach dem Konzept von *Anerkennungsgerechtigkeit* »liegt dann Bildungsgerechtigkeit vor, wenn die Beziehungen zwischen Lehrenden und Lernenden von Wertschätzung, Respekt und Empathie geprägt sind und dadurch bildende Erfahrungen ermöglichen« (Nerowski, 2018b, S. 442). Nach einer Vorstellung von *Teilhabegerechtigkeit* »liegt dann Bildungsgerechtigkeit vor, wenn alle Kinder und Jugendlichen ein Mindestmaß an Kompetenzen aufweisen, das sie zu selbstständiger Lebensgestaltung und aktiver Teilhabe an der Gesellschaft befähigt« (Nerowski, 2018b, S. 442, Überblick in ▶ Tab. 2).

Tab. 2: Fragestellungen und ideale Lösungen verschiedener Ansätze von »Bildungsgerechtigkeit« nach Nerowski (2018b, S. 443)

Ansatz	Problem/Fragestellung	Lösung/Ideal
Verteilungsgerechtigkeit	Nach welchem Kriterium sollen schulische Abschlüsse vergeben werden?	Vergabe nach dem Leistungsprinzip
Anerkennungsgerechtigkeit	Wie sollen Beziehungen zwischen Lernenden und Lehrenden gestaltet sein?	Wertschätzung, Empathie, Respekt
Teilhabegerechtigkeit	Wie kann die gesellschaftliche Teilhabe aller Individuen sichergestellt werden?	Garantie eines Bildungsminimums

Jenseits der unfairen Notenvergabepraxis setzt die Kritik am Leistungsprinzip in der Schule als dem angeblichen Garanten von Bildungsgerechtigkeit an zwei unterschiedlichen Punkten an. Zum einen wird immer wieder auf die empirisch bestens bestätigte Tatsache hingewiesen, dass schulische Leistungen an Faktoren gekoppelt sind wie soziale Herkunft, Zuwanderungshintergrund oder Geschlecht, für die ein*e Schüler*in *nichts kann*, dass es also Leistungsnachteile bzw. -vorsprünge gibt, die von den Kindern und Jugendlichen nicht zu *verantworten* seien (siehe den Band von Becker & Lauterbach, 2016, sowie Cortina, 2018). Das meritokratische

Verteilungsprinzip setze aber voraus, dass leistungs*fremde* Kriterien für den Zugang zu Status, Macht und Geld im späteren Leben keine (bedeutsame) Rolle mehr spielen dürften. Daher sei das Leistungsprinzip für ein gerechtes Schulsystem ungeeignet.

Diesem Argument hält Nerowski (2018b) durchaus nachvollziehbar entgegen, dass es aber ebenso unmöglich sei, Individuen gar keine Verantwortung für ihre Leistung zuzuschreiben:

> »Schulerfolg liegt zumindest *auch* in der Verantwortung der Schülerinnen und Schüler. [...] Die Zuschreibung von ›vollständiger Verantwortung‹ ist niemals möglich. Das Konzept von Verantwortung ist nur als nicht-vollumfängliche Verantwortung denkbar« (Nerowski, 2018b, S. 457).

Denn unter pädagogischen Gesichtspunkten sind es ja gerade Charakteristika wie Verantwortungsübernahme für das eigene Lernen, Selbstbestimmtheit und Mündigkeit, die als wichtige überfachliche Lernziele in der Schule betrachtet werden. Cortina und Pant (2018) illustrieren die Ambivalenz des Verantwortungsbegriffs wie folgt:

> »Denn je autonomer (mündiger) die Jugendlichen werden, desto mehr fällen sie potenziell vernünftige, vielleicht auch manchmal törichte, aber doch selbstverantwortete Entscheidungen. Am Ende der Pflichtschulzeit und der Sekundarstufe II [...] lassen sich wiederum ›Herkunftseffekte‹ empirisch nachweisen, z. B. hinsichtlich der Entscheidung ›Lehre nach der Realschule oder Besuch einer Oberstufe?‹, ›Aufnahme des Studiums oder andere Ausbildung nach dem Abitur?‹. Aus pädagogischer Sicht gibt es keinen zwingenden Grund, warum an dieser Stelle primär die gezeigten Leistungen oder gemessenen Kompetenzen (allein-)entscheidend sein sollten. In jedem Einzelfall spielt ein komplexes Netz von Reflexionen eine Rolle, in denen (wahrgenommene) Kompetenzen sicher einen wichtigen Aspekt darstellen, aber eben auch – und möglicherweise durchschlagender – Aspekte der Identitätsentwicklung wie Berufsbildidentifikationen oder internalisierte Familientraditionen« (Cortina & Pant, 2018, S. 74).

Der zweite Kritikansatz für die Rechtfertigung des schulischen Leistungsprinzips unter meritokratischen Aspekten ist etwas schwerer zu entkräften. Die Kritik lautet grob formuliert: Die Vergabe von »Lebenschancen« nach dem meritokratischen Prinzip hängt *de facto* kaum mehr von den in der Schule geforderten und bewerteten Leistungen ab. Zunächst kann gefragt werden, ob es wirklich »Lebenschancen« oder »Zukunftschancen« sind, die

1.4 Leistungsprinzip, meritokratisches Versprechen und Bildungsgerechtigkeit

die Schule verteilt. Nerowski (2018b) schlägt hierfür etwas weniger »raumgreifende« Begriffe vor:

> »Das, was Schule verteilt, sind Zertifikate und Schulabschlüsse, die wiederum direktes Resultat benoteter Prüfungen sind. Schulische Zertifikate erfüllen zwei Funktionen: Innerhalb des Schulsystems berechtigen sie zur Aufnahme oder Fortführung bestimmter Bildungsgänge. Außerhalb des Schulsystems sind Abschlüsse ein gesellschaftlich anerkanntes und zumeist gewichtiges Argument, eine Person für die Besetzung einer beruflichen Position in Erwägung zu ziehen« (Nerowski, 2018b, S. 445).

Gerade diese zweite Funktion der Information und Argumentation für außerschulische Abnehmersysteme wie Betriebe und Ausbildungsstätten erscheint jedoch zunehmend zweifelhaft. So schreibt Breidenstein (2018):

> »Wenn man danach fragt, welche selektiven Wirkungen die Zensuren empirisch entfalten, stellt sich der Verdacht ein, dass die Schule die angesprochenen vielfachen und vielfältigen Selektionsentscheide weniger ›im Auftrag‹ prozessiert, als vielmehr im Vollzug ihrer *eigenen* [Hervorhebung v. Verf.] Logik. Die Schule sortiert die Schülerinnen und Schüler nach Leistung *für die Schule* [Hervorhebung v. Verf.]. Selektionsentscheidungen betreffen – konkret – fast immer Optionen, Schwellen und ›Karrieren‹ innerhalb des Erziehungssystems […] (Alle anderen Abnehmer des Schulsystems haben eigene und zusätzliche Kriterien, oft auch eigene Prüfungen und Verfahren der Auswahl.) […] So kann die Praxis schulischer Leistungsbewertung zunächst von deren Funktionalität für die Organisation und Aufrechterhaltung von Unterricht aus verstanden werden. Die Annahme einer Omnirelevanz der ›Selektionsfunktion der Schule‹ hilft für die Analyse der konkreten empirischen Details der Praxis schulischer Leistungsbewertung nicht weiter« (Breidenstein, 2018, S. 324f).

Tatsächlich scheint sich der langfristige »meritokratische Effekt« der Zensuren- und Zertifikatsvergabe empirisch nicht überzeugend einzustellen, auch wenn es hierzu aktuell nur wenige Langzeitstudien gibt. Eine Untersuchung von Gasser (2019) zeigt, dass über einen Zeitraum von fünf Jahrzehnten betrachtet bei Kölner Gymnasiast*innen die Schulnote am Ende der zehnten Jahrgangsstufe zwar schwach mit dem späteren Berufsprestige zusammenhing, mit dem Einkommen aber praktisch gar nicht. Auch subjektive Kriterien des späteren Berufserfolgs hängen offenbar nicht mit den schulischen Abschlussnoten zusammen. Die Studienergebnisse von Wolf und Kolleginnen (2018) zeigen, dass die Abiturnote von Lehrkräften zwar recht gut die Abschlussnoten in Studium und Vorbereitungsdienst vorhersagen konnte[8], aber keine direkte Prognosekraft für den späteren beruflichen Erfolg der jungen Lehrkräfte, gemessen über das berufliche Wohlbefinden, besaß (Wolf, Kunina-Habenicht, Maurer & Kunter, 2018).

Das Konzept der *Teilhabegerechtigkeit* gilt als weiterer Ansatz, um Bildungsgerechtigkeit zu verankern (► Tab. 2). Nach dieser Vorstellung ist ein Schulsystem dann gerecht, wenn es *allen* Individuen beim Verlassen der Schule eine realistische Aussicht auf einen Beruf (als Minimalvoraussetzung für weitere gesellschaftliche Teilhabe) verschafft.

Das Bildungsminimum ist eine Antwort auf die Frage nach der gerechten Verteilung der Güter »Unterrichtsberechtigung« und »Einstellungsargumente«. Das Prinzip, nach dem die Verteilung der Güter beim Bildungsminimum erfolgt, ist allerdings nicht die Leistung. Alle Schüler*innen haben unabhängig von ihrer Leistung ein Anrecht auf die dem Bildungsminimum entsprechenden Unterrichtsberechtigungen sowie korrespondierender Einstellungsargumente (Nerowski, 2018b, S. 447f.).

Dieses Bildungsminimum umfasse unstrittig, dass funktionaler Analphabetismus nicht vorkommen dürfe und dass ein Abgang ohne Schulabschluss inakzeptabel sei (Nerowski, 2018b). Welche weiteren fachlichen, überfachlichen oder sozialen Fähigkeiten und Kenntnisse jedoch als Mindestvoraussetzung betrachtet werden müssen, bleibt unspezifiziert.

Elemente des Ansatzes der Teilhabegerechtigkeit fanden in den letzten Jahren Eingang in die Diskussion um Bildungsstandards als *Mindeststandards*. In Deutschland hat die Kultusministerkonferenz die für alle Bundesländer verbindlichen Bildungsstandards ausdrücklich als *Regel*standards und nicht als *Mindest*standards abgefasst (Sekretariat der Ständigen Konferenz der Kultusminister der Länder in der Bundesrepublik Deutschland

---

8 Das Argument der tendenziellen Entkoppelung von schulischer Abschlussnote und langfristigem beruflichen Erfolg wird auch nicht grundsätzlich durch Studien entkräftet, die zeigen, dass Schulnoten einigermaßen gut die späteren Noten im Studium oder in der Ausbildung vorhersagen können (Trapmann, Hell, Weigand & Schuler, 2007). Es erscheint ja plausibel, dass sich ähnelnde Systeme der Leistungsbewertung auch gleichläufige Ergebnisse hervorbringen. Dahinter dürften eher Charakteristika wie kognitive Grundfähigkeiten (»Intelligenz«) und Sozialkompetenz stehen, die in jeder notenbasierten Leistungskontrolle wirksam werden, und nicht so sehr die jeweils spezifischen fachlichen Leistungen.

[KMK], 2005, S. 14). Der Begriff der Regelstandards weist hierbei eine merkwürdige Indifferenz auf: Standards versprechen auf der einen Seite fachlich konkrete und empirisch überprüfbare Leistungserwartungen. Auf der anderen Seite lässt die Wendung »Regel« völlig offen, für wen diese klaren Erwartungen gelten sollen und wie viel Abweichung von der »Regel« als problematisch oder nicht hinnehmbar gelten muss. Damit wird im deutschen Schulwesen eine staatliche (Selbst-)Verpflichtung »umschifft«, allen Schüler*innen ein Bildungsminimum zu garantieren.[9]

Etwas überspitzt könnte man formulieren, die Idee eines vom Schulsystem zu garantierenden Bildungsminimums für alle existiert bisher, wenn überhaupt, nur als politisches Lippenbekenntnis. Allerdings kann man auch Nerowskis (2018b) Einschätzung folgen, dass das Teilhabekriterium *allein* für ein befriedigendes Verständnis von Bildungsgerechtigkeit nicht ausreicht:

> »So wertvoll das Bildungsminimum als Kriterium für ›bildungsferne‹ Individuen ist, so sehr verstört seine mangelnde Aussagekraft *oberhalb* des Bildungsminimums. Ein Anspruch auf Bildungsminimum besteht für alle; ein über das Minimum hinausgehender Anspruch besteht für niemanden« (Nerowski, 2018b, S. 448).

So schlägt der Autor als Schlussfolgerung eine Kombination aus Bildungsminimum und Leistungsprinzip vor, die zeitlich zu staffeln sei, sodass mindestens die ersten acht Schuljahre vom Leistungsprinzip und damit auch weitgehend von jeder Notenvergabe entlastet bleiben: »Die Aussetzung des Leistungsprinzips bis zum (mindestens) 14. Lebensjahr entspricht durchaus der hier vorgetragenen Voraussetzung des Bildungsminimums vor der Etablierung eines Leistungsprinzips« (Nerowski, 2018b, S. 458).

---

9 In der Schweiz wurden hingegen die Bildungsstandards als Mindeststandards (*Grundkompetenzen*) konzipiert: »Die EDK versteht die zu erreichenden Grundkompetenzen als Mindestanforderungen. Das heisst: Unser Bildungssystem soll künftig gewährleisten, dass praktisch alle Schülerinnen und Schüler diese Mindestanforderungen bis zu den definierten Zeitpunkten der obligatorischen Schule erreichen« (Schweizerische Konferenz der kantonalen Erziehungsdirektoren [EDK], 2011, S. 78).

1 Notengebung, Leistungsprinzip und Bildungsgerechtigkeit

Ein dritter theoretischer Zugang zu Bildungsgerechtigkeit erfolgt über den Begriff der *Anerkennung*.

»Die Gerechtigkeit oder das Wohl einer Gesellschaft bemisst sich an dem Grad ihrer Fähigkeit, Bedingungen der wechselseitigen Anerkennung sicher zu stellen, unter denen die persönliche Identitätsbildung und damit die individuelle Selbstverwirklichung in hinreichend guter Weise vonstattengehen kann« (Honneth, 2015, S. 206, zit. nach Nerowski, 2018b, S. 459).

Ein Schulsystem ist nach dieser Vorstellung dann gerecht, wenn es Schüler*innen durch maximale Anerkennung ihrer Lernprozesse optimale Wege zur Selbstverwirklichung und Persönlichkeitsentwicklung ermöglicht. Nicht die Antwort auf die Frage »Nach welchem Kriterium sollen schulische Abschlüsse vergeben werden?«, sondern »Wie sollen Beziehungen zwischen Lernenden und Lehrenden gestaltet sein?«, ist entscheidend für die Bemessung von Bildungsgerechtigkeit. Ein Bildungssystem, das sich *einzig und allein* an diesem Gerechtigkeitskriterium ausrichtete, müsste konsequenterweise vollständig auf Leistungsbeurteilungen verzichten:

Jede Bewertung produziert neben guten Leistungen jedoch notwendigerweise (!) auch schlechte Leistungen: Gute Leistungen können nur vor dem Hintergrund schlechter Leistungen als gute Leistungen identifiziert werden. Egal, wie die Bewertung angelegt ist: Es gibt immer Individuen, die am schlechtesten abschneiden; Leistung erzeugt neben Gewinnern immer Verlierer (Nerowski, 2018b, S. 459).

Damit müsste ebenfalls die Selektions- und Allokationsfunktion von Schule nach dem Leistungskriterium weitgehend entfallen und auf die Abnehmersysteme übergehen, und zwar sowohl innerhalb von Bildungsinstitutionen als auch im Übergang zur beruflichen Abnehmerseite. Anstelle einer (zumindest teilweise) notenbasierten Übertrittsentscheidung für eine weiterführende Schulart in einem gegliederten System müsste folgerichtig ein Gemeinschaftsschulmodell bis zum Ende der Schulpflichtzeit treten; die Abiturdurchschnittsnote als wichtiges Zugangskriterium zum Studium würde ersetzt durch alternative Systeme der Hochschulzulassung wie Studieneingangstests oder andere Assessmentsysteme der Hochschulen. Auch die Hochschulen selbst würden ihr notenbasiertes Beurteilungssystem tendenziell aufgeben müssen, um nicht in Widerspruch zur Anerkennungslogik der Schule zu geraten. Alle beruflichen

Ausbildungsanbieter oder Betriebsstätten würden den Zugang ebenfalls komplett nach eigenen Kriterien und Verfahren regeln.

Der *utopische Charakter* eines solchen Verständnisses von Bildungsgerechtigkeit als »reiner« Anerkennungsgerechtigkeit *unabhängig von jeder Bezugnahme auf Leistung* wird rasch erkennbar und kritisierbar: Solange »die Welt« jenseits der Schule Vergünstigungen materieller und immaterieller Art (Status, Einkommen, Prestige, Sicherheit, Zufriedenheit) großenteils nach Leistungskriterien vergibt, solange würde sich die Institution Schule von der »restlichen Welt« entkoppeln, würde sie ihre Arbeit ausschließlich an Prinzipien der maximalen Anerkennung (Wertschätzung, Empathie, Respekt) ausrichten. Dennoch folgen wir in unserer Argumentation nicht der Schlussfolgerung von Nerowski (2018a), wegen des utopischen Charakters einer reinen Anerkennungsgerechtigkeit wären Notensysteme quasi unverzichtbar. Durch die wichtige Unterscheidung von Leistungs*feststellung* und Leistungs*beurteilung* ist eine *praktische* Einbeziehung von Anerkennungsaspekten wesentlich leichter möglich. Wenn die in der Schule vollbrachten Handlungen von Schüler*innen »gesehen«, genau beschrieben und damit festgestellt werden, ohne sie unmittelbar zu bewerten, dann kann Anerkennung bereits durch die Feststellung und Rückmeldung des individuellen Lernfortschritts gesichert werden. Erst die »Kontaminierung« von Lernfortschrittsfeststellung durch eine Benotung entwertet das »Anerkennungspotenzial« detaillierter Verfahren der Leistungsfeststellung.

In der schulischen Praxis wie auch den gesetzlichen Regelungen zur Leistungsbeurteilung, auf die sich diese Praxis beziehen soll, ist diese »Kontaminierung« fast durchgängig angelegt. Sie zeigt sich in einer intransparenten Vermengung der *Bezugsnormorientierungen* (Rheinberg, 2008), die offiziell zur Notenvergabe vorgeschrieben werden. Im Kasten »Lernerfolgskontrollen und Zeugnisse« ist die aktuelle Schulgesetzgebung zur Leistungsbeurteilung im Land Berlin ausschnittsweise dargestellt. Lehrer*innen wird vorgegeben, eine unspezifische *kriteriale* Bezugsnorm (»*Anforderungen*«) über einen unspezifizierten »Algorithmus« mit einer *individuellen* Bezugsnorm zu verknüpfen (»*Die individuelle Lernentwicklung ist zu berücksichtigen*«), für deren Feststellung ebenfalls keine Maßstäbe angegeben sind (»Ab welchem Punkt ist ein Lernfortschritt als ›gut‹ anzusehen?«). Mit der Vergabe bzw. der Differenzierung der Ziffernnoten »5«

und »6« sollen Lehrkräfte zusätzlich eine valide *prognostische* Aussage treffen, ob »Mängel in absehbarer Zeit« behoben werden können oder nicht. Die Unbestimmtheit solcher Vorschriften lässt – wenn man es positiv formulieren möchte – den Lehrpersonen alle Freiheiten bei der Leistungsbeurteilung; sie provoziert jedoch, dass die einzige Bezugsnormorientierung, die im Gesetz *nicht* vorgesehen ist, nämlich die soziale Bezugsnorm, empirisch gesehen zur dominierenden Praxis wird: Mangels anderer eindeutiger Kriterien richtet sich die Notenvergabe am relativen Leistungsgeschehen in der Klasse aus und berücksichtigt darüber hinausgehende Vergleichsmaßstäbe wenig bis gar nicht (Holmeier, 2013).

Ausschnitt aus dem Schulgesetz für das Land Berlin, vom 26. Januar 2004, zuletzt geändert am 04. Oktober 2023

§ 58 Lernerfolgskontrollen und Zeugnisse
(1) Alle Lernerfolgskontrollen und anderen pädagogischen Beurteilungen sind regelmäßig von den Lehrkräften mit förderlichen Hinweisen für die weitere Entwicklung der Schülerinnen und Schüler zu versehen. [...]
(3) Die Leistungen der Schülerinnen und Schüler werden durch Noten, Punkte oder schriftliche Informationen zur Lern- und Leistungsentwicklung beurteilt. Soweit Leistungen der Schülerinnen oder Schüler durch Noten bewertet werden, ist die nachstehende Skala anzuwenden:

1. »sehr gut« (1) – wenn die Leistung den Anforderungen in besonderem Maße entspricht,
2. »gut« (2) – wenn die Leistung den Anforderungen voll entspricht,
3. »befriedigend« (3) – wenn die Leistung im Allgemeinen den Anforderungen entspricht,
4. »ausreichend« (4) – wenn die Leistung zwar Mängel aufweist, aber im Ganzen den Anforderungen noch entspricht,
5. »mangelhaft« (5) – wenn die Leistung den Anforderungen nicht entspricht, jedoch erkennen lässt, dass die notwendigen Grundkenntnisse vorhanden sind und die Mängel in absehbarer Zeit behoben werden können,

> 6. »ungenügend« (6) – wenn die Leistung den Anforderungen nicht entspricht und selbst die Grundkenntnisse so lückenhaft sind, dass die Mängel in absehbarer Zeit nicht behoben werden können. [...]
>
> (5) Die Leistungsbeurteilung der Schülerinnen und Schüler durch ihre Lehrkräfte stützt sich auf die regelmäßige Beobachtung und Feststellung der Lern-, Leistungs- und Kompetenzentwicklung; sie bezieht alle mündlichen, schriftlichen, praktischen und sonstigen Leistungen ein, die die Schülerin oder der Schüler im Zusammenhang mit dem Unterricht erbracht hat. Für die Leistungsbeurteilung maßgebend ist der nach Kriterien des Bildungsgangs festgestellte Entwicklungsstand der Kenntnisse, Kompetenzen, Fähigkeiten und Fertigkeiten der Schülerin oder des Schülers. Die individuelle Lernentwicklung ist zu berücksichtigen.
> (*Quelle: Juristisches Informationssystem für die Bundesrepublik Deutschland, 2024*)

Die unklare Gemengelage, die hinsichtlich der gesetzlichen Vorgaben zur Leistungsbeurteilung vorherrscht, dürfte bei Lehrkräften, aber auch bei Eltern, Kindern und Jugendlichen zu einer eher »hybriden« bis diffusen Vorstellung von Bildungsgerechtigkeit führen. Bezugsnormorientierung und Gerechtigkeitsverständnis (▶ Tab. 2) lassen sich zwar nicht eins zu eins aber doch tendenziell einander zuordnen (▶ Tab. 3): Eine *individuelle* Bezugsnormorientierung korrespondiert mit dem Verständnis von *Anerkennungsgerechtigkeit*; jedem Lernfortschritt wird größtmögliche Anerkennung zuteil, selbst wenn die erreichte Leistung nach anderen Maßstäben weniger günstig beurteilt werden müsste. Eine *kriteriale* Bezugsnormorientierung wäre im Modell der *Teilhabegerechtigkeit* besonders wirkungsvoll, wenn als Kriterium ein definierbares Bildungsminimum (»Mindeststandard«) für eine gesellschaftliche Teilhabe aller Absolvent*innen definiert werden könnte. Lediglich die *soziale* Bezugsnormorientierung mit ihren Notengraduierungen sichert – zwar nicht fair und valide, aber zumindest formal und prozedural zuverlässig – das Modell meritokratischer *Verteilungsgerechtigkeit* nach dem Leistungsprinzip ab.

Dieses Kapitel hat versucht, in groben Zügen darzulegen, warum die *notenbasierte Leistungsbeurteilung* so beharrlich in unserem Schulsystem überdauern kann, obwohl sie *doppelt dysfunktional* ist. Lernseitig erscheint sie als unfaires Zwangskorsett, da sie die nützliche Rückmelde- und Lernförderfunktion von Leistungs*feststellungen* »überwuchert«. *Abnehmerseitig* erkennt man den Informationswert von Noten und schulischen Zertifikaten für Zwecke des »Studierfähigkeitsnachweises« oder der Personalauswahl nur noch bedingt an. Die ihr zugeschriebene Selektions- und Allokationsfunktion erfüllen Noten primär nach *innen* im Sinne einer »Legitimierung durch Verfahren«, d. h. bei Übergangs- und Zugangsberechtigungen *innerhalb* des Bildungssystems.

Tab. 3: Korrespondenz zwischen verschiedenen Ansätzen von »Bildungsgerechtigkeit« nach Nerowski (2018b) und der Art der dominierenden Bezugsnormorientierung in der Leistungsbeurteilung

Ansatz	Lösung/Ideal	(dominierende) Bezugsnormorientierung
Verteilungsgerechtigkeit	Vergabe nach dem Leistungsprinzip	*sozial* (Gruppennorm), ggf. ergänzt durch Sachnorm
Anerkennungsgerechtigkeit	Wertschätzung, Empathie, Respekt	*individuell* (Entwicklungsnorm)
Teilhabegerechtigkeit	Garantie eines Bildungsminimums	*kriterial* (Sachnorm)

Die These, die hier vertreten wird, sieht den Grund für das scheinbar unerschütterliche Festhalten am Notensystem daher in einer auf allen Ebenen – bei Lehrer*innen, bei den Schüler*innen, bei den Eltern, in Schulverwaltung und Bildungspolitik – tief verwurzelten *Verunsicherung*. Diese Verunsicherung bezieht sich, so unsere Vermutung, sowohl auf die unbeantwortete Frage, ob ein meritokratisches Gesellschaftsmodell (»Leistungsgesellschaft«) auch ohne Zensurensystem funktionieren kann; sie speist sich aber auch aus der noch grundlegenderen Skepsis, ob das meritokratische Modell *selbst* noch soziale Gerechtigkeit gewährleisten kann. Die seit wenigen Jahren immer präsenter gewordene Aufgabe der Inklusion im schulischen Alltag macht die Begrenztheit des hergebrachten Notensystems, und womöglich der Leistungsbeurteilung insgesamt, für Lehrkräfte immer offensichtlicher (Holder & Kessels, 2019). Die zweite der genannten Fragen wird aus der Innenperspektive und der Binnenlogik des Schul- und Bildungssystems allein nicht befriedigend zu bearbeiten sein. Die Frage nach einer inklusiven Schule ist die – letztlich nur normativ zu entscheidende – Frage nach einer inklusiven Gesellschaft insgesamt. Die erstgenannte Frage erscheint nicht ausschließlich normativ »lösbar«, sondern auch empirisch angehbar: Welche zum Notensystem alternativen Verfahren der Leistungsbeurteilung existieren bereits, und wie gut »funktionieren« sie? Dieser Frage gehen wir im Anschluss in Kapitel 2 nach (▶ Kap. 2).

1.5 Welche Bildungsgerechtigkeit wir wollen, entscheidet darüber, welche Leistungsbeurteilung wir brauchen?

Zum Abschluss dieses Kapitels möchten wir unsere Überlegungen, wie Leistungsverständnis, Leistungsbeurteilung und Bildungsgerechtigkeit ineinandergreifen, noch einmal thesenartig zusammenfassen.

1. Der schulische Leistungsbegriff kann als eine *soziale Konstruktion* verstanden werden, bei der Leistung im Kern als eine *bewertete Handlung* der Schülerin bzw. des Schülers betrachtet wird. Das Spektrum dessen, was als schulische Leistung gelten kann, ist potenziell unbegrenzt und kann sich je nach zugemessenem gesellschaftlichem Wert ändern. Es ist nicht begründbar, dass Fachleistungen *per se* als wichtiger oder höherwertig anzusehen sind als Leistungen in sozialen oder in anderen Bereichen.

2. Der Leistungsbegriff legt nicht fest, *wer* diese Bewertungen vornimmt. Dies können im schulischen Kontext sowohl Lehrpersonen als

auch die Mitschüler*innen oder die Lernenden für sich selbst sein. Begriffslogisch sind Lehrkräfte als Bewertende nicht notwendig, um von einer Leistung sprechen zu können.

3. Um als Leistungen angesehen zu werden, müssen die zu bewertenden Handlungen (der Schüler*innen) absichtsvoll und zielgerichtet gewesen sein. Die Tatsache, dass schulische Leistungen an Faktoren wie soziale Herkunft, Zuwanderungshintergrund oder Geschlecht gekoppelt sind, für die ein*e Schüler*in *nichts kann*, steht hierzu nicht im Widerspruch. Die Zuschreibung von »vollständiger Verantwortung« ist grundsätzlich realitätsfern. »Das Konzept von Verantwortung ist nur als nicht-vollumfängliche Verantwortung denkbar« (Nerowski, 2018b, S. 457). Verantwortungsübernahme für das eigene Lernen, Selbstbestimmtheit und Mündigkeit sind unter pädagogischen Gesichtspunkten für *alle* Schüler*innen wichtige überfachliche Lernziele der Schule.

4. Akzeptiert man einen Leistungsbegriff, bei dem das »Was-soll-gelernt-Werden« und das »Wer-soll-Bewerten« nicht von vornherein festgelegt sind, dann wird eine gemeinsame und wechselseitige »kommunikative Validierung« von Bewertungen und Bewertungsmaßstäben handlungsleitend. Dies gilt sowohl für die Verständigung im Kollegium wie auch – wo immer möglich – zwischen Lehrenden und Lernenden.

5. Die begriffliche und praktische Unterscheidung von Leistungs*feststellung* und Leistungs*beurteilung* ist essenziell für eine schulische Praxis, die eine Vielfalt von Leistungen sichtbar machen will und (auch) »bewertungsfrei« zur Förderung weiterer Leistungen einsetzen möchte.

6. Diese Unterscheidung ist allein schon deshalb unverzichtbar, weil das Notensystem für die Komplexität sowie Intransparenz der Prozesse, die bei der Leistungsbeurteilung wirken, kein angemessenes und faires Abbildungsverfahren sein kann. Nicht die Noten sind das »Messinstrument«, sondern die Lehrer*innen sind es mit allen damit verbundenen Objektivitätsmängeln.

7. Sämtliche Beobachtungs- und Beurteilungsfehler, die auf notenbasierte Beurteilungssysteme zutreffen, können prinzipiell auch in allen anderen Systemen auftreten, die Graduierungen und Bewertungen vornehmen. Daher sind auch Verbalzeugnisse oder Lernentwicklungsberichte gegen derartige Verzerrungen nicht allein schon deshalb immun, weil sie keine Ziffernnoten vergeben.

8. Trotz ihrer offensichtlich mangelnden Objektivität und Validität rechtfertigen die *nicht-pädagogischen* Funktionen der Schule, d. h. die Selektions- und Allokationsfunktion, für viele das Festhalten an der Notengebung. Die Zuteilung (Allokation) von Studien- und Berufschancen über notenbasierte Zertifikate sichert angeblich das *meritokratische Prinzip* ab, also die gerechtfertigte und gerechte Verteilung von Vergünstigungen nach dem Leistungsprinzip. *De facto* bedienen schulische Noten einen »Funktionsmix« aus lernförderlicher Rückmeldefunktion *und* meritokratischer Selektionsfunktion.

9. In der pädagogischen Praxis der Notengebung wie auch in den schulgesetzlichen Grundlagen zur Leistungsbeurteilung führt dieser »Funktionsmix« zur intransparenten Vermengung der *Bezugsnormorientierungen*, also der Leistungsbeurteilung anhand von gruppen-, sach- oder entwicklungsbezogenen Maßstäben. Diese Intransparenz korrespondiert mit einer diffusen Vorstellung unterschiedlicher, dahinter liegender Gerechtigkeitsmodelle: Ist ein Schulsystem (und die Leistungsbeurteilung) in erster Linie dann gerecht, wenn es Vergünstigungen streng nach Leistungskriterien vergibt, wenn es Individuen maximal anerkennt, wertschätzt und damit in ihrer Persönlichkeit stärkt, oder wenn es allen Kindern und Jugendlichen eine Teilhabe am weiteren (Berufs-)Leben garantieren kann?

10. Die wachsende Vielfalt an Lernvoraussetzungen und insbesondere ein inklusiver Anspruch an das Schulsystem lassen die Dominanz des Leistungsprinzips zunehmend als widersprüchlich und die eingeschliffene Praxis der Leistungsbeurteilung als dysfunktional erscheinen. Während die Frage nach der »richtigen« Gerechtigkeit des Schulsystems nur normativ über einen Diskurs der gewünschten Prinzipien des Zusammenlebens in der Gesellschaft über die Schule hinaus lösbar erscheint, können Ansätze einer fairen und informativen Leistungsfeststellung und -beurteilung auch pragmatisch und empirisch angegangen werden.

2 Notenunabhängige Leistungserfassung und -beurteilung: Ansätze und Effekte

Alexandra Marx

2.1 Ansätze zu notenunabhängiger Leistungserfassung und -beurteilung

Im vorangehenden Kapitel wurde dargelegt, dass die nationale wie internationale Forschung zu notenbasierter Leistungsbeurteilung immer wieder Hinweise darauf erbracht hat, dass Noten häufig auf subjektiven Einstellungen und Urteilen von Lehrkräften basieren und somit keine objektiven und validen Aussagen über schulische Leistungen erlauben (siehe auch S.-I. Beutel, 2016; Brookhart et al., 2016). Kritiker*innen schulischer Notengebung argumentieren zudem, dass Noten der Lernentwicklung von Schüler*innen nicht dienlich seien, da sie sich negativ auf die schulische Motivation auswirken können. Insbesondere wird befürchtet, dass mit Noten eine zu starke Fokussierung auf das Lernergebnis bei gleichzeitiger Vernachlässigung der Beurteilung von Lernwegen einhergeht (S.-I. Beutel, 2012). Um diese negativen Auswirkungen der Notenvergabe zu umgehen, haben sich auch in Deutschland verstärkt Ansätze zu einer notenunabhängigen Leistungsbeurteilung etabliert. Neue Formen der Leistungsbeurteilung sollen dazu beitragen, die mit Noten verbundenen Schwächen zu überwinden, und verstärkt eine pädagogische Funktion erfüllen: Leistungsbeurteilung dient in diesem Fall vornehmlich der Lernbegleitung, der Rückmeldung sowie der Förderung des Lernverhaltens und der Leistungen von Schüler*innen (S.-I. Beutel, 2012). Ansätze zu einer solchen alternativen Leistungsbeurteilung umfassen beispielsweise Portfolios, Verbalbeurteilungen oder Textzeugnisse sowie Lernentwicklungsgespräche, in denen Schüler*innen differenzierte inhaltliche Rück-

2.1 Ansätze zu notenunabhängiger Leistungserfassung und -beurteilung

meldungen zu ihren Lernprozessen und Lernergebnissen erhalten. Zentraler Hintergrund von Verfahren der notenunabhängigen Leistungsbeurteilung ist es demnach nicht nur, das Zustandekommen der Beurteilung für die Schüler*innen transparenter werden zu lassen, sondern vielmehr auch, detaillierte Hinweise auf Stärken und Schwächen im Lernprozess zu liefern. Leistungsüberprüfung und -bewertung wird hier somit nicht als eine bloße Vermeidung der Notenvergabe gesehen, sondern als eine Art von »ongoing Assessment« verstanden (Winter, 2015), d.h. eine fortlaufende und in den unterrichtlichen Alltag eingebettete Leistungsüberprüfung, die in den Lernprozess der Schüler*innen integriert wird.

Die Beschäftigung mit alternativen Formen der Leistungsbeurteilung befasst sich inhaltlich somit mit Fragestellungen, die in der internationalen Literatur häufig unter dem Begriff des sogenannten *»formativen Assessments«* subsumiert werden. Unter diesem Begriff werden Maßnahmen verstanden, die von Lehrkräften, aber auch von ihren Schüler*innen genutzt werden, um Rückmeldung dazu zu erhalten, wie die Lehr- und Lernaktivitäten im Unterricht verbessert werden können (Black & Wiliam, 1998). Davon abgegrenzt werden *»summative Assessments«*, die lediglich der Feststellung einer erbrachten Leistung am Ende einer Unterrichtseinheit dienen, ohne dass Schüler*innen oder die Lehrkräfte notwendigerweise ein Feedback zur Anpassung der weiteren Aktivitäten erhalten. Die Vergabe von Noten wird in vielen Fällen als ein solches summatives Assessment verstanden, da Noten typischerweise keine Informationen darüber liefern, welche konkreten Aspekte des Lern- oder Lehrverhaltens für eine zukünftige Leistungssteigerung anzupassen wären (Black & Wiliam, 1998). Allerdings kann auch die Vergabe von Ziffernnoten um eine Feedbackkomponente ergänzt werden und würde somit einen formativen Charakter erhalten. Umgekehrt können auch alternative Formen der Leistungsbeurteilung summativ genutzt werden, etwa, wenn ein Portfolio abschließend und als Ganzes mit einer Ziffernnote oder einem Verbalurteil bewertet wird. Für die Klassifikation einer Leistungsbeurteilung als formativ oder summativ ist somit entscheidend, welchem Zweck sie dient und in welcher Weise die Schüler*innenleistungen analysiert werden. Charakteristische Eigenschaften formativer bzw. summativer Formen der Leistungsbeurteilung werden in Tabelle 4 vergleichend gegenübergestellt.

Tab. 4: Eigenschaften formativer und summativer Formen der Leistungsbeurteilung

	Formative Leistungsbeurteilung	Summative Leistungsbeurteilung
primäres Ziel	Verbesserung von Lernen und Lehren	Erfassung und Einstufung vorhandener Kompetenzen
Fokus der Rückmeldung	Beurteilung des Lernprozesses	Beurteilung der Lernergebnisse
Art der Rückmeldung	beschreibendes Feedback	evaluierendes Feedback
zeitliche Perspektive	vorwiegend prospektiv	vorwiegend retrospektiv
Zeitpunkt	fortlaufend, lernbegleitend	am Ende einer Lerneinheit, eines Schuljahres o. Ä.
Einbettung in die Lehreinheit	integraler Bestandteil des Lehr-Lern-Prozesses	findet außerhalb des eigentlichen Lehr-Lern-Prozesses statt
Beteiligung der Lernenden	kollaborativ; Schüler*innen werden in den Prozess der Leistungserfassung und -beurteilung eingebunden	lehrerzentriert; Lehrkraft steuert Prozess der Leistungsbeurteilung und -rückmeldung und bestimmt Konsequenzen

In der schulischen Praxis werden notenfreie formative Verfahren häufig mit einer summativen Bewertung kombiniert. Dabei erfolgen im Laufe des Lernprozesses wiederholte notenfreie Bewertungssituationen, die der Präsentation der Lernergebnisse, der Reflexion über den Lernprozess sowie einer Einschätzung der eigenen Arbeitsleistungen durch die Schüler*innen dienen. Zum Ende einer Lerneinheit erfolgt dann die summativ angelegte Prüfungssituation, in der die nach Beendigung einer Unterrichtseinheit erzielte Lernleistung festgehalten werden soll. Idealerweise geschieht dies nicht nur in Form einer Note, sondern umfasst ebenfalls lernförderliche Hinweise zur weiteren Arbeit. Wesentlich ist in diesem Prozess somit die enge Verschränkung von Curriculum und Lernen mit der Beurteilung des

Lernergebnisses selbst. Zudem ist die Beteiligung der Lernenden am Leistungserfassungs- und Leistungsbeurteilungsprozess wesentlich: Um lernwirksam werden zu können und die Lernmotivation sowie die Selbstreflexivität von Schüler*innen zu fördern, sollte Leistungsbeurteilung dialogisch im Austausch mit den Lernenden erfolgen und gestaltet werden (S.-I. Beutel, 2010). Die Vergabe von Ziffernnoten ist mit diesen Zielen zumeist wenig vereinbar.

Für den Zweck einer notenfreien Leistungsbeurteilung hat sich eine Reihe von spezifischen Verfahren etabliert, die als besonders geeignet für eine formative Leistungserfassung und -rückmeldung betrachtet werden. Im Folgenden werden wesentliche Charakteristika und Einsatzmöglichkeiten solcher alternativen Formen der Leistungsmessung und -beurteilung diskutiert. Anschließend wird ein Überblick über den Stand der empirischen Forschung zu den Wirkungen notenfreier Leistungsbeurteilung gegeben.

2.2 Alternative Ansätze zur Leistungserfassung

Portfolios

Als Portfolio wird eine gegliederte Sammlung von Lernergebnissen bezeichnet, die der Dokumentation eines Lernprozesses und/oder der Lernergebnisse dient (Lissmann, 2000). Mit dem Einsatz von Portfolios geht in der Regel eine Vielzahl an Erwartungen einher. So sollen sie beispielsweise die Selbstreflexion der Schüler*innen fördern, zur Selbstevaluation anregen, die Sozialkompetenz fördern und eine auf einer multimodalen, längsschnittlichen Leistungserfassung beruhende Rückmeldung ermöglichen (Jürgens & Lissmann, 2015; Lissmann, 2000). Wesentlich ist dabei, dass die Auswahl der in das Portfolio eingehenden Dokumente strukturiert und planvoll erfolgt, sodass nicht nur eine Feststellung und Bewertung der erbrachten Leistung möglich ist, sondern darüber hinaus auch Lernprozesse analysiert werden können (Murphy & Smith, 1992). Das Portfolio bietet somit sowohl für Lehrkräfte als auch für Schüler*innen ein wirksames Instrument, um Lernwege und individuelle Stärken und Schwächen sichtbar zu machen und darauf aufbauend den weiteren Lernverlauf gestalten zu können. Grundsätzlich gilt, dass Schüler*innen bei der Planung der Portfolioarbeit einbezogen werden sollten und etwa die Inhalte des Portfolios auswählen sowie Kriterien für diese Auswahl und ggf. die Beurteilung der Dokumente mitbestimmen sollten. Ein Augenmerk sollte dabei auch darauf liegen, wie die Schüler*innen im Rahmen der Portfolioarbeit ihren Lernprozess reflektieren und darlegen können. Auf diese Weise kann sichergestellt werden, dass das Portfolio nicht nur für die Lehrkraft einen diagnostischen Nutzen hat, sondern auch die Schüler*innen zu einer selbstreflexiven Betrachtung ihres Lernens anregt.

Portfolios können dabei zu unterschiedlichen Zwecken eingesetzt werden: Während beispielsweise bei einigen Portfolios eher der Aspekt der Beurteilung einer erbrachten Leistung im Vordergrund steht, dienen andere Portfolios eher der Darstellung von Lernprozessen oder spezifischer Stärken und Neigungen eines Schülers bzw. einer Schülerin. Entsprechend ihrem primären Ziel lassen sich verschiedene Formen von Portfolios unterscheiden, die im Nachfolgenden genannt werden (▶ Abb. 3). Im schulischen Alltag finden sich häufig auch Mischformen dieser Portfoliotypen, sodass tatsächlich eine weitaus größere Bandbreite an Portfolios existiert, als im Folgenden beschrieben (Jürgens & Lissmann, 2015).

Entwicklungsportfolios sind Portfolios, mit denen »Wachstum« und Veränderung eines/einer Schüler*in verdeutlicht werden sollen. Schüler*innen sollen anhand eines Entwicklungsportfolios lernen, ihren Lernprozess zu beobachten und zu analysieren sowie eigene Lernfortschritte zu erkennen. Entsprechend dieser Zielsetzung enthält ein solches Portfolio Dokumente aus allen Phasen des Lernprozesses, die ausdrücklich auch Lücken und Schwachstellen aufzeigen und dokumentieren dürfen.

Arbeitsportfolios dienen der Lerndiagnostik und somit der Beschreibung aktueller Stärken und Schwächen eines Schülers bzw. einer Schülerin. Als solche werden Arbeitsportfolios häufig nicht beurteilt, sondern von Lehrkräften verwendet, um den weiteren Unterricht zu planen und auf den Lernstand und die Bedürfnisse der Schüler*innen anpassen zu können.

Typischerweise enthalten diese Portfolios eine Reihe verschiedener Dokumente, die geeignet sind, den Lernprozess zu illustrieren, beispielsweise Notizen, Zeichnungen oder Arbeitsmaterialien. Die eingehenden Dokumente müssen also nicht notwendigerweise ein »fertiges« Ergebnis eines Arbeitsschritts o. Ä. darstellen, sondern können auch skizzenartig oder lückenhaft ausfallen. Arbeitsportfolios werden in der Regel als ganzes Werk durchgesehen, um der Lehrkraft einen ganzheitlichen Blick auf den Lernprozess eines/einer Schüler*in zu erlauben.

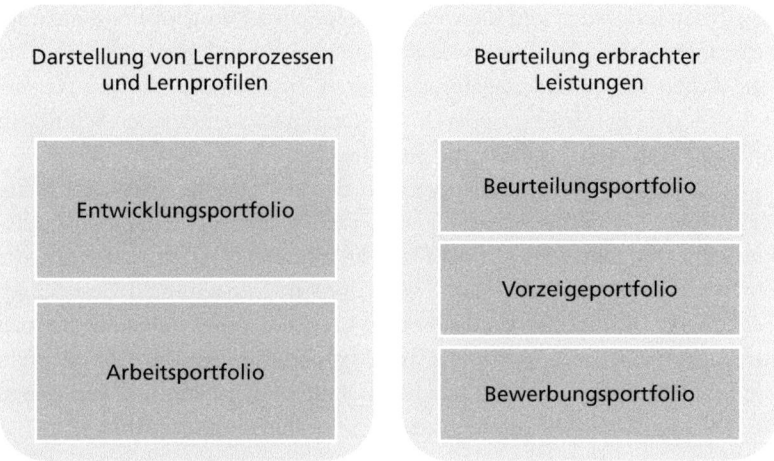

Abb. 3: Arten von Portfolios

Beurteilungsportfolios haben eine Dokumentation der Lernergebnisse eines/einer Schüler*in zum Zweck. In diese Portfolios gehen Dokumente ein, die vorher zwischen Schüler*innen und den Lehrkräften abgestimmt wurden und für die Darstellung des Lernstands als geeignet befunden wurden. In der Regel existieren somit gemeinsam ausgehandelte, formale Bestimmungen zu Inhalt und Form des Portfolios. Die Inhalte beziehen sich dabei zumeist eng auf das Curriculum. Zudem werden gemeinsam Beurteilungskriterien für die einzelnen Bestandteile des Portfolios festgelegt, die die Grundlage für die spätere Bewertung bilden. Insbesondere bei Beurteilungsportfolios ist die Festlegung der Inhalte sowie der Beurteilungskriterien mit den Schüler*innen gemeinsam vorzunehmen, mindestens aber vor Erstellung des Portfolios klar und transparent zu kommunizieren. Anderenfalls droht die Gefahr, dass der Beurteilungsprozess den Schüler*innen unklar bleibt und die Möglichkeit der selbstreflexiven Rekapitulierung des Lernwegs nicht genutzt werden kann.

Vorzeigeportfolios bzw. Talentportfolios dienen der Darstellung der besten Arbeiten eines/einer Schüler*in in einem bestimmten Themengebiet. Damit ist das Talentportfolio in der Regel sehr flexibel, da es Arbeiten aus einem längeren Zeitraum und aus unterschiedlichen Fächern enthalten kann. Über den Auswahlprozess der eingehenden Dokumente wird dabei schriftlich reflektiert und die von dem/der Schüler*in getroffene Auswahl begründet, sodass deutlich wird, weshalb und auf welcher Basis Lernende eine Arbeit für besonders gelungen halten. Insbesondere für die Darstellung spezifischer Stärken oder Interessensgebiete eines/einer Schüler*in sind Talentportfolios somit sehr geeignet.

Bewerbungsportfolios haben zum Zweck, die Eignung eines/einer Schüler*in für die Übernahme neuer bzw. weiterführender Aufgaben zu dokumentieren. Somit steht im Mittelpunkt dieses Portfolios weniger die Dokumentation des Lernwegs als vielmehr eine Darstellung der erreichten Leistungen, die als Basis für das weitere Lernen dienen sollen. Ein Beispiel für solche Bewerbungsportfolios sind Mappen mit eigenen Kunstwerken, die Studieninteressierte an Kunsthochschulen einreichen und mit denen sie ihre künstlerische Eignung für einen Studiengang nachweisen.

Lerntagebücher

Lerntagebücher dienen der Erfassung von Beobachtungen, Bewertungen, Erläuterungen und Reflexionen der Lernarbeit von Schüler*innen (Jürgens & Lissmann, 2015). Sie werden daher lernbegleitend eingesetzt und erfordern seitens der Schüler*innen die kontinuierliche Auseinandersetzung mit dem Lerngegenstand, aber auch mit dem Lernprozess. Dabei können in Lerntagebüchern Auseinandersetzungen mit konkreten und eher kurzfristig angelegten Aufgaben erfolgen, es können aber auch Dokumentationen von längeren und komplexeren Prozessen eingehen. Ziel dieser Form der Lern- und Leistungsdokumentation ist es vor allem,

Schüler*innen zur Selbstreflexion ihres Lernverhaltens anzuregen und ihre Erfahrungen mit dem Lernprozess ganzheitlich zu dokumentieren.

In der Regel werden Lerntagebücher nicht als private Dokumente der Schüler*innen verstanden, sondern als Instrumente zur Beschreibung und Entwicklung des schulischen Lernens, das auch anderen – zumeist der Lehrperson – zugänglich gemacht wird. Dabei kann allerdings der Grad der Formalisierung von Lerntagebüchern unterschiedlich ausfallen: Neben Lerntagebüchern, in denen Schüler*innen ihr Lernen relativ frei und spontan dokumentieren, gibt es den Ansatz von an groben Rastern ausgerichteten Lerntagebüchern sowie Lerntagebücher, die auf detaillierten Vorgaben beruhen. Solche stärker strukturierten Formen des Lerntagebuchs bezeichnet man als Lernjournal (Jürgens & Lissmann, 2015). Insbesondere die weitestgehende Offenheit der Lerntagebücher kann allerdings als besondere Chance für die Reflexionsarbeit der Schüler*innen gesehen werden und erlaubt es auf besondere Weise, den eigenen Lernweg nachvollziehen und hinsichtlich seines Verlaufs und der Ergebnisse kritisch prüfen zu können. Dementsprechend wird in der schulischen Praxis zumeist eine Variante des Lerntagebuchs eingesetzt, die einem halbstandardisierten Vorgehen entspricht und bei der zwar einerseits eine inhaltliche Offenheit besteht, aber gleichzeitig ein Mindestmaß an Vergleichbarkeit gegeben ist, beispielsweise durch die Orientierung an Leitfragen (Winter, 2004). Folgende Leitfragen formuliert Winter (2004, S. 262) für diesen Zweck als geeignet:

- »Was habe ich/was haben wir gemacht?
- Wie bin ich/wie sind wir vorgegangen?
- Was habe ich/was haben wir dabei erfahren und gelernt?
- Was habe ich dabei gefühlt?
- Wie ist das zu bewerten?«

Aufgrund der Betonung des Aspekts der Selbstreflexivität sowie der notwendigen Voraussetzung der Beherrschung des Schreibens werden Lerntagebücher bei jüngeren Kindern in der Grundschule eher selten eingesetzt. Jürgens und Lissmann (2015) betonen allerdings, dass dieses Verfahren der Leistungserfassung auch für Grundschulkinder – wenngleich in einfacherer Variante – bereits genutzt werden kann. Schüler*-

innen können so von Anfang an damit vertraut gemacht werden, ihr eigenes Lernen systematisch zu beobachten und zu dokumentieren.

Präsentationen

Präsentationen dienen der Vorstellung eines erarbeiteten Themas vor einem Publikum. Schüler*innen sind dabei gefordert, einen Sachverhalt so aufzubereiten, zu strukturieren und darzustellen, dass das Publikum – in der Regel die Mitschüler*innen – das Thema nachvollziehen und aus der Präsentation wesentliche Informationen entnehmen kann. Allerdings können Präsentationen darüber hinaus auch noch zu anderen Zwecken eingesetzt werden, aus denen sich dann spezifische Anforderungen an die erforderlichen Inhalte ergeben (Winter, 2015). So ist beispielsweise denkbar, dass Schüler*innen im Rahmen einer Präsentation ihre Mitschüler*innen zum Nachdenken oder Reflektieren anregen, ihre eigenen Lernerfahrungen reflektieren oder Rückmeldungen zum Lernprozess einholen. Insbesondere im Rahmen projektbasierter Arbeiten werden Präsentationen zudem häufig als Methode der Leistungserhebung gewählt, da sie nicht nur die Ergebnisse der thematischen Arbeit sichtbar machen, sondern auch Rückschlüsse auf die selbstständige inhaltliche Auseinandersetzung mit dem Thema erlauben. Neben diesen Vorteilen haben Präsentationen auch eine starke soziale Komponente: Schüler*innen werden durch das Präsentieren der von ihnen erarbeiteten Lerninhalte zum Teil einer Wissensgemeinschaft in der Klasse, bei der der eigenen Arbeit eine wesentliche Rolle für die Wissensbildung innerhalb der Lerngruppe zukommt (Winter, 2015).

Die Leistungsbeurteilung kann im Rahmen von Präsentationen mehrperspektivisch erfolgen: Neben der Lehrperson und den Lernenden selbst können auch Mitschüler*innen die im Rahmen der Präsentation erbrachte Leistung beurteilen. Hierbei ist darauf zu achten, dass auch diese Rückmeldungen inhaltlich sinnvoll und idealerweise anhand von mit den Schüler*innen abgestimmten Kriterien erfolgt. Da eine Präsentation flüchtig ist und in der Regel nicht dauerhaft vorliegt, ist es zudem wesentlich, Schüler*innen auf diese Methode der Leistungserfassung sorgfältig vorzubereiten. Dies umfasst nicht nur die Bestimmung der Kriterien zur Beurteilung der Präsentation, sondern beispielsweise auch die Klärung organisatorischer Fragen (z. B. hinsichtlich der eingesetzten Medien oder des Umgangs mit Nachfragen durch das Publikum).

2.3 Alternative Ansätze zur Leistungsbeurteilung

Verbalbeurteilungen

Bereits in den 1970er-Jahren wurden in den ersten beiden Jahren der Grundschule Verbalbeurteilungen eingeführt, die dazu dienen sollten, eine stärkere Individualisierung des Unterrichts voranzutreiben (S.-I. Beutel, 2012; Tarnai, 2006). Bei dieser Form der Leistungsbeurteilung werden die schulischen Leistungen nicht in Form von Ziffernnoten zurückgemeldet, sondern vielmehr verbal, etwa als Textzeugnisse oder Lernberichte, gestaltet. Die Einführung verbaler Beurteilungen geschah allerdings nicht vor dem Hintergrund der bereits zu diesem Zeitpunkt geäußerten Kritik an Ziffernzensuren, sondern hatte ihren Ursprung in der Grundschulreform. Ziel war eine Verringerung von Leistungsdruck und Konkurrenz unter Schüler*innen bei gleichzeitig stärkerer Pädagogisierung und Individualisierung, die zu einer erhöhten Chancengerechtigkeit beitragen sollte (Tarnai, 2006). Die seitdem in allen Bundesländern realisierte Vergabe von Verbalbeurteilungen in den ersten Grundschuljahren dient somit einer differenzierten Leistungsrückmeldung, die dazu beitragen soll, dass die Lernfreude und Motivation der Schüler*innen erhalten bleibt und ihr Lernverhalten positiv beeinflusst wird (Wagner & Valtin, 2003). Insbesondere für leistungsschwächere Schüler*innen, die Lernfortschritte gemacht haben, wird Verbalbeurteilungen eine motivierende Funktion zugeschrieben, da neben einer kriterialen Bezugsnorm – bei der diese Schüler*innen das Kriterium vielleicht noch verfehlen – auch die individuelle Bezugsnorm stark hervorgehoben wird. Schüler*innen werden somit nicht nur hinsichtlich der erbrachten Leistung, sondern auch in Hinblick auf die Lernentwicklung beurteilt und erhalten auch Hinweise auf spezifische Unterstützungsmöglichkeiten für den weiteren Lernweg (S.-I. Beutel, 2016). Angenommen wird, dass hiermit eine intensivere Auseinandersetzung der Lehrperson mit der Leistungsentwicklung jedes/jeder einzelnen Schüler*in einhergeht und somit auch den Lehrkräften eine Möglichkeit zur Selbstreflexion geboten wird (Arnold & Jürgens, 2001).

In der wissenschaftlichen Literatur werden einige Anforderungen spezifiziert, die Verbalbeurteilungen, wie etwa Lernberichte, erfüllen müssen, um in diesem Sinne lernwirksam zu werden (Arnold & Jürgens, 2001; S.-I. Beutel, 2016). Beispielsweise sollen diese die Bewertung der Leistung nach einer inhaltlichen (kriterialen) und individuellen Bezugsnorm enthalten, adressat*innengerecht formuliert werden und Hinweise für das Weiterlernen liefern. Wesentlich ist auch die Beachtung eines transparenten Beurteilungsverfahrens, in dem sowohl Schüler*innen als auch deren Eltern darüber informiert werden, auf welcher Grundlage die Verbalbeurteilungen zustande kommen und welche (pädagogischen) Ziele damit verfolgt werden. Dabei ist darauf zu achten, dass alle Beteiligten die Möglichkeit bekommen, Rückfragen zur Beurteilung zu stellen und Verständnisprobleme zu lösen (Winter, 2015).

Silvia-Iris Beutel wies bereits 2005 im Rahmen einer qualitativen Befragung von Grundschulkindern in Thüringen und Hamburg zur Rezeption verbaler Zeugnisse darauf hin, dass lesebegleitende Maßnahmen von hoher Relevanz für das Textverständnis der Kinder sind und erst das zugehörige Gespräch mit den schreibenden Lehrkräften eine Bilanz- und Zielsetzung für nächste Lernschritte ermöglicht. So erfordert der Einsatz von Textzeugnissen, Lernberichten u. Ä. beispielsweise eine Kultur der Rückmeldung, bei der Aspekte der Leistungserfassung und -bewertung auch im alltäglichen Unterricht thematisiert und transparent gemacht werden. Schüler*innen sollten die an sie bzw. ihre Leistung gestellten Kriterien bereits aus dem Unterrichtsgeschehen kennen und sie in einem dialogischen Prozess mit ausgehandelt haben (S.-I. Beutel, 2005).

Rasterzeugnisse bzw. Beurteilungsraster

Bei Rasterzeugnissen handelt es sich um eine spezifische Variante der Verbalbeurteilung in Form einer tabellarischen Auflistung von standardisierten Formulierungen zur Beurteilung des Lernstands. Dabei werden die Lern- und Leistungsaspekte in unterschiedliche Teilbereiche zerlegt, für die jeweils eine Einschätzung des Grads der Zielerreichung auf einer mehrstufigen Skala (z. B. von »in Ansätzen vorhanden« bis »eigenständige Umsetzung«) erfolgt (Arnold & Jürgens, 2001; Berkemeyer, Beutel & Schenk, 2011). Als solche sind Rasterzeugnisse primär geeignet, um erreichte Lernstände abzuschätzen, und erlauben weniger stark die Feststellung der Lernentwicklung. Da die Teilbereiche in Rasterzeugnissen häufig direkt auf die Kompetenzerwartungen in den Fächern bezogen sind, eignen sie sich insbesondere dafür, den Lernstand am Ende eines Schuljahres zu erfassen (Berkemeyer et al., 2011). Mit dem Einsatz von Beurteilungsrastern ist die Annahme verbunden, dass diese eine detailliertere Leistungsrückmeldung erlauben als die Vergabe einer Ziffernnote und somit stärker zu einer Selbstreflexion über die eigenen Stärken und Schwächen anregen. Besprechen sich Schüler*innen und die Lehrkraft zu den Inhalten und den Niveaustufen eines Rasters, erlaubt diese Form der Leistungsbewertung zudem eine Partizipation der Lernenden und erfolgt somit transparent und nachvollziehbar.

Beurteilungsraster unterscheiden sich vor allem hinsichtlich des Anwendungsbereichs, der Beurteilungsperspektive sowie der Niveaustufen (Jürgens & Lissmann, 2015). Kriterien eines Beurteilungsrasters können Lernziele, Bildungsstandards oder Kompetenzen sein (Jürgens & Lissmann, 2015). Hinsichtlich des Anwendungsbereichs kann zwischen übergreifenden Rastern, die für mehrere Anwendungsgebiete (z. B. mündliche und schriftliche Prüfungen), und spezifischen Rastern, die nur für bestimmte Anwendungsgebiete eingesetzt werden können, unterschieden werden. Die Beurteilungsperspektive kann entweder ganzheitlich und umfassend sein und ein Urteil über eine komplexe Leistung abbilden, oder aber analytisch ausgerichtet werden und mehrere Beurteilungsaspekte enthalten. Insbesondere die letztgenannte Beurteilungsperspektive erscheint besonders geeignet für differenziertere Rückmeldungen an Schüler*innen. In Hinblick auf die Niveaustufen zur Beurteilung der Kriterien wird im einfachsten Fall lediglich zwischen den Ausprägungen »vorhanden/nicht vorhanden« unterschieden; häufig werden jedoch differenziertere Abstufungen verwendet, um die Lernentwicklung möglichst detailliert zu beschreiben.

Lernentwicklungsgespräche

Lernentwicklungsgespräche dienen einem Austausch »auf Augenhöhe« zwischen den am Lernprozess beteiligten Personen, d. h. in der Regel zwischen Lehrkräften und Schüler*innen; häufig werden auch die Eltern mit einbezogen. Im Zentrum der Lernentwicklungsgespräche steht die individuelle Lernentwicklung des Kindes. Häufig folgen diese Gespräche einem vorab festgelegten und strukturierten Ablauf, und es werden zum Abschluss formelle Lernvereinbarungen getroffen, die den weiteren Lernprozess der Schüler*innen bestimmen (Winter, 2015). Typische Inhalte von Lernentwicklungsgesprächen sind die Lern- und Leistungsentwicklung der Schüler*innen, aber auch deren Arbeits- und Sozialverhalten. Sind die Eltern der Schüler*innen am Lernentwicklungsgespräch beteiligt, können auch Aspekte des häuslichen Arbeitsverhaltens oder Hinweise auf besondere familiäre Belastungen in das Gespräch mit eingehen. Die am Lernentwicklungsgespräch beteiligten Personen tauschen sich zu diesen Themen aus und planen gemeinsam und unter Berücksichtigung der genannten Aspekte den weiteren Lernweg; häufig geschieht dies in Form der Vereinbarung konkreter Maßnahmen oder Ziele, die im kommenden Lernabschnitt umgesetzt bzw. erreicht werden sollen.

Die Organisation und Durchführung von Lernentwicklungsgesprächen stellt hohe Anforderungen an die Fähigkeit zur professionellen Gesprächsführung. Aus diesem Grund ist es wesentlich, dass Lehrkräfte Gesprächsanlässe, -häufigkeiten und -inhalte möglichst genau planen und strukturieren. Idealerweise werden hierfür standardisierte Leitfäden entwickelt, die das Konzept eines Lernentwicklungsgesprächs möglichst genau definieren (Xylander & Heusler, 2007).

Wie in diesem Teilkapitel dargestellt, existiert insgesamt eine Vielzahl von alternativen Verfahren zur Leistungserfassung und -beurteilung, die für die Erfüllung der pädagogischen Funktionen der Leistungsrückmeldung geeigneter erscheinen als Schulnoten. Im nächsten Abschnitt werden empirische Befunde zur Wirkung notenunabhängiger Systeme der Leistungserfassung und -beurteilung vorgestellt und besprochen.

2.4 Empirische Befunde zu Effekten von Noten und notenunabhängigen Systemen

Befürworter*innen der Vergabe von Ziffernnoten argumentieren häufig, dass gute Noten in Lernkontrollen die Motivation von Schüler*innen und somit auch die zukünftige Leistungsentwicklung positiv beeinflussen können. Dieser Annahme stehen allerdings Befürchtungen entgegen, notenabhängige Systeme der Leistungsbeurteilung, insbesondere im Rahmen summativer Diagnostik, erlaubten keine tiefer gehende Lerndiagnostik, die Ableitungen über geeignete Lernstrategien zulasse. In der Folge seien Noten nicht geeignet, eine lernförderliche Wirkung auf Schüler*innen auszuüben. Zudem sei die Bewertung durch Noten insbesondere für leistungsschwache Schüler*innen demotivierend (Ingenkamp, 1971). In Folge des Diskurses über mögliche Effekte notenfreier Systeme sind deren Wirkungen auf die Lern- und Leistungsentwicklung von Schüler*innen, aber auch die Akzeptanz unterschiedlicher Arten der Leistungsrückmeldung und -bewertung bereits seit den 1970er-Jahren Gegenstand empirischer Forschung.

Insgesamt ergeben die Ergebnisse dieser Forschung ein inkonsistentes Bild und deuten darauf hin, dass sowohl positive wie auch negative Wirkungen einer Benotung von Schüler*innenleistungen auftreten können. Die Effekte scheinen dabei zudem kontextabhängig zu sein und vom spezifischen Hintergrund und den Voraussetzungen der Schüler*innen abzuhängen (z. B. Black & Wiliam, 1998; Hattie & Timperley, 2007). Im Folgenden werden empirische Befunde zu Effekten von Noten und notenunabhängiger Systeme vorgestellt und diskutiert. Neben Wirkungen auf die Leistungen und die Motivation von Schüler*innen wird dabei auch auf die Akzeptanz verschiedener Formen der Leistungsbewertung durch Lehrkräfte, Schüler*innen sowie Eltern eingegangen.

2.5 Akzeptanz bei Schüler*innen, Lehrkräften und Eltern

Studien zur Akzeptanz von Noten und notenfreien Formen der Leistungsrückmeldung durch verschiedene Akteur*innen liefern ein differenziertes Bild. In Bezug auf Schüler*innen zeigt sich dabei, dass die Akzeptanz von Verbalbeurteilungen u. a. vom Alter der Lernenden abzuhängen scheint: Während jüngere Kinder im Grundschalter eher verbale Beurteilungen, wie etwa Berichtszeugnisse, präferieren, wünschen sich ältere Schüler*innen verstärkt auch eine Rückmeldung ihrer Leistung in Form von Noten (Möller et al., 2014). Ergebnisse aus dem Projekt »Leistungsbeurteilung und -rückmeldung an Hamburger Schulen (LeiHS)« beispielsweise zeigen, dass unter Schüler*innen der Sekundarstufe I lediglich 7% angeben, sich eine Leistungsrückmeldung in Form eines Berichtszeugnisses zu wünschen, 40% präferieren ein reines Notenzeugnis und 53% wünschen sich ein Notenzeugnis mit Kommentarbogen, der das Ziffernzeugnis mit einer kurzen Verbalbeurteilung verbindet (S.-I. Beutel, 2005; Jachmann, 2003). Mit Schüler*innen der Grundschule wurden im Projekt qualitative Interviews durchgeführt. Hier ergab sich ein anderes Befundmuster: Der Großteil der 61 interviewten Kinder (48%) wünschte sich ein Berichtszeugnis, 28% ein Notenzeugnis und 18% ein Notenzeugnis mit Kommentar.

Inwiefern die unterschiedliche Akzeptanz von Verbalbeurteilungen und Noten bei Schüler*innen der Grund- bzw. weiterführenden Schulen die unterschiedlichen Erfahrungen mit den jeweiligen Beurteilungsformen reflektiert, bleibt unklar. So ist denkbar, dass die höhere Akzeptanz von Noten bei älteren Schüler*innen mit der Tatsache zusammenhängt, dass diese mit diesem Rückmeldungssystem vertrauter sind als jüngere Kinder, die in vielen Bundesländern zumindest in den ersten Schuljahren eine verbale Beurteilung erhalten. Zudem könnte die höhere Akzeptanz von Noten bei älteren Schüler*innen darin begründet liegen, dass Berechtigungen im Bildungswesen (z. B. für den Besuch einer Universität) in der Regel an Noten festgemacht werden, die daher eine wesentliche Bedeutung in der schulischen Karriere und für den Bildungserfolg älterer Schüler*innen einnehmen. Zu beachten ist allerdings, dass in verschiedenen Studien gezeigt werden konnte, dass auch ältere Schüler*innen sich wünschen, eine Beurteilung nicht ausschließlich in Form von Ziffernnoten zu erhalten, sondern insbesondere solche Rückmeldformate präferieren, in denen die Notenrückmeldung mit einer verbalen Beurteilung kombiniert wird (Jachmann, 2003; Möller et al., 2014).

Lehrkräfte scheinen der Vergabe von Verbalbeurteilungen an Stelle von Noten in vielen Fällen grundsätzlich positiv gegenüberzustehen. Eine Reihe empirischer Arbeiten deutet an, dass insbesondere der Aspekt einer potenziell lernförderlichen Wirkung von notenfreien Methoden der Leistungsrückmeldung von Lehrkräften als ein wesentlicher Vorteil wahrgenommen wird. So zeigen Ergebnisse aus dem bereits erwähnten LeiHS-Projekt (S.-I. Beutel, Lütgert, Tillmann & Vollstädt, 1999), dass Lehrkräfte der Primarstufe und der Sekundarstufe I Berichtszeugnisse überwiegend positiv beurteilen und sie hinsichtlich ihrer pädagogischen Funktion auch für geeigneter halten als Notenzeugnisse (Jachmann, 2003). Insbesondere der hohe Informationsgehalt von Verbalbeurteilungen wird dabei von Lehrkräften positiv beurteilt: Im Mittel sahen mehr als zwei Drittel der 637 befragten Lehrkräfte hierin einen wesentlichen Vorteil von Verbalbeurteilungen gegenüber Ziffernzeugnissen. Gleichzeitig scheinen sich Lehrer*innen aber auch den mit Verbalbeurteilungen verbundenen Herausforderungen bewusst zu sein. So gab fast die Hälfte der Befragten an, dass Berichtszeugnisse mit dem Problem verbunden seien, dass Schüler*innen bzw. Eltern das Zeugnis anders deuten könnten als von den Lehrkräften intendiert.

Ähnliche Befunde zeigten sich im Rahmen des Hamburger Schulversuchs *alles>>könner*, dessen Ziel es war, systematisch kompetenzorientierten Unterricht zur individuellen Förderung aller Schüler*innen zu entwickeln, wobei Kompetenzrasterzeugnisse zur Leistungsbeurteilung und -rückmeldung eingesetzt werden konnten (Möller et al., 2014). Im Laufe des zunächst fünfjährigen Schulversuchs (von Schuljahr 2008/09 bis Schuljahr 2012/13; Gesamtlaufzeit: 2008–2021) fand sich in den beteiligten Grundschulen und Stadtteilschulen eine deutliche Zunahme der Verwendung von Kompetenzrasterzeugnissen. Die schriftliche Befragung der Lehrkräfte der beteiligten Schulen zur Akzeptanz der verschiedenen Zeugnisformen ergab über Lehrkräfte aller Schulformen hinweg eine deutliche Präferenz von Kompetenzrasterzeugnissen gegenüber Notenzeugnissen. In den Berichtszeugnissen sahen die befragten Lehrkräfte ein hohes Potenzial zur Förderung der zukünftigen Leistungsentwicklungen der Schüler*innen. Ähnliche Ergebnisse erbrachte eine frühere Studie zur Akzeptanz von Noten- und Berichtszeugnissen (Lütgert, Tillmann, Beutel, Jachmann & Vollstädt, 2001).

Zu bemerken ist, dass sich an den am *alles>>könner*-Schulversuch beteiligten Gymnasien keinerlei Veränderung der Beurteilungspraxis feststellen ließ; hier wurden durchgängig Notenzeugnisse eingesetzt, obwohl auch Lehrkräfte an den Gymnasien Berichts- bzw. Kompetenzrasterzeugnissen gegenüber generell positiv eingestellt waren (Möller et al., 2014). Die schulformspezifischen Unterschiede im Einsatz alternativer Verfahren der Leistungsrückmeldung entsprechen Resultaten aus dem LeiHS-Projekt, in dem Grundschullehrkräfte, die eine hohe Vertrautheit mit notenfreien Formen der Leistungsbeurteilung hatten, wie erwartet die stärkste Notenkritik übten: 34% dieser Lehrer*innen forderten eine Schule ohne Zensuren (Jachmann, 2003). Unter Lehrkräften der weiterführenden Schulen zeigten sich hingegen auch im LeiHS-Projekt Unterschiede in der Akzeptanz von Ziffernnoten in Abhängigkeit der Schulform. Während 19% der Gesamtschullehrer*innen die Forderung einer solchen zensurenfreien Schule unterstützen, betrug der entsprechende Anteil unter Gymnasiallehrkräften lediglich 4% (Jachmann, 2003). Insgesamt scheint die Akzeptanz von notenfreien Verfahren der Leistungsbeurteilung und -rückmeldung durch Lehrkräfte in weiterführenden Schulen somit nicht einheitlich zu sein, sondern ist in den unterschiedlichen Schulformen unterschiedlich stark ausgeprägt. Grundschullehrkräfte scheinen solchen Verfahren demnach durchgängig ein größeres Potenzial für eine lernförderliche Leistungsdiagnostik und -rückmeldung beizumessen, Lehrkräfte an Gymnasien hingegen akzeptieren eher Ziffernnoten.

2.5 Akzeptanz bei Schüler*innen, Lehrkräften und Eltern

Ähnlich wie bei empirischen Untersuchungen zur Akzeptanz von Verbalbeurteilungen bei Schüler*innen bzw. Lehrkräften zeigen sich auch bei der Einstellung von Eltern gegenüber verschiedenen Formen der Leistungsbeurteilung schulformspezifische Unterschiede. Eine Reihe empirischer Untersuchungen legt nahe, dass Eltern von Grundschüler*innen sich nur selten Notenzeugnisse für ihre Kinder wünschen. Der Anteil der Eltern, die angeben, diese Zeugnisform zu präferieren, liegt bei 5% (Tarnai, 2006). Mit zunehmendem Alter der Schüler*innen scheint dieser Anteil zuzunehmen, sodass bereits am Ende der Grundschulzeit eher eine Kombination aus Verbal- und Ziffernzeugnissen präferiert wird (Maier, 2001). So erbrachte eine Studie aus den 1990er-Jahren zur Akzeptanz von Verbalbeurteilungen bei Eltern in Ost- und Westberliner Bezirken empirische Hinweise darauf, dass die Akzeptanz von Verbalbeurteilungen durch Eltern im Verlauf der Grundschulzeit sinkt (Valtin & Rosenfeld, 1997). Befürworteten in der ersten Klasse noch 67% der Eltern in Ostberliner Bezirken und 78% der Eltern in Westberliner Bezirken die Vergabe von Verbalbeurteilungen, lagen die entsprechenden Zustimmungswerte in der sechsten Klassenstufe nur noch bei 1,5% (Ostberliner Bezirke) bzw. 9% (Westberliner Bezirke). Die Unterschiede in der Akzeptanz von Verbalbeurteilungen zwischen Eltern aus Ost- bzw. Westberliner Bezirken begründen die Autorinnen der Studie mit der unterschiedlichen Entwicklung des bildungspolitischen Diskurses zur Leistungsbeurteilung in der DDR und der BRD. So ist anzunehmen, dass die in der BRD seit den 1970er-Jahren geführte Debatte über Vor- und Nachteile von Ziffernzensuren – für die sich in der DDR keine Entsprechung fand – die Einstellungen der Eltern aus Westberliner Bezirken mitgeprägt haben dürfte.

Auch im Rahmen des Hamburger LeiHS-Schulversuchs zeigten sich Unterschiede in der Akzeptanz verschiedener Arten der Leistungsrückmeldung durch Eltern von älteren bzw. jüngeren Schulkindern. Im Kontext des Schulversuchs wurden insgesamt 1.328 Eltern der beteiligten Schüler*innen aller Schulformen mittels eines standardisierten Fragebogens zu ihren Einstellungen gegenüber Notenzeugnissen bzw. Berichtszeugnissen befragt (Jachmann, 2003). Insgesamt zeigt sich dabei eine hohe Präferenz der Eltern für Notenzeugnisse mit Kommentarbogen, wobei sich jedoch Unterschiede in Abhängigkeit der betrachteten Schulform finden. Insbesondere Eltern von Grundschüler*innen akzeptieren Verbalbeurteilungen oder Notenzeugnisse mit Kommentarbogen in stärkerem Ausmaß als Eltern, deren Kinder weiterführende Schulen besuchen. Eltern von Haupt- und Realschüler*innen hingegen präferieren Ziffernzeugnisse in besonders hohem Maß. Die Autor*innen der Studie vermuten, dass dies damit verbunden ist, dass für Schüler*innen dieser Schulformen der weitere Bildungsweg – etwa der Wechsel auf die nächsthöhere Schulform – in besonders starkem Maß von den erzielten Noten abhängt. Zu beachten ist in der Interpretation der Befunde allerdings auch, dass die Akzeptanz verschiedener Zeugnisformen über alle Schulformen hinweg am höchsten für diejenige Form der Beurteilung ausfällt, die die Schule aktuell verwendet (Jachmann, 2003). Die höhere Präferenz für verbale Beurteilungen in der Grundschule könnte somit auch die höhere Vertrautheit der Eltern mit dieser Form der Leistungsrückmeldung widerspiegeln.

Allerdings deuten Ergebnisse verschiedener Studien an, dass auch Eltern älterer Schüler*innen jenseits der Grundschulzeit mit verbalen Formen der Leistungsrückmeldung bestimmte Vorteile verbinden. So gaben die Eltern der am *alles>>könner*-Schulversuch beteiligten Schüler*innen über alle Schulformen hinweg an, Berichtszeugnisse und Kompetenzrasterzeugnisse eher als Notenzeugnisse zu akzeptieren (Möller et al., 2014). Jene seien insbesondere in Hinblick auf die Ableitung von Förderhinweisen und ein Verständnis für das Zustandekommen der Leistungsbeurteilung Notenzeugnissen überlegen (Möller et al., 2014). Im Rahmen der wissenschaftlichen Begleitung eines Schulversuchs zur Einführung von Verbalbeurteilungen an der Montessori-Oberschule Potsdam wurden ähnliche Befunde konstatiert: Sowohl Lehrkräfte als auch Eltern und Schüler*innen sahen in Verbalbeurteilungen eine geeignete Form der pädagogischen Diagnostik, die in vielerlei Hinsicht klassischeren Formen der Leistungsbeurteilung, wie etwa Ziffernzensuren, überlegen sei (Jürgens, 2007). Allerdings geben insbesondere Eltern an, die Beurteilungskriterien und Bezugsnormen der Leistungsbeurteilung seien auch in Verbalbeurteilungen nicht immer hinreichend transparent. Rasterzeugnisse wurden hingegen sowohl von Eltern wie auch von Lehrkräften im Vergleich zu den Verbalbeurteilungen weniger positiv beurteilt. Insbesondere eine geringe Transparenz hinsichtlich der gewählten Beurteilungskriterien sowie ein unklarer Lernzielbezug der Rasterbausteine werden hier als wesentliche Ursache für die eher gemischte Akzeptanz dieser Beurteilungsform genannt (Jürgens, 2007).

Insgesamt zeigt sich somit, dass sowohl Schüler*innen als auch Lehrkräfte und Eltern alternativen Formen der Leistungsrückmeldung vielfach positiv gegenüberstehen. Insbesondere der höhere Informationsgehalt von Verbalbeurteilungen oder Rasterzeugnissen gegenüber klassischen Ziffernzeugnissen scheint dabei ein wesentlicher Faktor für die Akzeptanz notenfreier Formen der Leistungsrückmeldung zu sein. Daneben spielt auch die Vertrautheit mit der jeweiligen Form der Leistungsrückmeldung eine wichtige Rolle für die Akzeptanz notenfreier Verfahren. In der weiterführenden Schule, wo Ziffernzeugnisse in der Regel deutlich verbreiteter sind als Verbalbeurteilungen und wo der Notendurchschnitt wesentliche Implikationen für den weiteren Bildungsweg hat, findet sich sowohl bei den Schüler*innen selbst, aber auch bei Lehrkräften und Eltern, ein starker Fokus auf die Vergabe von Ziffernzeugnissen. Dennoch deuten die hier berichteten Resultate empirischer Studien an, dass auch für ältere Schüler*innen Verbalbeurteilungen von allen Beteiligten häufig positiv eingeschätzt werden.

2.6 Effekte auf die Motivation und das Fähigkeitsselbstkonzept von Schüler*innen

Befürworter*innen der Vergabe von Ziffernnoten argumentieren häufig, dass Noten sich günstig auf die Motivation von Schüler*innen auswirken sollten, indem sie als positive Verstärkung belohnend wirken oder aber durch negative Rückmeldungen zu Verbesserung und vermehrter Anstrengung anregen. Demgegenüber nehmen Vertreter*innen einer notenfreien Beurteilungspraxis an, dass sich die Motivation und das Fähigkeitsselbstkonzept von Schüler*innen eher durch eine individualisierte formative Leistungsrückmeldung positiv entwickelt, da Schüler*innen stärker als bei der Vergabe von Ziffernnoten Hinweise auf gelungene Lernprozesse erhalten.

In Bezug auf Effekte notenfreier Arten der Leistungsbewertung auf die Motivation von Schüler*innen ergeben aus wissenschaftlichen Studien gewonnene empirische Befunde ein gemischtes Bild. So fanden sich in einer Überprüfung der Effekte formativer Leistungsrückmeldung im naturwissenschaftlichen Unterricht durch Yin et al. (2008) keine Belege für eine besondere Effektivität des formativen Feedbacks auf die Motivation von Schüler*innen. Im Rahmen der Studie wurden Lehrkräfte instruiert, die Leistungsentwicklung ihrer Schüler*innen kontinuierlich zu begleiten und zurückzumelden, etwa durch notenfreies Feedback zu Fehlern und Misskonzepten der Schüler*innen. Die ausbleibenden positiven Effekte dieser Maßnahmen erklären die Autor*innen der Studie mit der teilweise mangelnden Implementation des formativen Feedbacks durch die an der Studie beteiligten Lehrkräfte.

Ähnliche Resultate zeigten sich für das deutsche Bildungssystem in der längsschnittlich angelegten Studie NOVARA (*Noten oder Verbalbeurteilung? Akzeptanz, Realisierung, Auswirkungen*). Hier wurden die Effekte notenbasierter Bewertung bzw. der Vergabe von Berichtszeugnissen auf die Entwicklung von Leistung und Motivation bei Schüler*innen der zweiten bis vierten Klassenstufe untersucht (Wagner & Valtin, 2003). Negative Effekte der Vergabe von Noten auf die Lernmotivation zeigten sich dabei nur teilweise. So nahm beispielsweise die Lernfreude im Fach Mathematik für diejenigen Kinder, die Noten erhielten, über den Studienzeitraum ab, während sie für die Gruppe der Kinder, die Verbalbeurteilungen als Leistungsrückmeldungen erhielten, in etwa gleich blieb. Hinsichtlich der Furcht vor Misserfolg zeigte sich jedoch kein einheitliches Befundmuster zuungunsten der Kinder, die Notenzeugnisse erhielten. Auch eine protektive Wirkung von Verbalbeurteilungen bei Kindern mit besonders schwachen Leistungen konnte nicht bestätigt werden.

Im Gegensatz zu Studien, die keine oder nur schwache Hinweise auf eine motivationsförderliche Wirkung notenfreier Formen der Leistungsrückmeldung liefern, existiert allerdings auch eine Reihe von Befunden, die für die Annahme einer solchen Wirkung sprechen. So zeigte sich im Rahmen des Hamburger LeiHS-Projekts für Schüler*innen der Sekundarstufe I ein Zusammenhang zwischen der Zeugnisform und motivationalen Merkmalen (Jachmann, 2003). In Schulen, in denen in der fünften und sechsten Klasse Berichtszeugnisse vergeben wurden, gaben die Schüler*innen an, weniger Schulunlust zu verspüren als Schüler*innen, die Notenzeugnisse erhielten. Eine Wirkung auf die Schulangst konnte hingegen nicht festgestellt werden (Jachmann, 2003). Darüber hinaus existieren zudem empirische Arbeiten, die darauf hindeuten, dass die Vergabe von Ziffernnoten wenig motivationsförderlich zu sein scheint. So findet sich im Lauf der Grundschulzeit generell eine Abnahme der Lernfreude in den Fächern Mathematik und Deutsch, was gegen eine motivierende Funktion von Noten spricht, die zumeist gegen Mitte bzw. Ende der Grundschulzeit eingeführt werden (Helmke, 1997). In ähnlicher Weise zeigte sich in der IGLU-Erhebung 2001 (Valtin, Wagner & Schwippert, 2005), dass mehr als ein Drittel aller Eltern von Grundschüler*innen berichtete, ihr Kind habe Angst vor schlechten Noten. Ergebnisse empirischer Studien aus dem US-amerikanischen Raum deuten darauf hin, dass sich die Notengebung auch bei älteren Schüler*innen negativ auf die Lernmotivation auswirken kann (z. B. Guskey, 2015; McMillan & Lawson, 2001; Reeves, 2011). Dabei scheint die Vergabe von Ziffernnoten insbesondere für leistungsschwache Schüler*innen einen negativen Effekt zu haben, während dies für leistungsstärkere Schüler*innen weniger stark zutrifft (Alm & Colnerud, 2015; Guskey, 2015; Harlen & Deakin Crick, 2003). So finden sich für leistungsstarke Schüler*innen auch positive Effekte von Noten auf die Motivation und die wahrgenommene Bedeutung von Schulfächern: In einer Erhebung mit über 2.000 Schüler*innen der dritten und vierten Klassenstufe in Deutschland zeigten sich Zusammenhänge zwischen guten fachspezifischen Noten in der dritten Klassenstufe und der Entwicklung der Motivation und wahrgenommenen Bedeutung eines Faches in der vierten Klassenstufe (Arens, 2021). Die Zusammenhänge fanden sich dabei in ähnlicher Weise für die Fächer Deutsch, Mathematik und Sachunterricht.

Insgesamt liefern die Studien zur Wirkung von Ziffernzensuren bzw. Verbalbeurteilungen auf die schulische Motivation von Schüler*innen somit ein uneinheitliches Bild. Während eine Reihe von Studien darauf hindeutet, dass die Vergabe von Ziffernnoten mit negativen Auswirkungen auf die Motivation einhergehen kann, ist die angenommene positive Wirkung von verbalen Beurteilungen weniger gut belegt. Befunde wie die von Wagner und Valtin (2003) verdeutlichen dabei, dass Verbalbeurteilungen nicht per se eine günstige Wirkung auf Motivation und die Leistungsentwicklung von Schüler*innen haben müssen. So wird das volle Potenzial von Verbalbeurteilungen in der Praxis häufig nicht ausgeschöpft, indem beispielsweise nur wenige Hinweise auf gelungene Lernprozesse und weitere Fördermaßnahmen integriert werden (Wagner & Valtin, 2003). Eine mangelhafte Umsetzung der Leistungsrückmeldung im Kontext von Verbalbeurteilungen könnte somit dazu beitragen, dass die intendierten positiven Wirkungen auf die schulische Motivation vielfach ausbleiben. Vielmehr scheinen inhaltliche Faktoren wie beispielsweise die Frage nach den der Leistungsbeurteilung zugrundeliegenden Kriterien und deren Transparenz sowie die Beinhaltung lernförderlicher Hinweise entscheidend dafür zu sein, ob das Feedback zur Leistung die intendierte Wirkung auf die Motivation entfaltet.

Forschung zu Auswirkungen der Notenvergabe auf das Selbstwirksamkeitserleben von Schüler*innen fokussiert häufig den sogenannten Fischteich-Effekt (Marsh, 1984). Dieser besteht darin, dass Schüler*innen in leistungsstarken Klassen weniger positive Selbstkonzepte für ihre schulischen Fähigkeiten aufweisen als ähnlich fähige Schüler*innen in leistungsschwachen Klassen. Das vergleichsweise geringere Selbstkonzept ergibt sich dabei aus sozialen Vergleichen, die für Schüler*innen in leistungsstarken Klassen häufiger negativ ausfallen als für Kinder in schwächeren Klassen. Einige Autor*innen vermuten, dass dieser Effekt durch Noten verstärkt wird, da Lehrkräfte Noten häufig nicht nach einer sachlichen Bezugsnorm, wie etwa dem Grad der Erreichung des Lernziels vergeben, sondern vielmehr einen klasseninternen Bezugsrahmen wählen (Zeinz & Köller, 2006). In der Folge wird die gleiche Leistung in einer leistungsstarken Klasse anders bewertet als in einer leistungsschwachen Klasse, sodass auch die schulischen Selbstkonzepte bei gleicher Leistung unterschiedlich ausfallen.

Ergebnisse empirischer Forschung bestätigen diese Annahme. So zeigte sich in einer Studie von Zeinz und Köller (2006), dass Zweitklässler*innen, die Noten im Fach Mathematik erhielten, gegenüber Kindern, in deren Klassen keine Noten vergeben wurden, ein unvorteilhafteres Selbstkonzept aufwiesen. Die Befunde deuten somit darauf hin, dass die Vergabe von Noten soziale Vergleichsprozesse verstärken könnte.

2.6 Effekte auf Motivation und das Fähigkeitsselbstkonzept von Schüler*innen

In anderen Studien konnten hingegen nur wenige Hinweise darauf gefunden werden, dass sich die Vergabe von Ziffernnoten generell negativ auf die Fähigkeitsselbstkonzepte von Kindern auswirkt. So scheinen sich die Fähigkeitsselbstbilder von Kindern im Laufe der Grundschulzeit generell negativ zu entwickeln, wobei dieser Prozess nicht erst mit der Vergabe von Noten einsetzt. Vielmehr scheinen bereits vor der Einführung von Noten soziale Vergleichsprozesse unter den Schüler*innen dazu zu führen, dass das Fähigkeitsselbstkonzept abnimmt (Wagner & Valtin, 2003). Entsprechend diesem generellen Muster zeigen Ergebnisse einiger empirischer Studien, dass das Fähigkeitsselbstkonzept von Schüler*innen auch bei einer notenfreien Leistungsrückmeldung nicht unbedingt positiv beeinflusst wird. Im NOVARA-Projekt beispielsweise zeigten Kinder, die verbale Beurteilungen erhielten, bis zur vierten Jahrgangsstufe sogar ein geringeres mathematisches Selbstkonzept als Kinder, die Noten im Fach Mathematik erhielten. Auch im Rechtschreiben wiesen diese Kinder in der zweiten Klasse ein höheres Selbstkonzept auf, das sich erst im Lauf der Grundschulzeit dem der Kinder mit Verbalbeurteilungen anglich (Wagner & Valtin, 2003).

Eine Erklärung für die ausbleibenden positiven wissenschaftlichen Ergebnisse zu Effekten von Verbalbeurteilungen auf das Fähigkeitsselbstkonzept könnte darin liegen, dass Schüler*innen eine Vielzahl von unterschiedlichen Informationen nutzen, um ihr schulisches Selbstkonzept zu bilden, und dabei nicht notwendigerweise nur auf Rückmeldungen der Lehrkraft, die z. B. in Form von Noten oder Verbalurteilen erfolgt, zurückgreifen. So deuten die Befunde der bereits in den 1990er-Jahren durchgeführten SCHOLASTIK-Studie darauf hin, dass Schüler*innen auch Testergebnisse zur Einschätzung der eigenen Fähigkeit nutzen. In der Studie wurde das Zusammenspiel von Leistungstestdaten, Schulnoten und dem schulischen Selbstkonzept von Schüler*innen der zweiten bis vierten Klassenstufe untersucht (van Aken, Helmke & Schneider, 1997). Dabei zeigte sich, dass sich die Ergebnisse aus Leistungstests auch über den Effekt der Noten hinaus auf die Entwicklung des Selbstkonzepts auswirkten. Die Ergebnisse deuten somit darauf hin, dass die Kinder offenbar nicht nur Noten zur Validierung und Anpassung ihres Selbstkonzepts nutzten, sondern auch darüber hinaus über ihren relativen Leistungsstand innerhalb der Klasse informiert waren.

Insgesamt weisen Ergebnisse empirischer Studien zu Auswirkungen von notenbasierten und notenunabhängigen Formen der Leistungsrückmeldung auf die Motivation und das schulische Selbstkonzept darauf hin, dass notenfreie Verfahren nicht per se einen günstigen Effekt auf Schüler*innen haben. Vielmehr scheinen diese Effekte stark davon abzuhängen, in welcher Form und in welchen Konzepten notenfreie Verfahren zur Leistungsrückmeldung eingesetzt werden und welche anderen Möglichkeiten zur Einschätzung und Bewertung der schulischen Leistung Kindern und Jugendlichen zur Verfügung stehen.

2.7 Effekte auf schulische Leistungen

Entgegen traditionellen Annahmen, die in Noten ein wichtiges Feedbackinstrument für Schüler*innen sehen, das sich indirekt (z. B. über eine Steigerung der Motivation) positiv auf die weiteren schulischen Leistungen von Kindern und Jugendlichen auswirken sollte, wird in der neueren Forschung eine leistungsförderliche Wirkung der Vergabe von Ziffernnoten häufig bezweifelt. Unter anderem wird dabei argumentiert, dass Noten in der Regel keinerlei spezifische Informationen über das Lern- und Leistungsverhalten liefern (siehe z. B. Black & Wiliam, 1998; Hattie & Timperley, 2007). Um lernwirksam zu werden, muss ein Feedback Informationen zum Grad der Erreichung des Lernziels sowie zum Lernprozess enthalten und Schüler*innen somit die Lücken zwischen dem bereits Erreichten und dem Lernziel aufzeigen. Ein solches aufgabenorientiertes Feedback, wie es in alternativen Formen der Leistungsbeurteilung eingebettet ist, ist in der Regel lernförderlicher als Rückmeldungen, die eher den Erfolg oder Misserfolg des Lernergebnisses spiegeln, wie es bei Noten häufig der Fall ist (Hattie & Timperley, 2007).

Entsprechend dieser Annahme existieren einige Studien, die darauf hinweisen, dass Noten zum einen ein unzureichender Indikator für schulische Kompetenzen sind und sich zudem die Vergabe von Noten langfristig negativ auf die Leistungsentwicklung von Schüler*innen auswirken

2.7 Effekte auf schulische Leistungen

kann. Ergebnisse der Erfassung von Zusammenhängen zwischen Schulnoten und schulischen Kompetenzen der Schüler*innen im Rahmen der Überprüfung der österreichischen Bildungsstandards legen beispielsweise nahe, dass zumindest zum Ende der Grundschulzeit nach wie vor Noten wenig valide sind, um den Leistungsstand von Schüler*innen abzubilden (Paasch, Schmid, Kallinger-Aufner & Knollmüller, 2019). Zwar zeigen sich durchaus Zusammenhänge zwischen Noten und den objektiv ermittelten Kompetenzen der Schüler*innen, allerdings findet sich eine starke Überlappung der Leistungen zwischen den einzelnen Notenstufen, die somit einen sehr ungenauen Indikator für die tatsächliche Leistung darstellen.

Auch Befunde aus dem Nationalen Bildungspanel (National Educational Panel Study [NEPS]) zeigen für die Klassenstufen fünf bis neun, dass zwar die fachspezifische Kompetenz in Mathematik und Deutsch der wichtigste Prädiktor der Mathematik- bzw. Deutschnote ist, es also durchaus Zusammenhänge zwischen Noten und Schüler*innenkompetenzen gibt (Bittmann & Mantwill, 2020). Allerdings erklärt die fachspezifische Kompetenz weniger als 50 % der Varianz in der jeweiligen Note, woraus ersichtlich wird, dass für die Notengebung außer der Leistung selbst weitere Faktoren eine wesentliche Rolle spielen. Einen Effekt haben hier beispielsweise die Motivation des Kindes oder – insbesondere für die Note im Fach Deutsch – soziodemographische Merkmale der Familie. Zudem scheint auch die Schulform eine Rolle zu spielen: Im Mittel werden in den anspruchsvolleren Schulformen, z. B. dem Gymnasium, bessere Noten vergeben (Bittmann & Mantwill, 2020). Die Befunde verdeutlichen damit einmal mehr die mangelhafte Validität der Leistungsbeurteilung mittels Ziffernnoten.

Darüber hinaus existieren Hinweise darauf, dass Noten nicht nur wenig valide sind, sondern sich die Notenvergabe langfristig auch eher negativ auf die weitere Lern- und Leistungsentwicklung auswirken kann. In einer schwedischen Studie beispielsweise zeigten sich für Schüler*innen, die in der sechsten Klassenstufe Noten erhielten, im Mittel schwächere akademische Leistungen in den Klassenstufen sieben, acht und neun sowie geringerwertige Schulabschlüsse in Klasse zwölf als bei Kindern, die in Klassenstufe sechs keine Noten erhalten hatten (Klapp, 2015). Ähnliche Befunde fanden sich bereits in den 1980er-Jahren in Studien aus dem US-amerikanischen Raum. Die Ergebnisse dieser Forschung belegen ebenfalls, dass der Einsatz von Noten sich negativ auf die folgende Leistungsentwicklung von Schüler*innen sowie deren Kreativität auswirkt (Butler, 1988; Butler & Nisan, 1986). Dieser Effekt wird u.a. auch in Studien deutlich, die darauf hinweisen, dass aufgabenbezogenes Feedback seine positive Wirkung verliert, wenn zeitgleich Noten vergeben werden (Butler & Nisan, 1986). Als eine Ursache hierfür kann ein Rückgang der intrinsischen Motivation gesehen werden, die durch ein aufgabenbezogenes, formatives Feedback aufrechterhalten wird, bei der Vergabe von Noten jedoch gemindert wird. In weiteren experimentellen Studien konnte zudem gezeigt werden, dass Schüler*innen, die erwarten, dass ihre Leistung benotet wird, weniger gelernte Fakten erinnern als Schüler*innen, die keine Note erwarten (Anderman & Johnston, 1998; Grolnick & Ryan, 1987). Angenommen wird, dass hierfür ein Rückgang der intrinsischen Lernmotivation verantwortlich ist, der sich aus dem externalen Leistungsanreiz, d.h. der Notenvergabe, ergibt (Anderman & Johnston, 1998): Erwarten Schüler*innen, für eine Leistung beurteilt zu werden, sinkt demnach die intrinsische Lernmotivation und führt somit zu schlechteren Leistungen.

Die Wirkung einer Benotung, die im Rahmen summativer Leistungsbewertung eingesetzt wird, scheint allerdings komplex zu sein. So deuten vorliegende Ergebnisse wissenschaftlicher Erhebungen darauf hin, dass die Wirkung von Noten auf verschiedene Gruppen von Schüler*innen unterschiedlich stark ausfällt. Eine besonders negative Wirkung scheint sich demnach insbesondere für leistungsschwächere Schüler*innen zu zeigen (z.B. Butler, 1988; Klapp, 2015). Während bei guten Leistungen – und entsprechend guten Noten – eine weitere erfolgreiche Lernentwicklung möglich ist, ist es für leistungsschwache – und somit auch schlechter benotete – Schüler*innen oftmals schwierig, die Ursache ihrer Defizite anhand einer Note einzuschätzen und darauf aufbauend Maßnahmen zur Verbesserung der schulischen Leistungen zu ergreifen. Insbesondere für leistungsschwache Kinder und Jugendliche ist es daher bedeutsam, die schulische Leistung zu kommentieren und nicht ausschließlich mit Ziffernnoten zu bewerten (Lissmann & Paetzold, 1982). Formative Verfahren der Leistungsbeurteilung, bei denen Lernende spezifisches Feedback zu Fehlern und Möglichkeiten zur Verbesserung ihrer Leistung und ihres

2.7 Effekte auf schulische Leistungen

Lernprozesses erhalten, scheinen somit besonders für leistungsschwache Schüler*innen den weiteren Lernweg zu unterstützen.

Gegenüber den zumeist negativen Effekten einer notenbasierten summativen Leistungsbewertung wirken sich formativ angelegte notenfreie Arten der Leistungsbeurteilung oftmals eher positiv auf die Leistungsentwicklung von Schüler*innen aus. So belegen bisherige US-amerikanische Meta-Analysen, dass formatives Feedback für den Lernerfolg von Schüler*innen generell wirksam zu sein scheint, unabhängig von der Jahrgangsstufe der Schüler*innen, d.h. für ältere Schüler*innen ebenso wie für Kinder in der Grundschule (Black & Wiliam, 1998; Kingston & Nash, 2011). Allerdings variieren die Effekte zwischen einzelnen Studien sehr stark und unterscheiden sich teilweise auch für die betrachteten Schulfächer – in Mathematik beispielsweise scheint formative Leistungsbewertung weniger wirksam zu sein als in sprachlichen Fächern –, sodass derzeit keine abschließende Beurteilung möglich ist. Die Auswirkungen leistungsförderlichen formativen Feedbacks scheinen somit in nicht unerheblichem Maß kontextabhängig zu sein. In einem Literaturreview von insgesamt 54 Studien konnten Schildkamp, van der Kleij, Heitink, Kippers und Veldkamp (2020) z.B. feststellen, dass der positive Nutzen formativen Feedbacks auf das Lernen von Schüler*innen von wesentlichen Charakteristika der Lehrkräfte abhängt, die ein lernförderliches Feedback umsetzen. Dabei fanden die Autor*innen Hinweise darauf, dass sowohl psychologische Faktoren (z.B. eine positive Haltung gegenüber lernförderlichem Feedback, wahrgenommene Kontrollmöglichkeiten) als auch soziale Faktoren (z.B. Zusammenarbeit von Lehrkräften zur Verbesserung der Unterrichtsprozesse auf Basis erhobener Lern- und Leistungsergebnisse, Einbezug von Schüler*innen durch Formen von *peer assessment* und *self assessment*) sowie Wissen und Fähigkeiten (z.B. *data literacy*, pädagogisches Fachwissen etc.) einen Effekt darauf haben, ob lernförderliches formatives Feedback im Unterricht implementiert wird. Ähnliche Befunde zeigten sich in einem weiteren Literaturreview von 52 internationalen Studien zur Gestaltung formativen Assessments: Auch hier wurde eine Vielzahl externer (z.B. Schulumfeld, soziale Normen, Zusammensetzung der Schüler*innenschaft) und interner (z.B. subjektive Normen und Überzeugungen, Selbstwirksamkeitserwartungen) Faktoren isoliert, die die Gestaltung lernförderlichen Feedbacks beeinflussen (Yan et al., 2021). Interessanterweise zeigte sich hier, dass zumindest die Absicht zum Einsatz formativer Leistungsbewertung bei Lehrkräften der Primarstufe weniger von kontextuellen Faktoren beeinflusst wurde als bei Lehrkräften in der Sekundarstufe.

In einer aktuellen Metaanalyse aus dem US-amerikanischen Raum wurden die Effekte formativen Feedbacks auf das Lernen von Schüler*innen der Klassenstufen eins bis zwölf untersucht (Lee, Chung, Zhang, Abedi & Warschauer, 2020). Insgesamt wurden 33 Studien in die Auswertung einbezogen, die einen signifikanten positiven Effekt von formativem Assessment auf Lernerfolge von Schüler*innen zeigten, wobei sich in etwa gleich starke – insgesamt eher gering ausgeprägte – positive Effekte auf Mathematik, sprachliche Kompetenzen und Kunst zeigten. Interessant an dieser Studie ist vor allem die vertiefte Betrachtung der Faktoren, welche dazu beitragen, dass formatives Assessment lernwirksam werden kann. Hier identifizierten die Autor*innen insbesondere Verfahren, die eine Selbsteinschätzung der Lernenden integrierten, als lernförderlich. Ein weiteres lernförderliches Charakteristikum formativen Assessments war die Integration formalen Feedbacks (z. B. schriftliche Rückmeldungen), die innerhalb der einzelnen Unterrichtseinheiten administriert wurde (Lee et al., 2020).

Neben Befunden, die nahelegen, dass die Wirkungen formativen Feedbacks kontextabhängig sind, existieren auch Befunde aus Meta-Analysen, die keine oder nur geringe positive Effekte formativer Leistungsbewertung auf die Leistungen von Schüler*innen finden konnten (Hendriks, Scheerens & Sleegers, 2014). In der bereits erwähnten NOVARA-Studie fanden sich beispielsweise nur geringe Hinweise auf eine lernförderliche Wirkung von Verbalbeurteilungen (Wagner & Valtin, 2003). Im Rahmen der Studie wurde die Leistungsentwicklung von Grundschüler*innen der zweiten bis vierten Klassenstufe längsschnittlich begleitet. Dabei zeigten sich in den Leistungstests in der zweiten, dritten und vierten Klassenstufe nur sehr geringe Unterschiede zwischen Kindern, die Noten erhielten, und solchen, die eine verbale Beurteilung erhielten. So unterschieden sich die Leistungen der Notenkinder und der Kinder, die verbal beurteilt wurden, im Rechtschreiben in der dritten und vierten Klassenstufe nicht voneinander. Für das Lesen fanden sich ebenfalls keine Leistungsunterschiede zwischen den beiden Gruppen. Auch im Mathematiktest in der zweiten und dritten Klassenstufe schnitten verbalbeurteilte Kinder und Kinder, die Noten erhielten, ähnlich stark ab. Lediglich im Rechtschreiben in der zweiten Klasse erzielten die Notenkinder bessere und im Mathematiktest der vierten Klassenstufe schwächere Ergebnisse als die Kinder, die Verbalbeurteilungen erhielten (Wagner & Valtin, 2003). Allerdings ist die Stärke der entsprechenden empirischen Effekte als gering einzustufen, sodass sich in der Studie insgesamt keine lernförderliche Wirkung der Verbalbeurteilungen bestätigen lässt. Auch in der LAU-Studie fanden sich nach Berücksichtigung der Ausgangsleistungen der Kinder aus Klassen mit Berichtszeugnissen keine Unterschiede zu den schulischen Leistungen von Kindern aus vierten Klassen mit Berichts- oder Notenzeugnissen (Lehmann, Gänsfuß & Peek, 1997).

Vermutet wird, dass die ausbleibenden Effekte zumindest teilweise ein Resultat der oftmals mangelhaften Implementierung formativen Assessments durch Lehrkräfte sind (Hendricks et al., 2014). So wird beispielsweise insbesondere der Entwicklungsaspekt in Verbalzeugnissen häufig nicht berücksichtigt. Verschiedene ältere Untersuchungen kommen zu dem Schluss, dass nur zwischen 6% und 25% aller in den Erhebungen betrachteten Verbalbeurteilungen Hinweise zur Leistungsentwicklung bzw. zu Lernfortschritten aufweisen (z. B. Haußer, 1991; Valtin, Würscher, Rosenfeld, Schmude & Wisser, 1996). Im Projekt NOVUS, in dem das Unterrichtsverhalten von Lehrkräften beobachtet wurde, zeigte sich, dass sowohl Lehrkräfte, die mit Verbalbeurteilungen arbeiteten, als auch solche, die Noten vergaben, Leistungen zumeist auf der kriterialen Ebene zurückmeldeten und somit auf den Grad der Erreichung des Lernziels fokussierten. Eine individuelle Bezugsnormorientierung, die als besonders lernförderlich angenommen wird, fand sich in den Rückmeldungen der Gruppe der mit Verbalbeurteilungen arbeitenden Lehrkräfte ebenso wenig wie bei den mit Noten arbeitenden Kolleg*innen (Wagner & Valtin, 2003). Zudem dominieren in Verbalbeurteilungen häufig normative Aussagen, die verbal ausgedrückte Benotungen beinhalten und für die Adressat*innen, d. h. sowohl für Kinder als auch für die Eltern, nicht ohne Weiteres zu verstehen sind (Schaub, 1999).

Die in einigen Studien nicht belegbaren positiven Effekte einer notenfreien Beurteilungspraxis könnten somit auch durch eine mangelhafte Implementation der entsprechenden Maßnahmen durch Lehrer*innen bedingt sein, in der insbesondere der Individualität der Lernentwicklung einzelner Schüler*innen oftmals nur wenig Rechnung getragen wird. In der Folge kann notenfreie Leistungsbeurteilung ihr angedachtes Potenzial einer lernförderlichen formativen Diagnostik häufig nicht entfalten, da den Schüler*innen wesentliche Hinweise zur Gestaltung ihres weiteren Lernwegs fehlen. Möglicherweise liegt auch darin der nach wie vor eher sparsame Einsatz von Methoden formativen Feedbacks in der schulischen Leistungsbeurteilung begründet: Auch aktuell werden lernförderliche Formen der Leistungsbewertung mit alternativen Verfahren der Leistungsbeurteilungen wie etwa Portfolios oder Lerntagebüchern selbst in der Grundschule vergleichsweise selten eingesetzt, obwohl Lehrkräfte deren Vorteile konkret benennen und sie auch als förderlich für die Leistungsbeurteilung ihrer Schüler*innen einschätzen (Kopmann, Zeinz & Kaul, 2022).

2.8 Überblick zu den wichtigsten Erkenntnissen

Spätestens seit den 1970er-Jahren wird der Einsatz summativer Formen der Leistungsbewertung, wie etwa die Vergabe von Noten, kontrovers diskutiert. In der Folge hat sich eine Reihe von Verfahren zur Leistungserfassung und -bewertung etabliert, die die mit einer Notenvergabe verbundenen Schwachstellen beheben sollen. Gemeinsam ist diesen Verfahren, dass sie Schüler*innen ein ganzheitliches, umfassendes und direkt lern- bzw. aufgabenbezogenes Feedback liefern und somit gegenüber Noten eine vertieftere Einsicht in den Lernprozess erlauben. Häufig werden Schüler*innen im Rahmen alternativer Verfahren der Leistungsfeststellung und -beurteilung auch explizit in den Bewertungsprozess eingebunden – sie werden somit mehr und mehr zu Expert*innen für das eigene Lernen. Empirische Studien zum Einsatz notenfreier Verfahren der Leistungsbeurteilung zeigen, dass in diesen Praktiken ein hohes Potenzial zu einer motivations- und lernförderlichen Rückmeldungspraxis liegt. Gleichzeitig belegt eine Reihe von Studien allerdings auch, dass dieses Potenzial häufig nicht voll ausgeschöpft wird und notenfreie Verfahren nicht immer ihre intendierte lernförderliche Wirkung entfalten können. Eine mögliche Ursache hierfür liegt darin, dass Lehrkräfte bislang nicht ausreichend geschult werden, Feedback an Schüler*innen lernförderlich zu gestalten, sondern auch bei einer notenfreien Leistungsbeurteilung Maßstäbe und Rückmeldepraktiken anwenden, die aus dem Kontext der Notenvergabe vertraut erscheinen. Die Einführung alternativer, notenfreier Formen der Leistungsbeurteilung kann somit nicht durch ein bloßes Ersetzen der traditionellen Vergabe von Ziffernnoten erfolgen. Vielmehr handelt es sich dabei um einen umfassenden Prozess, der einer Reihe von pädagogischen, diagnostischen und didaktischen Maßnahmen bedarf und für den Lehrkräfte umfassend qualifiziert werden müssen (▶ Kap. 5). Insbesondere sollten sie hinsichtlich der Bedeutsamkeit lernförderlicher Gestaltungsprinzipien zur Erfassung schulischer Leistungen geschult werden und beispielsweise in der Lage sein (Crooks, 1988),

- informelle Leistungsmessungen einzusetzen, die in den Lernprozess integriert werden und ihn begleiten,
- Bewertungsstandards transparent und nachvollziehbar zu gestalten,
- den Fokus auf eine individuelle Bezugsnorm zu legen, bei der die Schüler*innen lernen, den eigenen Lernfortschritt einzuschätzen, sowie
- zeitnahe Rückmeldungen zu geben, die sich an den Lernbedürfnissen der Schüler*innen orientieren.

Formen des formativen Assessments, die diesen Kriterien genügen, sind in der Regel hochgradig wirksam, um das Lernen von Schüler*innen positiv zu beeinflussen (Black & Wiliam, 1998). Es erscheint daher angebracht, zukünftig verstärkt darauf zu achten, dass die schulische Leistungsmessung die einseitige Fokussierung auf Ziffernnoten überwindet und zunehmend Formen der Lernstandserhebung und -beurteilung zum Einsatz kommen, die den o. g. Prinzipien genügen.

3 Zukunftsfähiges Lern- und Leistungsverständnis an Schulen

Silvia-Iris Beutel

Die Krisenakkumulation der letzten Jahre, die auch im Bildungsbereich gravierende Folgen zeigt, hat an Schulen ein neues Erfahrungswissen mit Distanz- und Hybridunterricht, digital gestützter Lernorganisation, neuen Lerndesigns und einer differenzierend-formativen Leistungsbeurteilung hervorgebracht. Beunruhigend bleibt dabei, dass die Anhäufung zunächst unlösbar erscheinender Herausforderungen in Gesellschaft, Politik und unmittelbarem Lebensumfeld der Kinder und Jugendlichen Ungewissheiten erzeugt, gar bedrohlich wirkt: »Was bedeuten für Kinder und Jugendliche Distanzunterricht, fehlende soziale Kontakte, neue Kommunikationsformen und stetige Botschaften einer gefährdeten Zukunft?« (Heldt, Beutel & Lange, 2023, S. 6). Vor diesem zweiseitigen Hintergrund ist Schule mehr denn je gefordert, Zukunftsperspektiven für das Lernen sowie für die Förderung von Leistung, Interesse und Motivation zu gewinnen und zu einem produktiven Generationenverhältnis beizutragen:

> »Dazu bedarf es der Thematisierung von Ungewissheitsfiguren und -antinomien mit den Schüler*innen, des bewussten Zulassens und gemeinsamen Erlebens von Ungewissheit im Unterricht und der partizipativen und reflexiven Bearbeitung der Prozesse des Lehrens und Lernens« (Hornberg & Sonnenburg, 2023, S. 26f.).

Damit wird sichtbar, dass Konturen und Inhalte eines zeitgemäßen Lern- und Leistungsverständnisses zum fächerübergreifenden Prinzip mit didaktisch gut begründeten und diagnostisch gut begleiteten Leistungsanforderungen und Lernmöglichkeiten werden müssen. Didaktische Planungen lassen sich aus einer solchen Perspektive nicht mehr einseitig als modellgebunden verstehen, sondern erweisen sich als »komplexe Folien, die helfen, die stets vorhandenen und nicht zu verhindernden Unsicherheiten reflexiv zu bearbeiten« (S.-I. Beutel, Radhoff & Ruberg, 2018,

S. 205). Heranwachsende sollen darin begleitet werden, in der aktiven Begegnung mit den Phänomenen der Welt eine Erfahrung von Mündigkeit zu erkennen. Die Kollegien an Schulen benötigen für diese Aufgaben einen wachen gesellschaftspolitischen Aufmerksamkeitsfokus, eigene resiliente Souveränität sowie ein professionelles Selbstverständnis und Können, auch um das der Schule innewohnende »Dilemma der Individualisierungsdidaktik« (Schratz & Westfall-Greiter, 2010) für die Schüler*innen bestmöglich moderieren zu können. Diese neuen Fragen pädagogischer Entwicklungsaufgaben verbinden sich mit den seit den 1960er-Jahren bekannten grundlegenden Problemen und Ambivalenzen, die mit der Konzeption von Leistungsanforderungen und der Praxis einer gerechten Leistungsbeurteilung einhergehen. Die nachfolgenden Ausführungen werden mit Statements von Leitungsträger*innen an Preisträgerschulen angereichert, die Aspekte strukturierter und strategischer Schulentwicklung im Feld der Leistungsbeurteilung aufgreifen. Sie lassen sich als Dialogangebote verstehen, die eigene Perspektiven der in Schule Verantwortlichen hervorrufen möchten.

Zum neuen Leistungsverständnis gehört mehr als ein Produkt

Das Wichtigste ist, das Kind in seiner gesamten Anstrengung zu sehen. Die Vielfalt an täglicher Leistung, die es aufbringt, ist enorm und deshalb nicht in einer bloßen Note ausdrückbar. Erst im wertschätzenden Dialog werden die Potenziale, die über die rein fachlichen Kompetenzen hinausgehen, entdeckt und können dementsprechend gewürdigt werden. Dabei lassen sich individuelle Leistungsentwicklungen insbesondere im Portfolio hervorragend dokumentieren.

In einem vertrauensvollen und transparenten Miteinander aller an Schule Beteiligten ist es möglich, ein Leistungsverständnis zu entwickeln, welches nicht nur das Produkt, sondern auch den Prozess im Blick hat und demnach Formen der formativen und summativen Leistungsbewertung berücksichtigt.
Helke Felgenträger, Lehrerin und Oberstufenleiterin an der Jenaplan-Schule Jena, Staatliche Gemeinschaftsschule; Preisträgerschule 2006

3.1 Qualitäts- und Entwicklungsmerkmale

Im Folgenden wird die Grundsatzfrage der Reaktion von Schulen auf die Dynamik wechselvoller Verhältnisse aufgenommen, zu fragen ist nach dem professionellen Feinschliff. Hierzu wird das Konzeptrepertoire des Deutschen Schulpreises herangezogen. Auf Basis der Bewerbungsportfolios der letzten Jahre und hierzu vorliegender Veröffentlichungen (Broschüren der Wettbewerbsjahre 2020 bis 2023; siehe Berichterstattung im Deutschen Schulportal, https://deutsches-schulportal.de) beleuchten wir das Wechselverhältnis von pädagogischer Innovationssteuerung und zugehörigen Aktivierungen für Veränderungen. Was fällt dabei auf?

Zum konzeptionellen Fundament der pädagogischen Arbeit an Schulen mit ihren multiprofessionellen Teams, die die Zukunftsagenda aufnehmen, gehört Individualisierung im Gemeinschaftserleben. Dies findet bewusst nicht nur in den jeweils eigenen Lerngruppen statt und bezieht außerschulische Kooperation mit ein. Die Einübung in Selbst- und Fremdverantwortung wird über vielfältige Bindungsangebote, die »Resonanz gelingender Beziehungen« (Schratz, 2017, S. 4), gelenkt. Auf didaktischer Ebene überwiegt das Tätigwerden an eigenen Vorhaben und Plänen verbunden mit der Stärkung der Erfahrungsqualität peergestützten Lernens als Weg zu Erfolg und individuellem Zuwachs. Arbeiten mit besonderen Interessensschwerpunkten werden zudem in Eigenzeiten gefördert und durch ein auf die Öffentlichkeit gerichtetes Projektangebot flankiert:

> »Damit sind Anlässe verbunden, die geeignet sind, Schul- und Unterrichtsentwicklung über Schüler und Schülerinnen zu praktizieren, Projektformate von der Grundschule in die weiterführende Schule mitzunehmen. Schulen benötigen außerschulische Bildungspartner, um ein überzeugendes Profil zu bilden und Begabungsförderung in andere Anerkennungskontexte zu stellen« (Christian Fischer im Gespräch mit Silvia-Iris Beutel; Fischer & Beutel, 2023, S. 31).

Wenn Lernen in diesem Sinne individualitätsstark und individualitätsstärkend wie auch sozialverbindlich verstanden und instrumentiert wird, treten »kooperative, dialogische, multi- bzw. selbstreflexive Lernformen« (Breiwe, 2015, S. 45) hervor. Variantenreiche Designs des Lernens (Marktplatz, Atelier, Werkstatt, Silentium) veranlassen die Schüler*innen, sich eigenständig Inhalte anzueignen, in Gruppen zu besprechen, digital zu recherchieren und zu selbstständiger Ergebnisüberprüfung beizutragen. Irrtümer und Fehler können so als sinnstiftende Irritation erfahren und bearbeitet werden: »Lernen beginnt mit einem Aufmerken, einem Aufwachen aus dem Schlummer des Gewohnten« (Meyer-Drawe, 2008, S. 193).

Die Entwicklung von Performanz (im Sinne eines in einer konkreten Situation gezeigten Verhaltens oder einer manifest erbrachten Leistung; Stangl, 2024) und Resilienz sind dabei – zusammenfassend gesprochen – die Richtgrößen. Resilienz meint nicht nur die Fähigkeit, kritische Situationen und Belastungen durch eine entwickelte psychische Stabilität und Widerstandsfähigkeit »[...] so zu verarbeiten, dass keine bleibende Beeinträchtigung entsteht« (Schäfer, 2017, S. 2). Mit Blick auf Lernen geht es darum, auch aus nicht nur positiven und kritikausbreitenden Rückmeldungen Schlüsse zu ziehen, die die Fähigkeit, Lernen gemeinsam zu organisieren, ebenso stärken wie die Mängel des Lernstoffes oder der Kompetenzausprägung auszugleichen helfen.

Es liegt auf der Hand, dass damit ein Musterwechsel im Sinne der Überwindung herkömmlichen Denkens und zugehöriger Anerkennungspraxis allein individuell zugeschriebener Leistung verbunden ist: So schreibt die Historikerin Verheyen (2018):

> »Individuelle Leistung gibt es nicht, sie ist ein soziales Konstrukt oder anders ausgedrückt: Sie ist eine Leistung von vielen. Wir strengen uns auch gemeinsam an, um etwas zu schaffen, und wir strengen uns auch gemeinsam an, um die Ergebnisse kollektiver Arbeit Einzelpersonen als Leistung zuzuordnen und damit von ihrem Umfeld künstlich zu isolieren« (S. 204–205).

Der Wandel hin zu einem kritisch und selbstkritisch begleiteten Lernen und Leisten fällt der Schule jedoch nicht ohne Weiteres zu. Er ergibt sich nicht zwingend aus einer Verschiebung der Lernorganisation in Richtung der Lernenden. Selbstorganisation und Verantwortungsübertragung allein sind nicht die Garanten für inklusiv wirkende Lern- und Leistungskonstrukte:

> »Auch in den derzeit herrschenden Auffassungen des Lernens als Prozess der Selbstorganisation fungiert eine bereits theoretisch festgelegte Privilegierung solcher gesellschaftlicher Gruppen, denen Selbstständigkeit nicht fremd ist. Der oft beschworene *swift* [sic] *from teaching to learning* [Hervorhebung v. Verf.] stabilisiert Herrschaftsverhältnisse, in denen jene, für die Fremdsteuerung die

Normalität des Alltags prägt, von vornherein benachteiligt sind« (Meyer-Drawe, 2008, S. 207).

Deutlich wird in der Perspektive Meyer-Drawes (2008), dass dieser Funktionswandel des Lern- und Leistungskonzepts nicht voraussetzungslos in der Institution Schule etabliert werden kann, sondern vorschulische, der familialen und der peerbezogenen Sozialisation geschuldete Bedingungen kennt und überdies auch von anderen Zuschreibungen in der sozialen Konstruktion der Lebenswirklichkeit von Kindern und Jugendlichen abhängig ist. Denn die sozialen Aspekte der Lebenswelten von Lernenden können dann nicht nur aus sozialpolitischen, sondern auch aus didaktisch-methodischen Gründen nicht mehr aus der Schule herausgedrängt werden. Vielmehr wird es jetzt notwendig sein, sich aus lernförderlicher Perspektive vorurteilsfrei – als Beitrag zur Dekategorisierung – damit auseinanderzusetzen. Diese sozialen und lebensweltlichen Aspekte sollten nicht nur aufgenommen, sondern ebenso in ihrer Brüchigkeit reflektiert und durch neue Erfahrungen und Bewährungen in ein bildungswirksames Erleben überführt werden. Für die Lehrkräfte folgt daraus, dass Absprachen zum Bildungs-, Unterrichts- und Lernverständnis und ein darauf abgestimmtes, verbindlich praktiziertes und regelmäßig evaluiertes Leistungskonzept eine besondere Entwicklungsleistung sind.

Lernumgebungen im Regelsystem schaffen!

Lernförderliche Umgebungen sind möglich – auch an einer ganz »normalen« Schule mit den üblichen Vorgaben zu den Leistungserhebungen, indem man systematisch und gemeinsam, auch unter Einbeziehung der Eltern, die Schule in eine Ganztagsschule umwandelt – damit alles Lernen in der Schule stattfindet, sowie Schule und Schulleben so gestaltet werden, dass die pädagogischen Leitgedanken der Schule alltagsprägend sind. – Dass wir:

- stärkenorientiert arbeiten;
- Räume für Leistung einer jeden Schülerin schaffen;
- neue Wege aufzeigen, jenseits von tradierten Rollenverständnissen;
- Begeisterung für Naturwissenschaft und Technik wecken;

- Selbstständigkeit und Individualität unserer Schülerinnen stärken;
- unsere Schule und unsere Schulgemeinschaft so gestalten, dass soziale Verantwortung gestärkt und soziale Kompetenz entwickelt wird;
- unsere Schülerinnen fördern und fordern, ohne zu entmutigen;
- wissen, dass jedes Kind Anerkennung braucht und an den eigenen Möglichkeiten gemessen werden kann.

Zensuren dürfen nicht das Ziel, sondern maximal der Nebeneffekt unserer Bemühungen sein.
Eva Espermüller-Jug, ehem. Schulleiterin an der Städtischen Anne-Frank-Realschule München; Hauptpreisträgerschule 2014

3.2 Zukunftsthemen und neue Leistungskonzepte

Nachfolgend sollen die aus der bisherigen Darstellung sich ergebenen Herausforderungen, aber auch Entwicklungschancen, mit Blick auf eine qualitative Praxisentwicklung ausgewertet und somit eine Art »Denkwerkstatt« angeboten werden.

Angesichts der derzeit ausgeprägten Dichte gesellschaftlicher Lagen – von künstlicher Intelligenz und Programmen wie ChatGPT über den starken und zunehmenden Mangel an Lehrkräften und die vielfältigen Langzeitfolgen der Corona-Pandemie bis zur Klimakrise und weiteren weltweiten Bedrohungsszenarien – rückt die Frage danach in den Fokus, wie erlebte Ungewissheiten aus der Generationenperspektive der Jüngeren heraus verstanden und globale Herausforderungen zukunftsbezogen in Lernen und Leistung bearbeitet werden können. Häcker und Feindt (2022) bemerken hierzu:»Die dominierende Form des Umgangs mit schulischen Leistungen macht offenbar ausgerechnet die Schule zu einem für das

angstfreie, sinnorientierte und tiefenstrukturelle Lernen eher ungünstigen Ort« (S. 37).
Die Schule braucht mehr als fachliche und fachdidaktische Folgerungen aus diesen Krisen im Sinne einer »Kernfachlogik«. Das schließt die Fähigkeit ein, zu erkennen, was zur Lösung aus jeweils welchen Wissensdomänen beiträgt und genutzt werden muss: »[...] die Kernfachlogik ist auch nicht vollkommen falsch. Sie ist nur in ihrer Abgeschnittenheit, in dem, wie sie argumentativ verarbeitet wird, nicht produktiv. [...]. Was mir fehlt, sind die intelligenten Verbindungskonzepte« (Hans Anand Pant im Gespräch mit Silvia-Iris Beutel; Pant & Beutel, 2022, S. 47). Leistung als modernes, zeitgemäßes Konzept, das mit der globalen, digitalen Welt korrespondiert und auf die Dynamik des vorherrschenden Wandels – sei er krisenhafter Natur wie in der Pandemie, sei er Folge globaler technischer, marktförmiger und sozialer Verhältnisse – reagieren kann, stellt bestehende Traditionen, Erfahrungsmuster und Institutionen infrage. Innovationen warten nicht auf veränderte Leistungskonzepte, sondern tragen selbst schon Elemente solcher Leistungskonzepte in sich. Diese meist als disruptive Formen und Erscheinungen beschriebenen gesellschaftlichen Wandlungsprozesse bewirken in der Regel komplette Umstrukturierungen oder gar die Entwertung und Beseitigung bestehender Konzepte und Traditionen. Das gilt auch für Lernen und Leistung in der Schule: Disruption wirbelt geordnete Strukturen, Prozesse und Organisationen durcheinander. Schule, Bildung, Lernen und die damit verbundenen Konzepte von Leistung und Beurteilung müssen auf diesen rasanten Wandel Antworten finden. Das gilt auch für die Verbindung von Kernfachlogik und Zukunftsthemen: »Aber es ist eben dieser grundsätzliche Widerspruch zwischen dem, was wir schon lange als pädagogisch sinnvoll erkannt haben, und den Bühnen, auf denen wir es im Moment immer noch zur Aufführung bringen [...]« (Hans Anand Pant im Gespräch mit Silvia-Iris Beutel; Pant & Beutel, 2022, S. 47). Lehr- und Lernpläne müssen mehr Flexibilität in schulischen Durchläufen bieten sowie diskursive Formen gemeinsamer Leistung begünstigen, und dies alles bis zur Oberstufe. Dazu gehören interdisziplinäre Module, auch mit weiteren und nachfolgenden Bildungseinrichtungen, intelligente Aufgabenkonstrukte, die den Gewinn künstlicher Intelligenz erkennen lassen, Ansätze multimodaler Förderung, schulübergreifende lokale und regionale, ggf. auch interna-

tionale Zusammenarbeit in Projekten und eine diskursive, auch gemeinsame Prüfungspraxis. Starre Punkte- und Notenraster bilden dann die Vielfalt des Lernangebotes, die Vorwärtsgewandtheit im Lernen und anschlussfähige Ergebnisse nicht mehr hinreichend ab.

> **Lernen und nächste Schritte sichtbar machen**
>
> Schule ohne Noten klingt so, als würde der Schule etwas fehlen. Das sehen wir nicht so. Bei uns lernen Kinder und Jugendliche in den Jahrgängen 1–8 seit vielen Jahren mit kompetenzorientierten Rückmeldeformaten. Wir nehmen uns durch diese Fokussierung mehr Zeit, um auf das Lernen der Einzelnen und auf ihre Entwicklung zu schauen. Unsere Bewertung ist daran angepasst und äußerst differenziert. Dadurch haben sich auch unser Unterricht und der Blick der Pädagoginnen und Pädagogen und der Blick der Eltern auf das Lernen verändert. Die Schülerinnen und Schüler lernen und leisten nicht etwa weniger, sondern sie strengen sich mehr an als zuvor. Ihnen bedeutet die konkrete und differenzierte Rückmeldung sehr viel und [sie] gibt ihnen wichtige Hinweise für ihr weiteres Lernen.
> *Maike Drewes, Schulleiterin an der Erich Kästner Schule in Hamburg; Preisträgerschule 2014*

3.3 Mehrdeutigkeit und Nachhaltigkeitsziele

Schulisches Lernen ist individuell und vollzieht sich im beteiligenden Diskurs und in der Kontroversität sowie der Perspektivenvielfalt mit Anderen, durch die gemeinsame Anstrengung und Suche nach bestmöglichen Ergebnissen. Für das Lernen prägend ist die Erfahrung von und mit noch unergründeten Wissensbeständen und Phänomenen (S.-I. Beutel, Geweke & Lau, 2023). Die verantwortliche Beteiligung der Schüler*innen an ihrem Lernen und dessen Sichtbarmachung kann verstärkend wirken auf die Originalität und Einschätzung von Lernerfahrungen und stellt diese zudem in einen der Kommunikation zugänglichen Raum. Dies gilt besonders mit Blick auf die Bearbeitung von Aufgaben der Zukunftsagenda (das sind etwa Jahrhundertthemen wie Klima, Gesundheit, Mobilität, Migration, Frieden und weitere):

> »Die Schule kann kein politisch neutraler Ort sein, sondern muss viel mehr emanzipative Selbstwirksamkeitserfahrungen auch im Feld politischer Kontroversen und Handlungsfelder ermöglichen (vgl. Eis, 2015). Wenn das gelingt, bestehen beste Voraussetzungen für eine Schule(,) [sic] nicht nur Lehranstalt, sondern auch Lernort der Demokratie zu sein« (Kenner & Lange, 2019, S. 129–130).

Mehr denn je fordert die Gegenwart der verbundenen, globalisierten und digitalisierten Welt, dass die öffentlichen Themen und die globalen Herausforderungen Lernen begründen und auslösen. Die damit gekoppelten Aufgaben können durchaus auch lösungsoffen sein und bedeuten, dass Lehrkräfte und Schüler*innen Mehrdeutigkeiten aushalten können müssen. Lernen muss deshalb zur Resilienz, zur Belastbarkeit ohne Selbstzweifel beitragen. Das schließt ein, die 2015 verabschiedete Agenda 2030 (Bundesministerium für wirtschaftliche Zusammenarbeit und Entwicklung [BMZ], 2023) mit den »17 Ziele[n] (Sustainable Development Goals, SDGs) für eine sozial, wirtschaftlich und ökologisch nachhaltige Entwicklung« der Vereinten Nationen als Leitlinie von Bildung und Leistungskonzepten zu nutzen, um im Lernen und bei schulischen Leistungen weltweit Bedingungen für ein menschenwürdiges Leben zu fördern sowie die natürlichen Lebensgrundlagen dauerhaft zu bewahren (BMZ, 2023). Insbesondere die Politik einer zukunftsbeständigen Demokratie benötigt eine solche der Nachhaltigkeit verpflichtete Ausrichtung, die Bildung und Leistung zugrunde legt sowie zugleich zum produktiven Verstehen und Verständnis der Generationen beiträgt. Denn gerade hier – in Leistung und Lernen als intergenerativem Verhältnis – liegt nach wie vor eine Schlüsselfunktion der Schule als Institution und als biographische Erfahrung.

3.4 Demokratieerfahrung und Selbstnavigation

Leistung ist keine gleichschaltende Norm. Es ist kein zeitgemäßes Leistungsverständnis, wenn in der Schule alle jeweils dasselbe zum selben Zeitpunkt lernen und in Prüfungen reproduzieren können. Schulen benötigen ein integrierendes und nicht Kinder wie Jugendliche isolierendes Lern- und Leistungsverständnis.»Verfahren der Leistungsbeurteilung sollten daher genutzt werden, um mit den Schülerinnen und Schülern das Gespräch über ihre Entwicklung, über ihr Lernen und über ihr Leisten zu suchen und zu intensivieren« (Bohl, 2022, S. 9).

Leistungsrückmeldung, Lernkultur und Demokratie

Leistungsrückmeldung ist ein unentbehrlicher Teil von Lernkultur. Wenn eine Schule entschieden hat, sich vom Gleichschritt zu verabschieden, wenn sie auf den »Eigensinn« der Schülerinnen und Schüler setzt und deren Lernprozess in den Mittelpunkt stellt, ist das »Lernen ohne Noten« alternativlos. Mit dieser Entscheidung ist schon viel erreicht, aber auch noch einiges zu tun.

Ein »Lernen ohne Noten« verlangt die intensive Auseinandersetzung mit dem Lernprozess des Individuums. Die Qualität der Rückmeldung misst sich daran, wie genau diese Lernprozesse erfasst, die Lerngegenstände beschrieben und individuelle Lernfortschritte gewürdigt werden. Hierzu muss ein verlässlicher Rahmen für die Kommunikation und Reflexion geschaffen werden. Hilfen und Unterstützung sind unerlässlich: Wie gelange ich als Schülerin oder Schüler zu einer realistischen Selbsteinschätzung? Welche Hilfen bekomme ich hierfür? Wie formuliere ich als Lehrerin oder Lehrer die Fremdeinschätzung so, dass sie ehrlich und genau, zugleich aber auch wertschätzend und lernförderlich ist? Und nicht zuletzt: Wie klären wir innerhalb der Schule die Standards für ein solches System »konstruktiver Leistungsrückmeldung«, und wie ist es im Jahresplan der Schule abgesichert?

> Die Planungs- und Selbstreflexionskompetenz der Schülerinnen und Schüler wird im Zusammenspiel unterschiedlicher Rückmeldeformate gestärkt. [...]. Die Erfahrung, dass das Lernen »meine Sache ist«, dass ich selbstwirksam sein kann, macht Lernende zum Subjekt des Lernens. Das wirkt, so meine Überzeugung, als positive Demokratieerfahrung.
>
> *Barbara Riekmann, 25 Jahre (von 1987 bis 2012) als Schulleiterin an der Max-Brauer-Schule tätig, einer Schule von der Vorschule bis zum Abitur; Preisträgerschule 2006*

Für Lehrende bietet sich dann die Chance, den Unterricht mit den Schüler*innen gemeinsam zu konzipieren. Deren Wahrnehmung, Einschätzung und Handeln prägen eine eigene didaktische Route durch die an die Lehrenden gestellten Fragen, »[...] wie Lernen initiiert und in Gang gehalten wird, und wie es schlussendlich zu messbaren wie auch zu unmessbaren Ergebnissen führt« (Schratz & Westfall-Greiter, 2015, S. 17). Dazu gehört auch, Lernen nicht länger in ausschließlicher Gebundenheit an Schule und Jahrgangsgruppen zu denken, sondern die Chancen neuer Lernumgebungen und über die eigene Lerngruppe hinausgehender Kooperationsverhältnisse anzuerkennen sowie die Bewährung darin zu fördern. Die Hinwendung zu flexiblen, auf die einzelnen Lernenden bezogenen Konzepten bringt es mit sich, dass Schüler*innen und Lehrkräfte im Unterricht mit wechselnden Leistungen oder auch Teilleistungen umgehen müssen. Ein auf Kompetenzaneignung zielendes Lernen birgt zudem das Risiko, dass Lernende zunächst scheitern, Aufgaben nicht bewältigen, Ergebnisse nicht als vollständige und sofort nutzbare Lösungen erreichen, dass – fachlich gesehen – Fehler gemacht werden. Eine produktive Kultur des Verstehens von auch irrigen oder scheinbar »falschen« Lernwegen gehört deshalb zu einem zeitgemäßen Leistungskonzept.

> **Leistung ohne Noten?**
>
> Leistung ohne Noten? Das ist die falsche Frage – denn wie soll man mit Noten zu einer echten Leistung kommen? Innovation, Experimente, Versuch und Irrtum – also Fehler – und gemeinsame Reflexion sind erst die Motoren für Leistung und echte Motivation. Noten behindern

diesen Resonanzraum, wenn sie ihn nicht ganz verhindern. Leistung mit Noten? Sehr schwierig, denn die Noten stehen dann immer vor der Leistung, das dürfen wir nicht vergessen.
Ulrike Kegler, ehem. Schulleiterin an der Montessori-Oberschule Potsdam; Preisträgerschule 2007

Sich im Fehler als kompetent erfahren zu können, braucht sanktionsfreie Anerkennung, um sich neu einzulassen. Individualisierung setzt in starkem Maße auf Wahrnehmung des persönlichen Lernprofils und Entwicklungsbedarfs der einzelnen Schüler*innen. Das verknüpft sich mit Formen der Verantwortungsteilung und der Verantwortungsübertragung für das Lernen an die Kinder und Jugendlichen selbst. Aus einer solchen didaktischen Perspektive ist eine auf die Wechselseitigkeit der Einschätzung von Lernen und Leistung gerichtete Vorgehensweise ein Beitrag zur kommunikativen Leistungsbeurteilung. Dabei lassen sich drei Bereiche nutzen: »[d]ie Leistungsbeurteilung mit ihren Verfahren und Dokumenten, dezidierte pädagogische Instrumente der Lernbegleitung sowie Methoden des Schülerfeedbacks zum Unterricht« (S.-I. Beutel & Porsch, 2015, S. 262).

3.5 Notenvergabe und neue Prüfungskultur

Der mit einem neuen Verständnis von Lernen und Leistung verbundenen Praxiserwartung stehen viele Kollegien heute aufgeschlossen gegenüber. Dabei spielen vielfältige Formen alternativer Leistungsbeurteilung auch in ihrem Verhältnis zu »klassischen« Formen der Beurteilung mit Ziffernzensuren eine Rolle.

3 Zukunftsfähiges Lern- und Leistungsverständnis an Schulen

> **Lernen, Leistung, Notenpunkt?**
>
> Schule und Unterricht sind keine Notenfabrik. Wichtige Aufgaben sind Wissensvermittlung und -anwendung und auch Wertevermittlung. Die Motivation der einzelnen Schülerinnen und Schüler ist dabei ein wichtiger Treiber, durch Selbstverantwortung für den Lernprozess erreichen wir hier immer wieder großartige Ergebnisse, vor allem auch dann, wenn sie in projektorientieren Teams geschehen.
> Noten stehen dabei nicht im Mittelpunkt, sehr wohl aber die Persönlichkeiten der Schülerinnen und Schüler. Wir verstehen uns daher eher als *concept store* der Notengebung.
> *Matthias Wysocki, Schulleiter, und Eike Völker, stellvertretender Schulleiter, Schiller-Schule Bochum; Preisträgerschule 2019*

Die Offenheit für und das Interesse an alternativen Formen der Leistungsbeurteilung findet sich inzwischen auch in jenen Schulen, die nach wie vor mit Zensuren beurteilen und die mit Ziffernzeugnissen Berechtigungen für weiterführende Schulen oder die mit dem Abitur verbundene Studienberechtigung vergeben. Zugleich entstehen damit grundsätzliche Fragen danach, wie weitreichend die Notenfreiheit sein kann und welche Spielräume in Erlassen und Verordnungen vorhanden sind (siehe das einleitende Kapitel dieses Bandes). Dass diese erheblich erweitert werden könnten und nicht zwangsläufig Schulbiographien begleitend mit Noten auszuweisen sind, verdeutlicht Wischer (2022) mit Blick auf die gesellschaftlichen Funktionen der Leistungsbeurteilung:

> »Für den funktionalen Blickwinkel ist zunächst festzuhalten, dass es die sog. Selektionsfunktion keineswegs erforderlich macht, Zensuren z. B. vom ersten Schuljahr an oder in jedem Fach zu erteilen. […]. Entscheidend ist unter diesem gewählten Funktionsaspekt im Prinzip nur, dass spätestens bei Austritt aus dem Bildungssystem Differenzen in einer Art und Weise markiert worden sind, an die sich unter Berechtigungs- und Auswahlgesichtspunkten anschließen lässt« (S. 17).

Der biographisch eigene Blick auf Lernmöglichkeiten und Potenziale, der in den hier referierten Perspektiven zum Ausdruck kommt, soll gestärkt werden und die diagnostisch gesicherte Lernbegleitung der begleitenden Lehrkräfte und Teams notwendig bleiben:

> »Ziel von Instrumenten Pädagogischer Diagnostik ist [...], dass SchülerInnen ihre eigenen Lernfortschritte bezogen auf Referenznormen selbst einschätzen und überprüfen können und verstehen, wie Verbesserungen zu erreichen sind (Broadfoot et al., 1999; Wiliam, 2010). Das bedeutet insbesondere, dass die diagnostischen Instrumente erst im Wechselspiel mit den unmittelbar am Bildungsprozess beteiligten AkteurInnen ihr Potenzial entfalten können« (Schreiner & Kraler, 2019, S. 864).

Eine differenzierende, inklusive Praxis ist ohnehin der Stärkung der Urteils-, Entscheidungs- und Handlungskompetenz der Kinder und Jugendlichen verpflichtet (S.-I. Beutel et al., 2023). Hierbei ist es angezeigt, den Transfer von Lernsituationen in Prüfungssituationen zu berücksichtigen.

Individuell beurteilen und Lernförderung stärken!

»Lernen ohne Noten« ist wichtig, weil die Leistung eines jeden Menschen wertvoll ist und diese nicht in sinnstiftender Weise durch standardisierte Testverfahren angemessen gewürdigt werden kann. Wenn wir Inklusion konsequent denken, braucht es nicht nur eine Alternative zu einem auf der Grundlage einer sozialen Norm bewertenden und vergleichenden Blick auf Schülerleistungen – ansonsten würde ein Kind mit einem Förderbedarf im Bereich geistiger Entwicklung vom ersten bis zum letzten Schultag die Note fünf bekommen, auch wenn es sich noch so sehr anstrengt –, sondern es geht wesentlich darum, eine große Vielfalt an individuellen Lernarrangements und dazu passenden Formen der »Leistungserhebung bzw. -bewertung« zu schaffen, die persönliche Lernfortschritte sichtbar machen und Anerkennung schenken.
Andrea Rahm, Schulleiterin an der Sophie-Scholl-Schule, Bad Hindelang-Oberjoch; Hauptpreisträgerschule 2010

Angesichts der sich derzeit in Erprobung befindlichen neuen Prüfungskultur wächst, auch im Rahmen der digitalen Transformation, der formativen Leistungsbeurteilung und ihren Optionen für Visualisierung, Narration und Selbsteinschätzung neue Aufmerksamkeit zu. Weber,

Schuster, Göritz und Stebner (2022) zeigen auf, wie Prüfungssituationen phasiert und mit kleineren Aktivierungen für metakognitive Lernstrategien aufgebaut werden können. Diese weisen ihren diagnostischen Charakter aus, zugleich denjenigen der Förderung. An Schulen zeigt sich Entwicklungsstärke darin, Leistungen aus traditionellen Präsentationsformaten herauszuholen, »die vorher in Klassenarbeiten oder Klausuren stecken geblieben« (S.-I. Beutel, Höhmann & von der Gathen, 2014, S. 133) sind.

> **Lernprozessberatung und Beurteilung**
>
> Mindestens einmal im Halbjahr oder anstelle einer Klassenarbeit wird an der Gesamtschule Münster Mitte der Lern- und Arbeitsprozess stärkenorientiert bewertet. Diese Beurteilungen sind eigentlich Beratungen und heißen bei uns Lerncheckalternativen. Sie sind kriteriengeleitet, stärkenorientiert und begleiten beratend den Lernprozess der Schüler*innen. Ohne genaue terminliche Vorgaben geben die Lehrkräfte den Schüler*innen dabei Rückmeldung zum selbstverantwortlichen Lernen im Lernbüro und reflektieren gemeinsam mit den Schüler*innen die Arbeit, Logbucheintragungen und den Lernstand. Die Ergebnisse werden dokumentiert. Selbstverständlich steht dabei nicht eine Note, sondern die Analyse, Beratung und Unterstützung bei der Zielsetzung für den Lernprozess der Schüler*innen im Vordergrund. Alle in der Schulgemeinde empfinden diese Form des Feedbacks als extrem gewinnbringend und sinnvoll. Daher können wir aus guter Erfahrung und Überzeugung heraus sagen: »normale« Klassenarbeiten haben wir mit breiter Zustimmung hinter uns gelassen – wir nutzen bei jeder Form der Leistungsüberprüfung immer auch eine kompetenzorientierte Rückmeldung und legen unseren Schwerpunkt auf eine gute Lernprozessbegleitung. Als Regelschule geben wir auch Noten, aber in der Prozessbegleitung spielen sie aus gutem Grund keine Rolle.
> *Kathi Kösters, Schulleiterin an der Gesamtschule Münster Mitte; Preisträgerschule 2021*

Hierzu gibt es durchaus Spielräume in der gymnasialen Oberstufe, die sich gerade auch vor dem Hintergrund aktueller Herausforderungen neu entdecken lassen. Dies gilt insbesondere für die Aufnahme kriegsgeflüchteter Kinder und Jugendlicher, deren bisherigen Bildungsbiographien durch Anschlüsse und Abschlüsse mittels neu angelegter modularer, curricularer und methodischer Einheiten begegnet werden muss. Das Bielefelder Oberstufen-Kolleg, Mitglied im Preisträgernetzwerk des Deutschen Schulpreises, zeigt mit seiner Neuanlage des Ausbildungsverlaufes von der gestreckten über die reguläre Eingangsphase bis hin zur regulären Qualifikationsphase, dass Individualisierung eine hohe Integrationsleistung darstellt, die der Gesellschaft zugutekommt. Dies gilt besonders, weil die mit dem Abitur verbundene Standardisierung im Blick behalten werden muss. Es gilt, Deutsch als Zweitsprache und die Fachlichkeit miteinander zu verbinden. Im fachgebundenen und fachübergreifenden Unterricht ebenso wie in jahrgangsübergreifenden Projekten sollten die Anschlussfähigkeit an die eigene erlebte Geschichte sowie die neue Lebenswirklichkeit – auch im Sinne der Stärkung von Demokratieerfahrungen – hergestellt werden.

Das Schulkonzept des Oberstufenkollegs baut auf Stärkenorientierung, Wahlfreiheit und individuelle Förderung. Dies gilt nicht nur für Lehren und Lernen, sondern ebenso für alternative Formen der Leistungserbringung und Prüfungen, die nicht nur fachcurricular ausgelegt sind, sondern – darüber hinausgehend – gesellschaftlich bedeutsame Entwicklungsthemen sowie neue, inspirierende, gemeinsame aufgabenbezogene Bearbeitungen erwarten lassen (S.-I. Beutel et al., 2023).

> **Stärkenorientierung und Beziehung in der Oberstufe**
>
> Das Lernen in der Oberstufe muss die Persönlichkeiten und Stärken der Schüler*innen in den Mittelpunkt stellen. Gelingen kann dies, indem eine Vielfalt innovativer Möglichkeiten der Leistungserbringung angeboten wird. Dabei sind der Fantasie keine Grenzen gesetzt. Wichtig ist, dass die erbrachten Leistungen reflektiert werden, um weitere Lernprozesse zu unterstützen. Die Motivation, Leistung zu erbringen, ist unter diesen Voraussetzungen unabhängig von einer Bewertung mit

> Noten. Damit reflektierte und stärkenorientierte Lernprozesse gelingen können, ist eine wertschätzende Beziehungsarbeit mit den jungen Erwachsenen unabdingbar. Entsprechend sollte sich unserer Überzeugung nach das System den Schüler*innen anpassen und nicht umgekehrt.
>
> *Dr. Michaele Geweke, Pädagogische Leiterin, und Ramona Lau, Lehrende und Praxisforscherin, Oberstufen-Kolleg Bielefeld; Preisträgerschule 2010*

Die hier zugehörigen konstruktiven und zunehmend selbstgesteuerten Lernprozesse, Produkte und Leistungen der Schüler*innen werden in Lernzeiten, in Ateliers und auch außerschulisch genutzten Kreativräumen erbracht. Solcherart modifiziert, legen sie zugleich eine Formaterweiterung test- und klausurbezogener Überprüfungen – etwa als Einzelleistung – auch mit Blick auf das Abitur nahe (zur Weiterentwicklung von Prüfungsformaten in der gymnasialen Oberstufe in NRW siehe auch das Eckpunktepapier des Ministeriums für Schule und Bildung des Landes Nordrhein-Westfalen vom Mai 2024):

> »Die Beispiele aus dem Oberstufen-Kolleg zeigen in all ihrer Unterschiedlichkeit, wie Lernen für das Abitur und Wirksamkeit des Lernens, Standardisierung und Individualisierung, Kompetenzerwartung und Persönlichkeitsbildung im Sinne einer partizipativen, kompetenzstärkenden und prozessorientierten Lern- und Prüfungskultur zusammengedacht werden können. Die Spielräume dafür sind keineswegs auf die Versuchsschule mit ihren spezifischen Bedingungen beschränkt« (S.-I. Beutel et al., 2023, S. 148).

Dennoch kann eine neue Prüfungskultur nicht automatisch die mit Noten verbundenen Erwartungen überwinden oder gar die Dominanz des Berechtigungswesens unterlaufen. Dies gilt vor allem deshalb, weil pädagogische Innovationen nicht ohne politische Konzepte, gewährte Freiheiten und Exekutivvorgänge auskommen. Eine hierzu vorliegende Expertise führt einerseits in den Forschungsstand zur Anlage einer neuen Prüfungskultur ein, legt andererseits auch einen bildungspolitischen Erwartungshorizont offen hinsichtlich schulischer und schulvernetzender Gestaltungsmöglichkeiten, und stellt zudem die Bedeutung einer wissenschaftlichen Begleitung für eine Selbstvergewisserung und empirische Fundierung entsprechender Schulentwicklungsprozesse heraus (S.-I. Beutel & Ruberg, 2023a).

4 Lernförderliche Leistungsbeurteilung an Preisträgerschulen

Silvia-Iris Beutel

Bei den schulnahen Überlegungen zu einer veränderten und lernförderlichen Form der Leistungsbeurteilung spielen Praxiserfahrungen ausgewählter qualitätsorientierter Schulen eine entscheidende Rolle. Die Beschreibung von Kriterien eines notenfreien, gleichwohl die Leistung der Schüler*innen dokumentierenden sowie deren Lernen zurückmeldenden Beurteilungsverfahrens kann sich deshalb mit berechtigten Erwartungen an eine reflektierte Praxis und an aufgeklärte Professionalität an die Schule wenden.

Um dieser Professionalität in aktueller Praxisperspektive näher zu kommen, haben wir in drei ausgewählten Schulen im Jahr 2020 Interviews durchgeführt. Diese Schulen arbeiten mit einem besonderen Schwerpunkt an Formen kompetenzbezogener Dokumentation sowie an Verfahren der Lernreflexion und damit einhergehenden Veränderungen der Zeugnispraxis. Zugleich haben wir dabei exemplarisch drei unterschiedliche Schularten – Grundschule, Integrierte Gesamtschule und Gymnasium – berücksichtigt. Diese Schulen zeichnet weiterhin aus, dass sie mit ihren pädagogischen Initiativen und demokratischer Mitbestimmung in Lernen und Leistung nicht erst auf bildungspolitische Vorgaben warten. Sie zeigen, dass jede Einzelschule ihre Beurteilungspraxis sukzessive ändern kann. Jede Schule kann die scheinbaren Vorteile der Ökonomisierung, die die leicht handhabbaren Noten versprechen, aufbrechen und durch die Entwicklung eigener Konzepte, welche mit den gesetzlichen Erwartungen an Leistungsbeurteilung korrespondieren, ihren pädagogischen Leistungsbegriff erweitern. Schulpädagogisch gesehen wird dann ein kompetenzorientiertes Konzept der Leistungsrückmeldung etabliert und zugleich ein Verständnis von Gerechtigkeit angesprochen, das in die Prozessqualitäten von Kommunikation und dialogischer Vergewisserung investiert, indem es nach Entwicklungs- und Erfahrungsqualität für alle Schüler*innen fragt. Die hier angesprochenen Schulen lassen berechtigt erwarten, dass zur Frage der kriterienbasierten Herausbildung einer guten Praxis des Lernens ohne Noten hinreichende und sehr differenzierte Erfahrungen vorliegen. Sie haben ihren hohen und evaluierten Qualitätsstandard in der Bewerbung um den Deutschen Schulpreis und der durch die Jury durchgeführten Hospitation belegt. Es handelt sich dabei um die Grundschule auf dem Süsteresch (DSP-Hauptpreisträger 2016), um die Integrierte Gesamtschule Hannover-List (IGS List; DSP-Preisträger 2018) sowie um die Hamburger Klosterschule – Ganztagsgymnasium und Kulturschule (DSP-Preisträger 2015).

Hierzu folgendes Beispiel: An der IGS List werden die unterschiedlichen Aspekte von Lernen, Verständigung, Eigenverantwortung der Lernenden und Partizipation in einem didaktischen Quadrat (▶ Abb. 4) aufeinander bezogen und rufen den Lehrkräften deutlich in Erinnerung, dass die Förderung und professionsspezifische Bearbeitung eines der vier Themen, die die Quadranten bilden – kooperative Verständigung, reflexive Metakognition des Lernens, eigenverantwortliches Lernen und nachhaltiges, verständnisintensives Lernen –, stets in die Wirkungsqualität der drei anderen didaktischen und lerntheoretischen Aspekte des beruflichen Handelns hineinwirken und zusammen ein Wirkungsfeld differenter, individualisierender und partizipativer Leistungsrückmeldung erzeugen. Zudem wird ersichtlich, dass alle Maßnahmen mit Instrumenten und Verfahren unterlegt sind (z.B. Lernplan-Ampel, Portfolio), kriterial als Orientierungsrahmen zu lesen sind (z.B. fehlerfreundlich, prozessbezogen) sowie ein dialogisch wirksames Feedback einfordern (z.B. Coaching, Lerndialog).

Es wird in den nachfolgenden Interviews, die die Praxisverhältnisse veranschaulichen, aufzuzeigen sein, dass alle drei hier in den Blick genommenen Schulen bei aller Differenz auf Qualitätsentwicklung setzen und den Ansprüchen didaktisch-diagnostischer Wechselverhältnisse explizit nachgehen. Er zeigt sich darin, dass Leistungsbeurteilung als Thema der Schulentwicklung ebenso wie als Aufgabe didaktischer Reflexion und Innovation aufscheint. Aus diesem Zusammenhang resultieren entsprechend unsere drei Fragehorizonte, die wir den Interviews zugrunde gelegt haben.

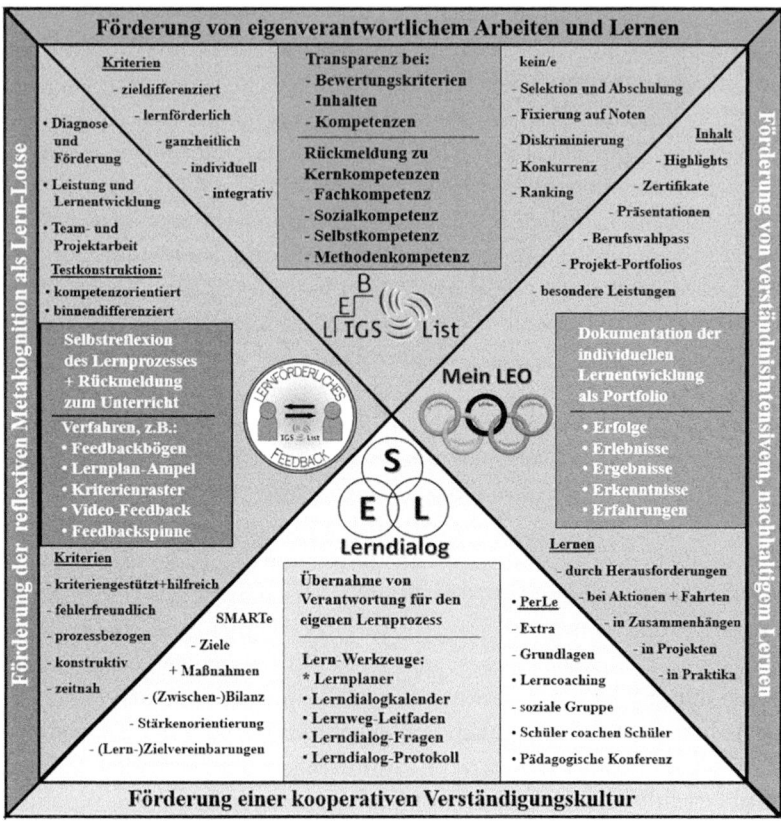

Abb. 4: Feedbackquadratur der IGS List

Die Interviews wurden mit Expert*innen geführt, die an den drei ausgewählten Schulen in Leitungsfunktionen (Schulleiter*innen oder didaktische Leitungen) tätig sind oder langjährig tätig waren. Sie werden mit drei Fragekomplexen zur didaktischen wie unterrichtsnahen Umsetzung reformbezogener Konzepte der Leistungsbeurteilung an den jeweiligen Schulen konfrontiert, und die Antworten wurden entsprechend diesen drei Themenkreisen ausgewertet. Dabei geht es um Leistungsbeurteilung (a), Individualisierung (b) und Schulentwicklung (c). Diese drei Schwerpunktthemen wurden als die entscheidenden und reformtragenden Entwicklungskorridore für eine Strategie veränderter, lernförderlicher Leistungsbeurteilung identifiziert.

Fragen zur didaktischen Umsetzung lernförderlicher Leistungsbeurteilung:

a) Leistungsbeurteilung
1. Welche diagnostischen Instrumente und didaktischen Konzepte stiften eine regelmäßige Kommunikation und stützen eine Förderperspektive?
2. Welche Ziele möchten Sie zukünftig mit Blick auf Veränderungen der Lern- und Leistungspraxis verfolgen?
3. Welche Rolle spielt »Lernen ohne Noten« in Ihrer Schul- und Unterrichtsentwicklung?
4. In welchem Maße werden Schüler*innen sowie deren Eltern an Reformen und Alternativen zur Leistungsbeurteilung beteiligt und welchen Einfluss haben sie?
5. Welche Angebote an Fortbildung, Hospitation und Netzwerk könnten die Entwicklung Ihrer Schule hin zur Notenfreiheit bereichern?
6. Welche bildungspolitischen Weichenstellungen sind notwendig, um Leistungsbeurteilung inklusionsstark und demokratiehaltig an Schulen in allen Bundesländern zu etablieren?

b) Individualisierung und Schule
1. Welche Anlässe zur Lern- und Leistungsförderung beinhaltet das Schulcurriculum? Wie wird daran in den letzten Jahren gearbeitet? Was möchten Sie verändern?
2. Wie können Aufgaben, Materialien und Raumdesigns für erfolgreiches Lernen gestaltet werden?
3. Welche besonderen Angebote zur Individualisierung und Differenzierung sowie darauf bezogenen Lernplanung sind vorhanden und welche didaktischen Arrangements gehen damit einher?
4. Wie realisieren Sie Mitbestimmung, ein gemeinschaftsförderliches Klima und demokratiehaltiges Lernen?

5. Wie werden institutionelle und biographische Übergänge in Lernen und Leistung unterstützt?
c) Schulentwicklung
1. Welche Herausforderungen prägen Ihre Schule derzeit und wie werden sie konzeptionell bearbeitet?
2. Wie wird an Ihrer Schule Lernen geplant und organisiert? Was hat sich bewährt? Was ist entwicklungsbedürftig?
3. Wie verständigen Sie sich an Ihrer Schule zu den gesellschaftlichen Aufgaben von Bildung, Unterricht und Lernen?
4. Welche über den Fachunterricht hinausgehenden Lernanlässe und Foren von Öffentlichkeit bietet Ihre Schule den Schüler*innen?

Es zeigt sich dabei, dass die ausgewählten Schulen oftmals in vorausschauender Perspektive innovative Konzepte praxisnah entwickelt und etabliert haben, die bewusst und in stetiger Fortschreibung in den Mittelpunkt des jeweiligen schulischen Qualitätsmanagements rücken. Die Gründe sind verschiedener Natur. Die Reform des instrumentellen Zugriffs auf Leistungsbeurteilung steht dabei nicht im Vordergrund. Vielmehr dominiert der Wunsch, den Zugewinn an Vielfaltserfahrung durch die Schüler*innenschaft ausdrücklich zu würdigen – also die pädagogische Qualität des Lernens zu optimieren. Schulentwicklung im Einzelfall setzt die Priorität eben nicht auf den systemischen Aspekt der jeweiligen Entwicklungsfrage, sondern auf den pädagogischen Gewinn hinsichtlich des Hauptziels, qualitätshaltiges Lernen zu fördern sowie den Schüler*innen gute Bildungsergebnisse zu ermöglichen. Das dabei sichtbar werdende »Commitment« für eine diversitätssensible, individualisierte und differenzierte Lernumgebung sowie eine zugehörige gut instrumentierte formative Leistungsdiagnostik führt auch deshalb zu kreativen Lösungen, weil Mitwirkungs- und Organisationsstrukturen Transparenz und Partizipation in der Unterrichts- und Schulentwicklung multiprofessioneller Teams zulassen und zeitlich ermöglichen.

Gerade Letzteres stützt nachhaltig das Reformengagement, wenn die komplexen Prozesse der Reform sowie deren Voraussetzungen reflektiert werden. Zudem orientieren sich die Kollegien an den im Rahmen der

Interviews berücksichtigten Schulen an einer aufgeklärten Qualitätssicherung, die durch regelhafte sowie standardisierte Überprüfungen und ergänzende evaluative Verfahren stetig wirksam wird. Nicht zuletzt soll hervorgehoben werden, dass diese Schulen nicht mit bürokratischem Blick nach ihnen zugeteilten Spielräumen fragen, sondern ihre Entwicklung und den dabei entstehenden Zugewinn an Autonomie als identitäts- und kooperationsstiftend ansehen. Die Kultur und Professionalität des Umgangs mit Lernen und Leistung wird daran bemessen, wie die Schule mit den mit Blick auf Leistung schwächsten Schüler*innen umgeht. Bei der Darstellung der Interviewergebnisse werden jeweils bilanzierende Zusammenfassungen den Blick auf die drei übergeordneten Themenbereiche schärfen.

4.1 Leistungsbeurteilung

Mit Blick auf die Frage der Leistungsbeurteilung werden die einzelnen Aspekte und Themen nicht in der Polarität der Leistungsbeurteilung »mit oder ohne Noten« diskutiert. Vielmehr wird von einem rationalen Konzept von Leistungsrückmeldung als besonders bedeutsamem Eckpunkt professionellen Handelns in der Schule ausgegangen. Dieses wird von den Lehrer*innen in »guten Schulen« reflexiv und selbstkritisch begleitet. Es wird in Hinsicht auf seine gerechtigkeitsbegrenzenden und machtgenerierenden Aspekte beim individuellen Beurteilungshandeln der einzelnen Lehrer*innen wahrgenommen. Zugleich wird es innerhalb des Kollegiums in Hinblick auf die Kriterien und Standards der Beurteilung stetig angepasst und erneuert. Das schließt alle Aspekte rationaler und auf Leistungsnachweis sowie -diagnose zielender Kommunikation gegenüber den Eltern von Schüler*innen und gegenüber den Schüler*innen selbst ein.

1. Welche diagnostischen Instrumente und didaktischen Konzepte stiften eine regelmäßige Kommunikation und stützen eine Förderperspektive?

Diagnostisches Handeln meint an der Grundschule auf dem Süsteresch stets ein dialogisch kooperatives Vorgehen im multiprofessionellen Team. Es ist in keinem Fall nur Aufgabe individuellen Lehrer*innenhandelns. Das hat einen didaktisch-methodischen Grund auch darin, dass stundenweise gemeinsam mit zwei Pädagog*innen in einer Lerngruppe gearbeitet wird und damit zwangsläufig ein Austausch über Beobachtungen von Lernentwicklungen einhergehen (siehe auch Draber & Brinker, 2017). Für die Leistungsbeurteilung nutzt die Schule bewusst die kollegialen Unterrichtshospitationen sowie die kooperativen Planungen der Jahrgangsteams. Leistungsbeurteilung ist professioneller Aspekt des »[...] Aufbaus einer Förderkultur«. Es gibt einen reflektierten Gebrauch der Bezugsnormen, wobei die individuelle Bezugsnormorientierung im Vordergrund steht, der »[...] einzelne Schüler mit seinen ureigenen, individuellen Fähigkeiten, Voraussetzungen und Lebensumständen« in einer »ganzheitlichen« Perspektive, wie es im Interview formuliert wurde, denn dort »[...] gehen [wir] auf Schatzsuche und beobachten individuelle Fortschritte. Unsere Diagnose zielt darauf, [...] [den] individuellen Förder- und Forderbedarf einzelner Kinder zu ermitteln und punktgenaue Unterstützungsprogramme in die Wege zu leiten«.

Als Diagnoseinstrument nutzt die Schule – neben dem Einsatz standardisierter Verfahren wie der Hamburger Schreibprobe oder der Münsteraner Rechtschreibanalyse – die »Eigenproduktionen der Kinder, [...] denn diese liefern bei genauer Betrachtung einen unverfälschten Blick in die Gedankenwelt und das Leistungspotenzial der Schüler*innen, geben Aufschluss über Fehlvorstellungen, Irrwege und Umwege sowie über Stärken und Schwächen«.

Schriftliche Dokumente haben dabei einen hohen Stellenwert, denn »[...] jede mathematische Eigenproduktion gibt [...] Aufschluss darüber, in welchem Zahlenraum sich der jeweilige Forscher bewegt bzw. welche Rechenstrategie er nutzt«. Der Vergleich von Reihen solcher Schüler*innen-Arbeiten macht »[...] individuelle Lernentwicklungen für Kinder verständlich sichtbar«, gibt die Basis für Anerkennung und lernförderliche

4.1 Leistungsbeurteilung

alle Buchstaben im Anlauttor finden.	den Anlautrap singen.	Großbuchstaben lesen & schreiben.	Kleinbuchstaben Großbuchstaben zuordnen.
Wortgrenzen einhalten.	Lautgebärden lesen.	Wörter schreiben.	schwierige Buchstabenfolgen schreiben.
richtig abschreiben.	Silben beim Schreiben mitsprechen.	Silbenkönige finden.	Geschichten zu Bildern schreiben.
ins Reisetagebuch schreiben.	Geschichten über mich schreiben.	Irritationsgeschichten schreiben.	meine Texte drucken.
Wörter nachschlagen.	Satzzeichen setzen.	weiterschwingen: Zwerg → Zwerge	ableiten: Baum → Bäume
Wörter deutlich mitsprechen.	Adjektive kleinschreiben.	Nomen großschreiben.	Verben kleinschreiben.

Abb. 5: Beispiele für Könnerzettel im Bereich Sprache, Grundschule auf dem Süsteresch

Kritik sowie die Verständigung über »[...] neue individuelle Ziele für die zukünftige Arbeit«. Die Erfahrung von Autonomie und Kompetenz geht mit dieser Form der individuellen Leistungsrückmeldung ebenso einher wie die Förderung der »[...] Bereitschaft, an Fehlvorstellungen zu arbeiten«.

In der IGS List wird neben den vorgeschriebenen Leistungsüberprüfungen in allen Fächern in jeder Unterrichtseinheit ein lernförderliches Feedback gegeben. Beides bildet zusammen die Grundlage für Lernentwicklungsberichte (▶ Abb. 6[10]), die in den Jahrgängen fünf bis acht halbjährlich erstellt werden. Im Februar eines jeden Jahres findet der Schüler*innen-Eltern-Lehrer*innen-Lerndialog statt, bei dem individuelle Ziele vereinbart werden. Zur Unterstützung bei der Umsetzung der Ziele stehen vielfältige Angebote – wie Persönliches Lernen, Lern-AG, Lerncoaching – zur Verfügung. Lernzielüberprüfungen werden im laufenden Schuljahr im April, vor den Sommerferien und im November durchgeführt, daran anschließend werden »[...] die Maßnahmen oder die Ziele ggf. nachgebessert«. Schließlich gibt es gegen Ende des ersten Schulhalbjahrs die Möglichkeit für »[...] zusätzliche Lerndialoge mit verschiedenen Fachlehrkräften«, die ebenfalls von den Schüler*innen vorbereitet werden.

Die Klosterschule in Hamburg pflegt verbindlich vorgeschriebene Pädagogische Klassenkonferenzen. Es gibt fest terminierte Zwischenstandsrückmeldungen sowohl an Schüler*innen sowie an die Klassenlehrer*innen, damit diese dabei unterstützt werden, »[...] fundiert mit Schüler*innenschaft und Eltern in den Austausch und in die Beratung zu treten«. Genutzt wird ferner das Instrument der Lernentwicklungsgespräche (LEG). Wichtig ist der Schule eine institutionalisierte Überprüfung der Voraussetzung für Nachteilsausgleiche auf den Pädagogischen Konferenzen und den Zeugniskonferenzen.

---

10 Die fotografische Dokumentation in Abbildungen 6, 7 und 8 dieses Kapitels stammt von einer weiteren Preisträgerschule, der Integrierten Gesamtschule Franzsches Feld in Braunschweig (Preisträger 2006).

4.1 Leistungsbeurteilung

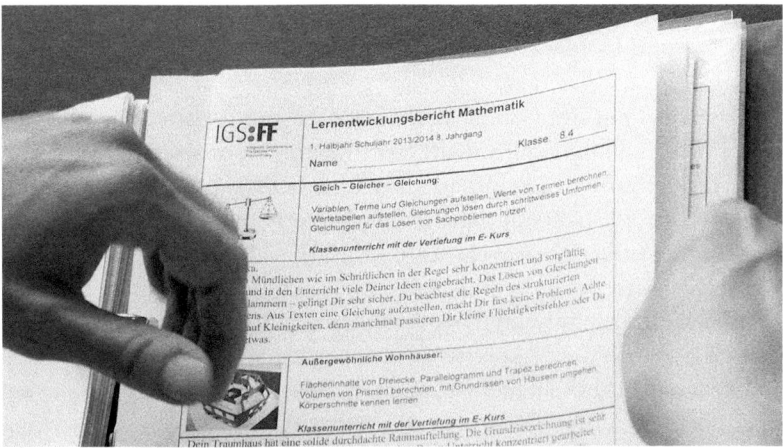

Abb. 6: Beispiel für einen Lernentwicklungsbericht, IGS Franzsches Feld, © Lars Rettberg

2. Welche Ziele möchten Sie zukünftig mit Blick auf Veränderungen der Lern- und Leistungspraxis verfolgen?

Im Hinblick auf die an der GS auf dem Süsteresch vollzogene tiefgreifende Reform der Unterrichts- und Leistungspraxis ist für die Schule die Abschaffung der Noten eine logische Konsequenz professionellen Handelns und wird »[…] vom gesamten Team gewünscht«.

Die IGS List betont, dass das lernförderliche Feedback noch optimiert und effektiver werden soll. Dazu sollen direkte und umsetzbare Rückmeldungen und Hinweise in Bezug auf den Lernprozess gegeben werden. Ziel ist es, die Leistungsbeurteilungen stärker als bislang in die Verantwortung der Schüler*innen zu legen: »Dazu sollen die kompetenzorientierten Tests von den Schülern so weit wie möglich gegenseitig korrigiert werden. Der Lernentwicklungsordner soll in Richtung Portfolio weiterentwickelt werden«.

Die Klosterschule in Hamburg möchte in diesem Feld die Individualisierung und Differenzierung weiter vorantreiben und dabei den diesem Bestreben innewohnenden Widerspruch zur Verpflichtung ausgleichen, »am Gymnasium zielgleich unterrichten« zu müssen.

3. Welche Rolle spielt »Lernen ohne Noten« in Ihrer Schul- und Unterrichtsentwicklung?

Im Interview mit der GS auf dem Süsteresch werden wir hier mit einer Situationserzählung konfrontiert, einer Geschichte aus aktuellem Anlass: »Am Tag der ersten Leistungsmessung ihrer Schulkarriere stehen am frühen Morgen zwei lebenslustige, schulbegeisterte und sehr leistungsstarke Minimathematikerinnen weinend und mit Bauchschmerzen in meinem Büro. Sie hätten heute Angst gehabt, in die Schule zu kommen, denn die Lernkontrolle bereite großen Druck in ihrem Bauch. Von diesen leider sehr trübseligen Anekdoten könnten wir zahlreiche erzählen«, berichtet die Kollegin und begründet bildhaft daraus die Notwendigkeit, die Diskussion über die Abschaffung der Noten zu führen, man tue das »[...] seit vielen Jahren«. Es ist Konsens im Lehrer*innenteam, dass gerade Kinder im Grundschulalter »[...] ohne Scheinetikettierung und Notendruck deutlich bessere Leistungen erbringen, ungehemmt in ihrem Tempo und auf ihrem Niveau erfolgreicher und deutlich motivierter voranschreiten«. Dabei wird auch die Herausforderung der Inklusion angesprochen, denn gerade dort ergeben Noten »[...] keinen Sinn. Im schlimmsten Fall wirken sie kontraproduktiv«.

An der IGS List gibt es in den Jahrgängen fünf bis acht keine Noten. In diesen Jahrgängen werden kompetenzbezogene Rückmeldungen in Form von Lernentwicklungsberichten gegeben. Dabei können die Schüler*innen »[...] ohne Notendruck lernen und ihre Fähigkeiten und Fertigkeiten individuell entwickeln«. Sie werden dabei von den Lehrkräften unterstützt. Im Jahrgang acht gibt es im Lernentwicklungsbericht zusätzlich eine Rückmeldung in Form einer Gesamtnote pro Fach.

An der Klosterschule in Hamburg sieht man aufgrund der dort eingesetzten notenergänzenden »umfangreichen Zeugnistexte mit Kommentaren zu jedem Fach« eine Relativierung der Wirkung der Ziffernoten. Die Schule betont zudem die Bereiche des Lernens, »[...] die weniger stark dem Notendruck unterliegen«, wie Projekte oder den Klassenlehrer*innennachmittag. Beispielgebend für andere Schulen ist die für die schriftlichen Zeugnistexte etablierte mitspracheorientierte Kommentierung seitens der Schüler*innen. Hier geht es nicht nur um die Förderung von Lese- und Verstehenskompetenz, sondern um eine fundierte Anbahnung von Perspektivenaufnahme und im Dialog unterfütterte Aufmerksamkeit für Veränderung und Entwicklungsoption. Im nachfolgenden Kasten sind zum einen die lehrkraftseitigen Erläuterungen zur Vorgehensweise und zum anderen ein beispielhaft kommentierter Zeugnistext zu finden.

Die Klassenlehrkräfte schreiben (auf Basis der Rückmeldungen der Kolleg*innen) einen Zeugnistext. Die Zeugniskonferenz stimmt über diesen Text ab. Dieser Text wird im Zeugnis abgedruckt. Anschließend erhalten die Schüler*innen eine Kopie ihres Textes und markieren ihn (dreifarbig: grün: bin einverstanden; gelb: habe eine Frage; rot: bin nicht einverstanden), um zu zeigen, ob sie damit einverstanden sind und ob sie eine Frage haben.
Die Markierungen sind dann Grundlage für ein mögliches Gespräch – insbesondere über die Fragen und die Punkte, die die Schüler*innen als kritisch ansehen. Oft hilft schon die einfache Übersetzung, um ein Verständnis herbeizuführen. Manchmal werden jedoch auch Vereinbarungen getroffen, die mich als Lehrkraft dazu verpflichten, ein Augenmerk auf eine umstrittene Kritik zu legen und somit eine mögliche Veränderung des Verhaltens des Schülers bzw. der Schülerin im Blick zu behalten.
»Beurteilung des Arbeits- und Sozialverhaltens«, Halbjahreszeugnis
»Du bist gut in der Klosterschule angekommen. In der Klassengemeinschaft hast du viele Kontakte geknüpft; vor allem wegen deiner netten, fröhlichen und aufgeschlossenen Art wirst du von vielen Klassenkameraden geschätzt. <u>Im Unterricht und in den Studienzeiten arbeitest du meist konzentriert und recht zuverlässig</u>, versuche aber, deine Aufgaben noch selbstständiger zu bearbeiten und dich den Problemen wirklich zu stellen. Deine Beiträge zeigen, dass du Gelerntes sicher wiedergeben kannst. In Darstellendem Spiel arbeitest du sehr selbstständig und bist in der Lage, <u>Kritik gut umzusetzen</u>. In Religion denkst du über das Gelernte hinaus und trägst mit guten Beiträgen zum Unterricht bei. Im Steinzeitprojekt hast du engagiert und konzentriert am Thema ›Steinzeitschmuck und Kleidung‹ gearbeitet. Mit deiner Gruppe

hast du ein tolles Ergebnis präsentiert. In letzter Zeit neigst du vermehrt zu Gesprächen mit Nachbarn. Im Klassenrat nimmst du regelmäßig Aufgaben wahr und beteiligst dich oft an den Gesprächen. Achte weiter darauf, dich knapp zu fassen und zum Thema zu sprechen«.
Regulärer Text: Einverstanden
<u>Unterstrichen</u>: *Nicht einverstanden*

4. **In welchem Maße werden Schüler*innen sowie deren Eltern an Reformen und Alternativen zur Leistungsbeurteilung beteiligt und welchen Einfluss haben sie?**

»Unsere Eltern und Kinder werden stets an allen Diskussionen und Reformbemühungen unserer Schule beteiligt. Noten liefern ein unerschöpfliches Thema und gehören nach Auffassung der Allgemeinheit zur Schule wie die Ameise in den Wald«, so wird der Partizipationsaspekt an der GS auf dem Süsteresch beschrieben. Viele Eltern scheinen zu »[...] glauben, dass Noten die Leistungsbereitschaft ankurbeln und das einzig sinngebende und objektive Instrument zum Messen von Leistung verkörpern«, benennt der Verweis auf die Erwartung der Elternschaft eines der Grundprobleme der Veränderungsresistenz der Ziffernzensur. Dabei führen die Kolleg*innen auch die biographische Prägung durch Schule als kollektiv geteilte gesellschaftliche Sozialisation an, denn »[...] die Mehrheit ist aufgrund ihrer eigenen Lernbiografie nur schwer vom Gegenteil zu überzeugen«.

Grundsätzlich sind Schüler*innen und Eltern an allen Konferenzen und Teilkonferenzen in der IGS List beteiligt. Die Gesamtkonferenz der Schule hat unter Nutzung des Niedersächsischen Schulgesetzes eine besondere Ordnung beschlossen, »[...] so dass in allen Konferenzen mehr Eltern und Schülerinnen und Schüler teilnehmen und abstimmen dürfen«. Alle geplanten Veränderungen werden mit allen Beteiligten diskutiert. Damit eine intensivere Auseinandersetzung möglich ist, werden alle Themen mit den jeweiligen Gruppen – Schüler*innen, Eltern, Kollegium – getrennt besprochen. Danach gibt es eine gemeinsame Diskussion und die Abstimmung in der Gesamtkonferenz. Darüber hinaus können Schüler*innen und Eltern in allen Arbeitsgruppen mitwirken.

Die Klosterschule in Hamburg betont, dass an der Schule grundsätzlich Schüler*innen und Eltern in alle Reformvorhaben einbezogen werden, sowohl durch Information als auch durch Mitwirkung – das letzte Beispiel, das hierfür benannt wird, war die Umstellung der Zeugnisformulare und -formate. Denn auch dabei »[...] haben Elternratsvertreterinnen und -vertreter sowie Schülervertreterinnen und -vertreter mitgearbeitet«.

5. Welche Angebote an Fortbildung, Hospitation und Netzwerk könnten die Entwicklung Ihrer Schule hin zur Notenfreiheit bereichern?

Die GS auf dem Süsteresch betont hier ihre Unabhängigkeit und reformfortgeschrittene Position, wenn es heißt, dass es an »[...] unserem Kollegium [...] diesbezüglich keinerlei Überzeugungsarbeit bedarf«. Im dortigen Team »[...] herrscht Einigkeit darüber, dass Noten niemals gerecht bzw. für leistungsschwächere Schüler sogar eher leistungshinderlich sind und motivationstötend wirken«. Es wird vorgeschlagen, dass »professionelle und von unserer Schule unabhängige Moderatoren« dabei helfen könnten, Überzeugungsarbeit für die notenfreie Leistungsrückmeldung zu leisten, »[...] um Eltern die Angst vor dem Kontrollverlust zu nehmen«. Man wünscht sich unterstützend wirkenden Austausch mit Schulen, die erfolgreich ohne Noten arbeiten. Auffällig ist, dass auch die Frage der Leistungsbeurteilung in dieser Schule in einem gesamtgesellschaftlichen Kontext gesehen wird, es sei »[...] allerdings zuallererst in Deutschland ein gesellschaftliches Umdenken notwendig. Wenn der politische Wille nicht vorhanden ist zu akzeptieren, dass Kinder hervorragende Leistungen erbringen, gerade wenn sie ohne Leistungs- und Notendruck frei lernen, dann gibt es auch keine Erlasse und Verordnungen, die dies in Schule ermöglichen«.

An der IGS List schöpft man aus Sicht des Kollegiums die »[...] Möglichkeiten der Notenfreiheit [...] im gesetzlich möglichen Rahmen aus«.

Die Klosterschule in Hamburg verweist auf ein progressives Beispiel im Gymnasialbereich: »die Erkenntnis, dass durch die Abschaffung des Sitzenbleibens in den Jahrgängen 5/7/8 eine Notengebung obsolet ist«, jedoch sei diese Frage »[...] nicht mehrheitsfähig im Kollegium und in der Elternschaft«.

6. Welche bildungspolitischen Weichenstellungen sind notwendig, um Leistungsbeurteilung inklusionsstark und demokratiehaltig an Schulen in allen Bundesländern zu etablieren?

Inklusion ist aus Sicht des Kollegiums der GS auf dem Süsteresch dann in der Gesellschaft angekommen, »[...] wenn sie so normal ist, dass keiner mehr darüber spricht«. Man zieht dann allerdings ein ernüchterndes Resümee, weil auch sechs Jahre nach Einführung der Inklusion in Niedersachsen festgestellt werden könne, »[...] dass Inklusion auf vielen Ebenen noch als Sonderrecht für Menschen mit bestimmten Defiziten verbucht wird und eben nicht als ein allgemeines und grundlegendes Menschenrecht«. Bemängelt wird, dass die schulische Inklusionsaufgabe als »Aufregerthema Nummer 1« diskutiert werde, und nicht als Chance für eine »Verantwortungskultur«. Die Schule fragt zudem nach den leistungsbezogenen Voraussetzungen für die Fähigkeit, Inklusion zu praktizieren, und fordert »[...] einen Paradigmenwechsel auf breiter Linie. Für unser Team bedeutet die Inklusion seit vielen Jahren eine Bereicherung für unsere Gesellschaft, eine Entwicklungschance für jedes Kind, aber auch für unsere demokratische Gesellschaft. Um Akzeptanz und Toleranz für Verschiedenheit und Vielfalt zu wecken, um verantwortungsvolles Handeln zu lernen, ist es wichtig, dass junge Menschen in einem Klima der Vielfalt aufwachsen, dass sie sich erproben können, dass wir alltägliche Begegnung ermöglichen«. Man verweist an der GS auf dem Süsteresch darauf, dass Inklusion funktionieren kann, weil das »[...] die zahlreichen Hospitationsgäste in unserem Hause schnell spüren«. Sie gelinge vor allem durch eine »entsprechende Haltung« sowie in der Folge einer »[...] jahrelangen, konsequenten schulprogrammatischen Entwicklungsarbeit im dialogischen Austausch«. Dann werde selbstverständlich, dass jeder Mensch unabhängig von Intelligenz, Hautfarbe und Religion herzlich willkommen sei. An der Schule betont man allerdings auch Erwartungen an eine die

Inklusion »fordernde Bildungspolitik« und an eine »selbstbewusste Umsetzung der notwendigen Bedingungen«. Die Bildungspolitik sollte aus dieser Sicht »[…] darauf bestehen, Geld für die gute Sache in die Hand zu nehmen«, denn es sei »[…] ein Irrglaube, dass Inklusion oder die Entwicklung einer demokratischen Entwicklungskultur zum Nulltarif gelingt«.

Gefordert wird die Bereitstellung und Unterstützung von »[…] Multiprofessionalität und Interdisziplinarität als selbstverständliches Ausstattungsmerkmal inklusiver Schulen«. Dazu gehöre auch, beispielsweise Teambesprechungen als Arbeitszeit zu verbuchen, damit die multiprofessionellen Teams Zeit für den pädagogischen Austausch einplanen können. Auf die Situation der Schulen »individuell« angepasste Fort- und Weiterbildungen sollten ebenso zum Standard gehören wie die Einrichtung inklusionsfähiger Räume und die Einführung des Zwei-Pädagog*innen-Systems: »Inklusionsfähige Schulen brauchen einen personalisierten Unterricht und vor allem eine veränderte Feedbackkultur, die den Fokus auf die Stärken und den Kompetenzfortschritt legt«. Von bildungspolitischer Seite sollte der Aufbau von Best-Practice-Netzwerken forciert werden, damit Schulen mit geringer Inklusionserfahrung von gut funktionierenden Erfolgsmodellen lernen können. Gefordert wird die Abschaffung der Noten als bildungspolitisches Statement: »Leistungsmessung sollte durch Lernentwicklungsberichte und Leistungsdokumentation passieren«, um den Kindern gerecht werden zu können.

An der IGS List erwartet man, dass »[…] die grundsätzlichen Bestimmungen zur Leistungsbeurteilung in Form von Klassenarbeiten […] gelockert werden.« Es müsste verstärkt möglich sein, Leistungsbeurteilungen auch in anderen Formen – Vorträge, Projektpräsentationen, Teilnahme an Wettbewerben, Portfolio usw. – abzulegen: »Die Entscheidung, welche Form von Leistungsbeurteilung durchgeführt wird, sollte für jeden Schüler und jede Schülerin individuell getroffen werden können«.

4.2 Kommentar: Inklusive Schule und Notenfreiheit

Dass eine inklusive Schule wie die GS auf dem Süsteresch nach den individuellen Bedingtheiten und Potenzialen von Kindern fragt, diese anerkennen und fördern will, lässt das Interview deutlich erkennen. Es gibt – und dies allein ist hervorhebenswert – einen kollegialen Konsens mit Blick auf die aus ihrer pädagogischen Perspektive notwendige Überwindung der Notensprache, die sich widersprüchlich zu einer hier entwickelten partizipativen Binnenkultur verhält. Denn die pädagogische Sichtweise auf Begriff und Praxis von Lernen und Leistung, die das Kollegium als Selbstverständnis nutzt, fragt nach der besonderen Erfahrungsqualität einer von Machtritualen, Selektionshandeln und klassifizierender Einordnung geprägten Leistungsbeurteilung. Diese, neugestaltet und mit Gesprächen begleitet, soll die Vorstellungen der Kinder in Korrespondenz mit Erwartungen und der Wirklichkeit bringen. Sie soll Fürsprache und Beteiligung ermöglichen. Auffällig ist die starke Einbettung der schulbezogenen Leistungskultur sowie des Nachdenkens über Lernen und Leistung als prägende Aufgabe der pädagogischen Profession in einen gesellschaftspolitischen Kontext. Die Pädagogik an dieser Schule wird als Teil einer kinderrechtsadäquaten und auf Ausgleich sowie die Akzeptanz der Verschiedenheit einer demokratischen Gesellschaft gerichteten sozialen Praxis verstanden – in dieser Perspektive ist Pädagogik auch demokratische Politik. Es liegt auf der Hand, davon auszugehen, dass diese nachvollziehbare, aber in der Pädagogik in Praxis und Wissenschaft sicherlich nicht allenthalben geteilte Perspektive nicht ohne Weiteres in der Fläche des Bildungswesens in der Bundesrepublik Deutschland vorausgesetzt werden kann.

Auch wenn diese Form reformbezogener und differenzierter Leistungsbeurteilung innovativ und effektiv geschieht, was die Auszeichnung der Schule mit dem Deutschen Schulpreis belegt, bleibt der nicht zwangsläufig konsensuelle Diskurs gegenwärtig (siehe das einleitende Kapitel dieses Bandes), der sich in unterschiedlichen Haltungen und Einstellungen der Elternschaft, aber auch bei politischen Entscheidungsträgern zeigt. Schulqualität wird hier als dem pädagogischen Verhältnis zwischen Kind und Schule – im unterrichtlichen Lernen, im sozialen Lernen und im Verhältnis zwischen Kindern und Lehrenden – geschuldete Größe gefasst. Die Binnenorganisation des Lernens verlangt dann danach, den Willen und das Handeln der Kinder, letztlich auch ihr Wissen und Können, in ihrer jeweiligen Entwicklungssituation zu würdigen. Diagnostisches Handeln ist dabei einerseits der standardisierten und regelhaften Überprüfbarkeit verpflichtet, andererseits aber dem dialogischen, nach Verständigung fragenden Gespräch zwischen den Beteiligten.

4.3 Individualisierung und Schule

Mit Individualisierung oder individualisiertem Unterricht sind nach Andreas Helmke (2013) ein »individualisiertes Lernen ermöglichende[r] und fördernde[r] Unterricht« und damit »Lehr-Lern-Szenarien gemeint, die der Unterschiedlichkeit der Lernvoraussetzungen dadurch Rechnung tragen, dass es eine Vielfalt von Lernangeboten, Lernwegen, Lernmethoden und Lernorten gibt, dass also differenziert wird« (S. 34). Individualisierung wird dabei auf Lerngruppen oder – und das ist im pädagogischen Fachdiskurs bevorzugt – auf die einzelnen Schüler*innen bezogen.

Hier korrespondiert eine schulpädagogische Entwicklung mit einer soziologischen Einsicht, die die Entwicklung der Gesellschaften der westlichen Moderne entscheidend prägt: Die soziale Erscheinung der Verschiedenheit als besonderer Qualität des aufgeklärten Bürgertums und des damit einhergehenden Rechts auf Differenz, das als notwendige und zwangsläufige Folge der Herausbildung meritokratischer Gesellschaften in freiheitlicher Verfassung gilt. Die Schule wiederum – die ebenfalls eine typische Einrichtung der rationalen und funktional ausdifferenzierenden Moderne ist – hat sich strukturell zunächst gegen die Individualisierung gewendet (ebenso auch gegen die Demokratisierung), weil ihr in ihrer institutionellen Grundstruktur als funktionale Prägung die Rationalisierung des Lernens durch Homogenisierung der Lernvoraussetzungen (Al-

ter, Geschlecht, Religion, Vorwissen, soziale Herkunft etc.) innewohnt. Dieser Tatbestand hat letztlich zur Formierung des gegliederten Schulwesens samt den damit verbundenen Übergangsfragen und dem besonders in Deutschland so prägenden Berechtigungswesen geführt.
Hier hat die Leistungsbeurteilung ihre zentrale, weil Lebenschancen zuweisende oder auch begrenzende Funktion etabliert. Dabei tritt das strukturelle Modernisierungskonzept homogener Lerngruppen in ein Verhältnis der Konkurrenz oder auch der ergänzenden Modifizierung zur pädagogischen Einsicht, dass Lernförderung auf Basis der Berücksichtigung von Lernvoraussetzungen im umfassenden Sinne den »Umgang mit Vielfalt« konstituiert und deshalb eine pädagogische Grundkompetenz bei den Lehrenden markiert.

1. **Welche Anlässe zur Lern- und Leistungsförderung beinhaltet das Schulcurriculum? Wie wird daran in den letzten Jahren gearbeitet? Was möchten Sie verändern?**

Bei der Einschulung an der inklusiven GS auf dem Süsteresch kann man davon ausgehen, in einer Altersstufe mit einem Entwicklungsunterschied bzw. Leistungsspektrum von etwa sechs Jahren konfrontiert zu werden: »Wir treffen auf Kinder mit Förderbedarf im Bereich ›geistige Entwicklung‹, die sich kognitiv auf dem Stand eines normal entwickelten Dreijährigen befinden, und gleichzeitig auf Kinder, die sich das Lesen und Schreiben selber beigebracht haben und sicher im Zahlenraum bis 1000 operieren können«. Schon aus dieser Diagnose und Erfahrung heraus ist es für diese Schule notwendig, individualisierend zu arbeiten. Deshalb bildet »[…] die Implementierung von individualisierten Lernstrukturen seit vielen Jahren den unmittelbaren Schwerpunkt« der dortigen schulprogrammatischen Arbeit. Entsprechende Curricula werden im Team erarbeitet. Das »[…] erfordert ein Umdenken in der Unterrichtsorganisation, im Umgang mit Fehlern, aber auch in der Wahrnehmung der Lehrerrolle«. Die Lehrkräfte der Schule verstehen sich explizit als »Lernbegleiter und -beobachter und unterstützen Kinder darin, sich ihrer Stärken ebenso wie ihrer Baustellen bewusst zu werden«. Die Schule will ein Lernort sein, »[…] der jedes Kind mit seinen Stärken und Schwächen, seinen individuellen

Lernbiografien annimmt, der Kindern Raum und Zeit für persönliche Entwicklungsschritte einräumt«, wobei die Kinder ermutigt werden, »[...] eigene Lernwege zu gehen und diese zu dokumentieren bzw. ihr Wissen [...] mit anderen zu teilen«.

Die Entwicklung, Implementierung, Evaluierung und Fortschreibung des Konzepts der Selbstlernzeit ist erklärtes Ziel des Lehrkräfteteams. Lernen wird individualisiert und individuell gefördert mit dem Ziel, »[...] auf Basis einer konstruktiven Feedback-Kultur eine für die eigene Lernentwicklung produktive Rückmeldung zu erhalten«. Dabei dürfen die Kinder bei den Lerninhalten mitbestimmen, was zu einer hohen »[...] Identifikation mit dem Tun und Lernen in [der] Schule« beiträgt. Das benötigt unterschiedliche Lernsituationen. Das traditionelle Klassenzimmer als Raum der Instruktion verliert seine zentrale Rolle. Seit Langem versucht die Schule, »[...] verschiedene Raumsituationen mit thematisch verschiedenen Inhalten zu realisieren«. Lernateliers wie eine Bücherei, ein Forscherlabor für naturwissenschaftliche Forschungen, ein Malatelier, ein Bau- und Konstruktionsraum wurden entwickelt und ausgebaut. Anlassbezogene Leistungsförderung wird in Kleingruppen parallel zur Selbstlernzeit angeboten. Wo es geht, wird Doppelbesetzung in den Klassen realisiert, »[...] um durch den zweiten Lehrer mit ausgewählten Schülern punktgenau zu arbeiten«. Im Team herrscht absolute Übereinstimmung darin, zukünftig auf Schulnoten zu Gunsten alternativer Formen der Leistungsbewertung zu verzichten.

An der IGS List ist die Lern- und Leistungsförderung im Schulcurriculum ebenfalls fest verankert. Dabei hat die Schule »[...] in den letzten fünf Jahren [...] intensiv an der Verbesserung der Lern- und Feedbackkultur gearbeitet«. Die vier zentralen Elemente der Lern- und Feedbackkultur sind: der Schüler*innen-Eltern-Lehrer*innen-Lerndialog, das lernförderliche Feedback (▶ Abb. 7), der Lernentwicklungsbericht und der Lernentwicklungsordner. Im Lernentwicklungsbericht der IGS List wird dokumentiert, welche Inhalte in den einzelnen Fächern unterrichtet werden und inwieweit die Lernenden die den Inhalten zugeordneten Kernkompetenzen erworben haben. Ausgehend von dieser Rückmeldung bereiten alle den Lerndialog vor. Der Lernende präsentiert, »[...] wo seine Stärken liegen und wo ggf. noch etwas verbessert werden kann. Gemeinsam mit den Klassenlehrkräften und den Eltern werden individuelle Ziele vereinbart, an denen im nächsten Schulhalbjahr gearbeitet wird. Das Erreichen der Ziele wird im Verlauf des Schuljahres regelmäßig überprüft und die Maßnahmen und Ziele werden ggf. verändert oder ergänzt«. Zudem findet in allen Fächern und in jeder Unterrichtseinheit »[...] deutlich vor der Leistungsüberprüfung ein lernförderliches Feedback statt. Dabei schätzen die Schüler*innen ihr Arbeits- und Sozialverhalten sowie ihren Leistungsstand ein und die Lehrkräfte kommentieren diese Einschätzung und geben Lernhinweise. Alle Dokumente des Lerndialogs und des lernförderlichen Feedbacks werden im Lernentwicklungsordner (LEO) gesammelt und durch weitere Dokumente [...] im Sinne eines Portfolios ergänzt«. Am lernförderlichen Feedback soll präzisierend weitergearbeitet werden, es soll künftig noch näher am Lernprozess sein und sofort verwertbare Hinweise für die Lernenden ermöglichen.

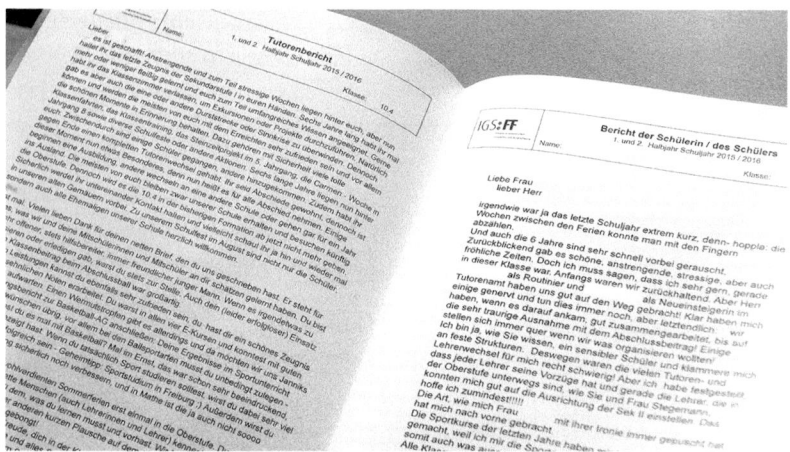

Abb. 7: Beispiel für Feedback, IGS Franzsches Feld, © Lars Rettberg

2. **Wie können Aufgaben, Materialien und Raumdesigns für erfolgreiches Lernen gestaltet werden?**

Die GS auf dem Süsteresch will »[...] Pädagogik auch räumlich denken. Pädagogik und Architektur bedingen sich gegenseitig«. Lernen findet deshalb dort »im ganzen Haus statt: auf den Fluren, in den Klassenzimmern und Gruppenräumen, im Lichtblick und in den Lernateliers. Alle Räume [...] spiegeln heute das pädagogische Profil [der] Schule wider«. Ein Arbeitskreis befasste sich mit dem Raum als Drittem Pädagogen: »Aus dieser Arbeit resultieren Räumlichkeiten, die luftig, hell, gemütlich und ästhetisch gestaltet sind. Sie laden die Kinder zum Entdecken, Forschen, Experimentieren, Wohlfühlen und Erfahren ein«.

Im Team wurden daraufhin einheitliche Ordnungs- und Beschriftungssysteme entwickelt, »die eine schnelle Orientierung in jedem Raum unterstützen. Alle Räume sind mit all den Arbeits- und Hilfsmitteln ausgestattet, die Kinder benötigen, um ihre Lernideen tagglich umzusetzen, um zu verhindern, dass ihre kreativen Ideen ausgebremst werden, weil vielleicht eine Waage, der Zollstock oder farbiges Papier fehlen«. Ein wesentlicher Schritt dabei liegt darin, »Kinder auch über Inhalte (mit-)entscheiden zu lassen. Der [...] ergiebigste Weg, der enormen Heterogenität gerecht zu werden, liegt in den sogenannten Eigenproduktionen, die ihren festen Platz in der Selbstlernzeit einnehmen«. Das sind in der GS auf dem Süsteresch »[...] Blätter, Reisetagebücher, Forscherhefte usw., die die Kinder mit ihren eigenen Ideen und Gedanken füllen«. Lernstrategien, Rechtschreibregeln, Methoden zur Strukturierung von Gedanken usw. werden mit den Kindern an ihren eigenen Produktionen erarbeitet: »Lernwege werden somit täglich zum Inhalt«. Bewährt haben sich vor allem im Bereich der Mathematik offene Forscheraufträge: »Diese Aufträge sind so formuliert, dass sie zu weiteren Erfindungen sowie zum Begründen vorliegender Phänomene anregen und die Kinder auf die Suche nach dem ›Warum‹ schicken«. Die Aufträge sind auf dem Schulserver archiviert, sodass jede Kollegin und jeder Kollege jederzeit darauf zugreifen kann: »Ihre Lernprodukte besprechen die Kinder direkt mit der Lehrkraft oder legen diese in den ›Lehrer-Tresor‹, um am nächsten Tag ein persönliches oder schriftliches Feedback zu erhalten«.

Aufgaben und Materialien für den differenzierten Unterricht werden an der IGS List gemeinsam in Jahrgangsfachteams entwickelt. Die Zeitfenster für die Vorbereitung sind im Stundenplan fest verankert. Kooperatives Lernen, das Arbeiten in festen Lernteams sowie projektartiges Arbeiten – auch im Fachunterricht – sind Bestandteil des Leitbildes für guten Unterricht. Der Schultag ist rhythmisiert und es gibt kein Pausenklingeln. Am Vormittag finden drei 80-Minuten-Unterrichtseinheiten statt, am Nachmittag eine. Im Mittagspausenband findet das Persönliche Lernen (PerLe) statt. Zudem können die Schüler*innen in der Mensa essen und an Mittagspausenangeboten teilnehmen.

3. **Welche besonderen Angebote zur Individualisierung und Differenzierung sowie darauf bezogenen Lernplanung sind vorhanden und welche didaktischen Arrangements gehen damit einher?**

Der erste Arbeitsblock an der GS auf dem Süsteresch ist geprägt durch einen hohen Anteil an eigenverantwortlichen Lernzeiten. Diese Selbstbestimmtheit wird durch feste Strukturen und Rituale im Schulalltag unterstützt. Hier sind vor allem die gemeinsame Frühgymnastik »Fit for Kids«, die festen Trainingszeiten mit Input-, Übungs- und Reflexionsphasen sowie der Fachunterricht zu nennen. Regelmäßig finden parallel zur Selbstlernzeit Intensivförderungen in Kleingruppen statt. Es gibt für Kinder mit besonderem Unterstützungsbedarf »[...] didaktisch vorbereitetes Übungsmaterial, das [mit der] Software ›Worksheet Crafter‹ arbeitsteilig« erstellt worden ist. Eine »offene Materialbörse, die nach fachlichen Schwerpunkten in Stehregistern geordnet und für jeden Kollegen jederzeit zugänglich ist« wird aktuell erarbeitet. Für die kompetenzorientierte Diagnostik (▶ Abb. 8) versucht die Schule passendes individuelles Trainingsmaterial in ausreichendem Umfang mit angemessenen zeitlichen Ressourcen bereitzustellen: »Beobachtet ein Kollege bei einem Kind [...] bspw. Unsicherheiten in der visuellen Wahrnehmung oder beim Reimen, so kann er sich nunmehr direkt in der Materialbörse bedienen und sich das punktgenaue Trainingsmaterial für dieses Kind nehmen«. Vom Kollegium entwickelte Lernlandkarten übersetzen die Inhalte des Schulcurriculums auf das Niveau der Kinder und helfen diesen, ihren persönlichen Lernfortschritt nachvollziehbar zu visualisieren. Die Lernlandkarten bilden die Grundlage für Lerngespräche, Beratungen sowie Zielvereinbarungen. Erweitert ein Kind seine individuellen Kompetenzen, so kann es einen »Könnerzettel«, der sich an den Kerncurricula orientiert, auf seine Lernlandkarte kleben: »So lassen sich die Lernlandkarten täglich und punktgenau in die tägliche Lernzeit einbinden. Eine Vision unseres Teams besteht darin, eine App für eine digitale Lernlandkarte zu konzipieren«.

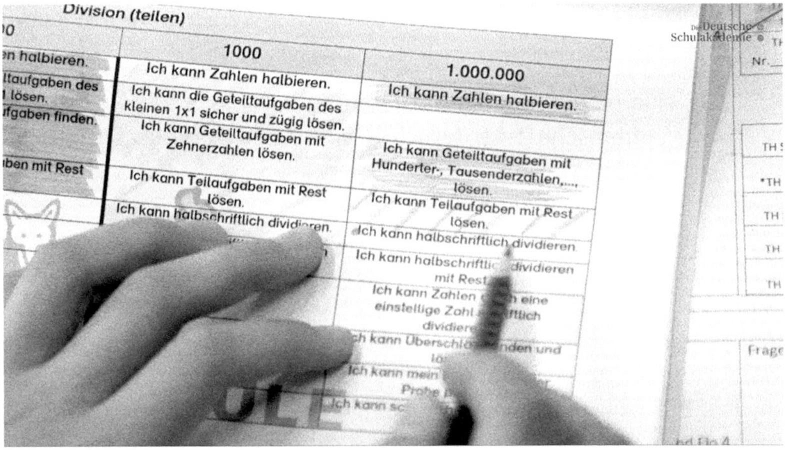

Abb. 8: Beispiel für ein Kompetenzraster, IGS Franzsches Feld, © Lars Rettberg

Bei der IGS List findet von Jahrgang fünf bis acht ausschließlich innere Differenzierung statt. Daneben gibt es noch durch die Profilklassen (Bläser, Chor/Percussion und Forscher) sowie im Wahlpflichtbereich Möglichkeiten der Neigungsdifferenzierung. Die innere Differenzierung erfolgt auf unterschiedliche Weise: »Grundlagen werden mithilfe differenzierter Materialien, mit kooperativen Lernmethoden und in festen Lernteams erarbeitet. Darüber hinaus findet auch im Fachunterricht regelmäßig – möglichst in jeder Unterrichtseinheit – projektartiges Arbeiten statt, in dem die Schülerinnen und Schüler individuelle Schwerpunkte setzen können«. In den Fächern Mathematik, Englisch, Deutsch und Naturwissenschaften wird zusätzlich noch auf zwei Niveaus unterrichtet. In den unteren Jahrgängen erfolgt diese Differenzierung klassenintern, wobei die Schüler*innen wählen können, auf welchem Niveau sie arbeiten. In den Jahrgängen neun und zehn findet in diesen Fächern eine äußere Differenzierung statt. Individuelles Lernen entsprechend den selbstgesetzten Zielen ist in den PerLe-Stunden, der Lern-AG und dem Lerncoaching möglich. Weitere individuelle und fachliche Schwerpunkte können die Schüler*innen durch die Wahl von AGs setzen. Die Klosterschule in Hamburg betont die Wirkung ihres integrierten und individuellen Angebots für leistungsstarke Schüler*innen, »das durch externe Angebote wie Juniorstudium und individuellen Musikunterricht ergänzt werden kann«.

4. Wie realisieren Sie Mitbestimmung, ein gemeinschaftsförderliches Klima und demokratiehaltiges Lernen?

Die GS auf dem Süsteresch verweist auf die starke gesellschaftspolitische und demokratiepädagogische Begründung ihrer Strategie und Praxis der Schulentwicklung. Die Klosterschule in Hamburg betont ihre Strukturen und Freiräume zur Partizipation, wie Klassenrat, Klassennachmittage, die Beteiligung an Arbeitsgruppen, der Elternrat und der Schüler*innenrat sowie die Ganztageskonferenz des Schüler*innenrats, und verknüpft dies mit dem Anspruch, das Lernen für einen individualisierten Blick auf jedes einzelne Kind zu öffnen.

Die IGS List unterstreicht zunächst auch die verfasste Schule und damit korrespondierende Formen der Partizipation. Auf der Ebene der Schüler*innen sind dies der Klassenrat und die Schüler*innenvertretung: »Der Klassenrat ist für die Jahrgänge 5 bis 10 fest im Stundenplan verankert. Die Tagesordnung wird von den Schülerinnen und Schülern festgelegt und der Klassenrat wird von zwei Schülerinnen und Schülern geleitet, die wöchentlich wechseln«.

Die Schüler*innenvertretung plant eigenständig Projekte und stimmt sie mit der Gesamtkonferenz oder dem Schulvorstand ab. Das Klima in der Schulgemeinschaft wird durch jährlich stattfindende Klassen- oder Schüler*innenaustauschfahrten sowie durch die Durchführung sozialpädagogischer Projekte – etwa zur Klassenteambildung – gefördert. Die Eltern sind im Schulelternrat organisiert und arbeiten in Fach- und Jahrgangskonferenzen sowie bei Bedarf in besonderen Arbeitsgruppen mit. Darüber hinaus tragen zahlreiche Veranstaltungen, wie Bläser- und Chorkonzerte, Projektpräsentationen und Schulfeste, zu einem positiven Schulklima bei.

5. Wie werden institutionelle und biographische Übergänge in Lernen und Leistung unterstützt?

Insbesondere um die Herausforderungen der Einschulung zu meistern, bemüht sich die GS auf dem Süsteresch um eine positive Gestaltung des Übergangs zwischen Elementar- und Primarbereich. Hierfür pflegt die Schule eine enge Kooperation mit dem Kindergarten in unmittelbarer Nachbarschaft: »Eine Kollegin unserer Schule begleitet frühzeitig den biographischen Übergang. Einmal wöchentlich besucht sie für eine Stunde die in der Nähe gelegene Einrichtung und arbeitet in der dortigen Lernwerkstatt projektorientiert mit zukünftigen Schülern unserer Schule«. Es gibt im Jahr vor der Einschulung verschiedene institutionsübergreifende Projekte im Vormittagsbereich. Die künftigen Schüler*innen »[…] besuchen die Lernateliers, nehmen am Tag der Sprachen teil, werden zu Präsentationen und Probeunterricht sowie zu einem Tag der offenen Tür eingeladen«. Auch die Eltern der künftigen Schüler*innen werden systematisch in die Arbeitsweisen und Zielsetzungen der Grundschule eingeführt. Es gibt Gespräche, Elternabende und einen »Tag der offenen Tür«, bei dem differenziert über die Zielsetzungen und Beweggründe der reformpädagogischen Arbeitsweise der GS auf dem Süsteresch gesprochen wird: »Interessierten Eltern bieten wir Gelegenheit zur Hospitation. Wir sind Befürworter einer frühen Diagnostik und Prävention und beraten auch zukünftige Eltern, um eine bestmögliche Förderung des Kindes rechtzeitig auf den Weg zu bringen«.

Ähnliches gilt für den Übergang auf die weiterführende Schule. Die Schule kritisiert, »[…] dass die Entscheidung für eine Schullaufbahn mit den Perspektiven im späteren Berufsleben gleichgesetzt wird«. Weil dies so zu sein scheint, bietet die Schule »[…] mit den Eltern und Kindern mehrfach im Jahr Lernentwicklungsgespräche, reflektier[t] kritisch das Potenzial und die Entwicklungsmöglichkeiten des Kindes, biete[t] professionelle Unterstützung durch Förderprogramme«. Die Beratungs- und Kommunikationsbereitschaft ist groß: »Bereits vor dem Wechsel nehmen wir bei Zustimmung der Eltern Kontakt zu den Kollegen der weiterführenden Schule auf, um über Lebenssituationen, Problematiken und notwendige Unterstützung einzelner Kinder zu informieren. Wir laden zukünftige Klassenlehrer*innen zur Hospitation in unseren Unterricht ein, damit diese einen Eindruck von den Arbeitsweisen und Potenzialen ihrer zukünftigen Schüler erlangen und sich persönlich mit den Klassenlehrern unserer Schule beraten können. Ferner hospitieren wir in den fünften Jahrgängen«.

Wenn feststeht, welche Schüler*innen im fünften Jahrgang neu zur IGS List kommen, werden mit den Klassenlehrkräften der abgebenden Grundschulen »Übergabegespräche« geführt. Während der Schulzeit an der IGS List werden die Schüler*innen von einem Klassenlehrkräftetandem über die gesamten sechs Schuljahre begleitet. Die Klassenlehrer*innen unterstützen die Schüler*innen bei der Umsetzung ihrer persönlichen Ziele im Lern- und Entwicklungsprozess.

An der Klosterschule in Hamburg wird diese Problematik zurückhaltender eingeschätzt: »Es gibt keine Übergänge von 5 bis 10, weil die Klassenlehrer durchgehend bleiben. Sofern Oberstufentutoren andere Personen sind als die Mittelstufenklassenlehrer, gibt es Übergabegespräche«. Ergänzt wird dies mit dem Verweis auf die Strategie der Individualisierung und in Hinsicht auf den Schulabgang mit der »Funktionsstelle für Berufsorientierung« sowie auf »Berufsinformationsbörsen mit ehemaligen Schüler*innen der Schule«. Für diejenigen, die die Schule mit dem Mittleren Abschluss verlassen, gibt es gezielt Elternabende mit diesem Themenschwerpunkt.

4.4 Kommentar: Individualisierte Lernstrukturen

Eine Architektur, die sich den kindlichen Bedürfnissen nach Spiel, Begegnung, Selbsterkundung und gemeinschaftlichem Projekt öffnet und ebenso vereinzelten – das Lernen intensivierenden – Rückzug zulässt, wie dies an der GS auf dem Süsteresch realisiert wurde, wirkt proaktiv auf Beziehung und Bindung aller am Schulleben Beteiligten. Sie fördert die Aufmerksamkeit auf die Kinder und gibt ihnen Raum und Zeit zur

4.4 Kommentar: Individualisierte Lernstrukturen

Selbsterkundung. Indem damit und mit weiteren Instrumenten der Lernförderung didaktische Uniformität überwunden wird, entsteht ein Gelegenheitsraum für die Einübung in Vielfalt und Differenz. Die Schule verabschiedet sich absichtlich von einer strukturkonservativen Erwartung an homogenisierende Vermittlung und an Anpassungsleistungen der Kinder. Sie bietet eine pädagogische Landschaft, die mit vielfältigen Orten, Flächen und Clustern die Begegnung mit den Sachgegenständen und Inhalten einerseits, aber ebenso mit den Menschen und – nicht weniger bedeutsam – mit sich selbst, eigenen Fragen und möglichen kulturell-ästhetischen Antworten andererseits, herausfordert und zulässt. Der dort praktizierte lebens- und gesellschaftsbezogene Ansatz fragt in einem offenen und respektvollen Klima nach dem Interesse der Kinder am Raum, an dem Lernangebot, an Interaktion und Partizipation.

Die IGS List betont die fördernd-steuernde Wirkung einer differenzierten Form der Leistungsdokumentation und -beurteilung sowie die zentrale Rolle, die innere und äußere Differenzierung an der Integrierten Gesamtschule immer noch praktisch spielen. Das gilt dort auch für Lernprofile, Lernmaterialien und die verschiedenen Ebenen der Beteiligung und Mitbestimmung der Schüler*innen. Die Herausforderung der »Übergänge«, das wird auch deutlich, wird in besonderer Weise in der Grundschule – schon beim Wechsel vom Kindergarten her, aber auch beim Übergang in das gegliederte weiterführende Schulwesen – wahrgenommen. Sie bekommt bei den anderen Schulen jedoch nicht diese zentrale pädagogische und das professionelle Lehrer*innenhandeln so herausfordernde Bedeutung, wie dies an der Grundschule der Fall ist.

Es eint die pädagogische Anstrengung der Schulen, dass Schüler*innen aller Altersstufen als Expert*innen für ihren Lernprozess gesehen werden. Jeder kann seinen eigenen, möglicherweise besonderen, Vorgehensweisen folgen, bleibt aber auf seinem Lernweg begleitet und erhält die Chance, Lernen und Leistung als zu sich selbst und zugleich der umgebenden Erfahrungswelt zugänglich zu erfahren. »Der grundlegende Unterschied« einer solchen Pädagogik, so hat es Oskar Negt (1999) formuliert, besteht

> »[...] in der Veränderung dessen, was Lernen und Leistung in seiner ganzen Komplexität vom Aufbau der Persönlichkeit her bestimmt. Ein auf die Grundausstattung der Gesamtperson bezogener Leistungs- und Lernbegriff setzt voraus,

dass das Verhältnis des schulischen Vergesellschaftungsprozesses eines Kindes zur gesellschaftlichen Wirklichkeit konkretisiert wird« (S. 150).

4.5 Schulentwicklung

»Schulentwicklung« ist im aktuellen Diskurs zur Schule und in ihrer beständig notwendigen zeitgerechten Reform und Anpassung an die gesellschaftlichen Bedürfnisse und politischen Entwicklungen ein Schlüsselbegriff. Damit ist die stetige Beweglichkeit des Schulsystems gemeint, aber auch der Wandel und die mit dem Ziel von Effizienzsteigerung und Professionalisierung verbundenen Leistungen der einzelnen Schule, besonders natürlich der kriterial qualitätsvollen, der »Guten Schule«. Es verbinden sich im Konzept der Schulentwicklung institutionelle Aspekte des Systems mit praktischen Verhältnissen an jeder einzelnen Schule. Schulentwicklung auf der systemischen Ebene wird bedingt durch dauerhaft zu beobachtende Veränderungen des gesellschaftlichen Auftrags der Schule, aber auch der sie umgebenden Variablen im politischen und gesellschaftlichen Raum. Schulentwicklung auf der Ebene der einzelnen Schule resultiert aus dem stetigen Wandel der dort arbeitenden und lebenden sowie von ihr unmittelbar betroffenen Menschen – Lehrkräfte, Eltern und vor allem die Schüler*innenschaft stehen hierbei im Fokus. Der Blick auf die einzelne Schule unter dem Fokus von Entwicklung ist besonders in Hinblick auf Professionalisierung bedeutsam. Denn wir können davon ausgehen, dass die Schule besondere Standards ihres professionellen Handelns nicht allein im Nachvollzug der Gütekriterien, Methoden und Inhalte von Schule als System im Wege der institutionalisierten Lehrer*innenbildung erhält, sondern in fachlicher Akkuratesse aus sich heraus immer wieder neu und vor Ort im kollegialen sowie sozialen Kontext des Einzelfalls ausbildet.

Genau dieser letzte Aspekt prägt zudem den Rückgriff von Schulqualitätsforschung auf besonders gute Praxis, wie sie etwa der Deutsche Schulpreis zertifiziert. Schulentwicklung heute meint

4.5 Schulentwicklung

»[…] gleichermaßen die datengestützte Darstellung von Schule und Schulen auf systemischer Ebene wie im Einzelfall als auch die systematischen Bemühungen zur Professionalisierung und Qualitätssicherung auf diesen Ebenen. Es geht um gute Schule, Schulqualität und Professionalisierung als Teilelemente eines dauerhaft anhaltenden und ebenso stetig zu beschreibenden sowie zu evaluierenden Wandlungsprozesses der Schule als sozialer Institution. Dabei kann man davon ausgehen, dass eine gute Schule nicht allein auf gutem Unterricht basiert, sondern ein prägnantes und professionelles Zusammenspiel aller Akteure der Schule benötigt« (W. Beutel & Rademacher, 2018, S. 105).

Fragt man nach der Leistungsbeurteilung als professioneller Aufgabe im Kontext schulischer Qualitätsentwicklung systembezogen wie im Einzelfall, dann geht es um curriculumskonstituierende Aspekte von aktuellen Inhalten und zugehörigen Konzepten, um die davon abhängige Organisation des Lernens, um die Verständigung über die gesellschaftsbedeutsamen Themenschwerpunkte und um die Querschnittsaufgaben der Schule. Alle diese Aspekte konzipieren und formen zeitgemäße Konzepte von Bildung und werfen zwangsläufig die Frage auf, wie davon ausgehend und das damit verbundene Lernen berücksichtigend Lernen und Leistung dokumentiert, kritisch und kriterienorientiert beurteilt sowie lernförderlich zurückgemeldet werden können.

1. Welche Herausforderungen prägen Ihre Schule derzeit und wie werden sie konzeptionell bearbeitet?

Die größte Herausforderung sieht das Kollegium der GS auf dem Süsteresch darin, gesellschaftlichen Veränderungen auf schulischer Ebene zeitnah, kreativ und flexibel zu begegnen. Dabei wird Schulentwicklung vom Kollegium in einen größeren gesellschaftlich-politischen Zusammenhang eingeordnet: »In dem Wissen, dass wir momentan politischen, aber auch sozio-ökonomischen Polarisierungen unterliegen, dass unser geeintes und starkes Europa wankt, dass das Verständnis für Lernen in der Vielfalt der Inklusion sinkt, treibt uns vor allem die Frage um, wie wir jungen Menschen ein auf Toleranz, Humanität, Wertschätzung und Weltoffenheit basierendes Menschenbild so vertiefend und nachhaltig nahebringen können, dass sie […] die Gesellschaft von morgen tragen«. Demokratie und Partizipation werden als Leitmotive der Schulentwicklung verstanden, denn »[...] wichtige Gelingensbedingungen für die Genese einer demokratischen Bildungskultur und für den [...] so wichtigen Selbstwert [...] sind Anerkennung, Zugehörigkeit, Beteiligt-Sein, Mitentscheiden-Können und die Möglichkeit, Verantwortung für sich und das eigene Umfeld zu übernehmen.« Verantwortung und Partizipation sind nicht nur »im gesamten Schulhaus spürbar«, vielmehr werden aus diesen Gründen auch die Kinder in die »Schulentwicklung ebenso wie alle anderen an Schule Beteiligten« einbezogen.

Mitbestimmung und Partizipation werden in der GS auf dem Süsteresch auf drei Ebenen etabliert: auf Ebene der Schüler*innenschaft »[...] durch den großen Gestaltungsspielraum im persönlichen Lernprozess« – dazu gehören die tägliche Selbstlernzeit von 110 Minuten und die damit verbundene Möglichkeit, »[...] über Fächergrenzen hinaus zu planen, entdecken, beobachten, experimentieren und zu dokumentieren«. Elemente wie der Klassenrat als zentrales Entscheidungs- und Kommunikationsinstrument auf Klassenebene treten hinzu. Auf Schulebene engagieren sich die Kinder durch »[...] zahlreiche, mittlerweile fest etablierte Wettbewerbe oder Projekte, die ihren festen Platz im Schulalltag gefunden haben«. Dazu gehören Raumorganisation, Ganztagsgestaltung, Talent-Wettbewerbe und das Schulradio »Klimperkasten«.

Der Schwerpunkt der Schulentwicklung an der IGS List liegt bei der Individualisierung von Lernprozessen. Damit verbindet sich »[...] die Notwendigkeit, die Verantwortung für das Lernen stärker in die Hände der Schülerinnen und Schüler zu legen und sie durch lernförderliches Feedback zu unterstützen«. Anschließend soll »[...] an der Planung und Dokumentation von inklusiven Unterrichtseinheiten, der Erstellung und Verbesserung von individualisiertem und differenziertem Unterrichtsmaterial und an der Verbesserung des lernförderlichen Feedbacks in allen Fächern gearbeitet werden«. Die Umsetzung dieser Entwicklungsziele stützt sich dabei auf »[...] spezielle Konzepte, die zum einen die grundlegenden Ziele benennen und zum anderen die zugehörigen Abläufe umschreiben. Die Konzepte werden jährlich aktualisiert«.

Entscheidender Faktor im Ganztagsgymnasium Klosterschule in Hamburg ist der Generationsumbruch im Kollegium. Die Schule versucht, durch geschickte Teambildung »Erfahrung zu transferieren und zu verteilen«. Dabei wurde eine Funktionsstelle zur Einführung und Betreuung von neuen Kolleg*innen etabliert und eine breite Gesprächskultur wird auf allen Funktionsebenen gepflegt. Schließlich wird die Schule aktuell durch die Arbeit zur Integration der Internationalen-Vorbereitungs-Klassen gefordert – eine Aufgabe, die ebenfalls einen starken Austausch in Gesprächsrunden notwendig macht. Ergänzende Elemente sind hierbei Hospitation in den Regelklassen und Patenschaften, also ein starkes Engagement der gesamten Schulgemeinschaft der Klosterschule.

Schließlich engagiert sich die Schule für ihre Entwicklung stark durch Hospitation bei anderen Schulen und nutzt – bezogen auf je aktuelle Herausforderungen – ein breites Netz an Partner*innen außerhalb der Schule und im regionalen Beratungsnetz. Ergänzt wird dies unter dem Aspekt der Unterrichtsentwicklung durch kollegiale Hospitationen. Zudem etablieren sich Arbeitsgruppen und Fortbildungen zur Vorbereitung der Schulgemeinschaft auf zu erwartende neue Herausforderungen, zuvorderst die der Digitalisierung: Hier gibt es Fortbildungen und die Arbeit in einer AG sowie die Schulung der AG-Teilnehmenden durch Expert*innen mit dem Ziel der Multiplikation der Erfahrungen ins Kollegium.

2.   Wie wird an Ihrer Schule Lernen geplant und organisiert? Was hat sich bewährt? Was ist entwicklungsbedürftig?

Die GS auf dem Süsteresch betont die Kommunikation als Brücke zur Lernplanung und Lernorganisation. Austausch mit den schulischen Gruppen und Planung im Team sind die leitenden Grundkategorien: »Am Süsteresch ist es Normalität, herrscht Konsens darüber, dass wir unsere Energie auf die Verbesserung unserer Unterrichtsqualität, auf die Ökonomisierung von Arbeitsprozessen sowie auf die arbeitsteilige Beseitigung unserer Baustellen richten«. Hierzu gibt es einen Arbeitskreis »Grundschule im Wandel«, wobei dort auch »basale Fragestellungen rund um den Unterricht« diskutiert werden. Das Kollegium entwickelt gemeinsam das Tagesgeschäft, verbindet individuelle Expertise, nutzt Synergieeffekte durch den offenen Austausch von Materialien: »Seit Jahren zielen unsere Bemühungen darauf, das Lernen der Kinder so zu personalisieren, dass diese auf der Basis eigener Lernerfahrungen ihr Lernen selber so in die

Hand nehmen können, dass es zum persönlichen Entwicklungsstand passt. Im besten Fall findet dieses Lernen sowie die Planung des nächsten Lernschritts vom Kinde aus statt.« Die Kinder nutzen hierzu »[...] Forscherberichte zu mathematischen Entdeckungen, [...] Berichte über die besuchte Ameisenausstellung oder widmen sich weiteren Projekten. Durch das Lernen in Kontexten wird der Lernstoff für viele Kinder zum persönlichen Lerninhalt. Ihre Lernergebnisse notieren sie in den vom Mitarbeiterteam entwickelten Dokumentationsheften.« Dabei nutzen die Lernenden neben dem Klassenraum auch Flurbereiche sowie verschiedene – durch den Arbeitskreis Grundschule initiierte – thematische Lernateliers, wobei das »peer-to-peer learning« genutzt wird: »Jede Selbstlernzeit endet mit einer Präsentationsphase, dem Kreistreffen.« Dieses Instrument verbindet die verschiedenen, individuellen Lernwege und bildet eine Brücke zwischen Individualisierung und Gruppendynamik: »Die Kinder erklären sich gegenseitig ihre Schwerpunkte, erfahren Wertschätzung für ihre Anstrengung, erhalten konstruktives Feedback, entwickeln Ideen für neue Forschungsprojekte und entwickeln Stolz auf ihre Lernprodukte.«

Jeweils im zweiten Schulhalbjahr wird an der IGS List die pädagogische Arbeit evaluiert, und die daraus resultierenden Ergebnisse werden an einem »pädagogischen Zukunftstag« mit dem Kollegium diskutiert: »In der letzten Gesamtkonferenz beschließen wir die Schulentwicklungsschwerpunkte für das kommende Schuljahr. Die Absprachen für den Unterricht erfolgen in Jahrgangsfachteams.« Probleme zeigen sich in der zeitlichen Organisation und Verteilung fein ausdifferenzierter Verständigungsformen und Konferenzen: »Ein Problem besteht darin, dass es nicht für alle Fachteams mögliche Zeitfenster gibt. Außerdem sind einige Fachteams sehr klein.« Es werden deshalb für kleine Fachteams Schulentwicklungsvorhaben in »Fachbezogenen schulinternen Fortbildungen« umgesetzt.

Das Hamburger Ganztagsgymnasium Klosterschule organisiert den Fachunterricht in Doppelstunden, es setzt auf fachübergreifende Projekte mindestens zweimal pro Jahr in jeder Jahrgangsstufe und auf »Studienzeiten«, eine gymnasiale Form der Wochenplanarbeit. Hausaufgaben gibt es nicht mehr. Idealerweise wird dort der Unterricht kooperativ und arbeitsteilig durch Jahrgangsfachgruppen geplant und mit dem schulinternen Curriculum abgeglichen. Eine Entwicklungsaufgabe liegt in der Verbindlichkeit der Fachkooperation auf Jahrgangsebene. Die pädagogischen Lernziele, die nicht fachbezogen sind, werden von den Klassenlehrer*-innen-Jahrgangsteams koordiniert.

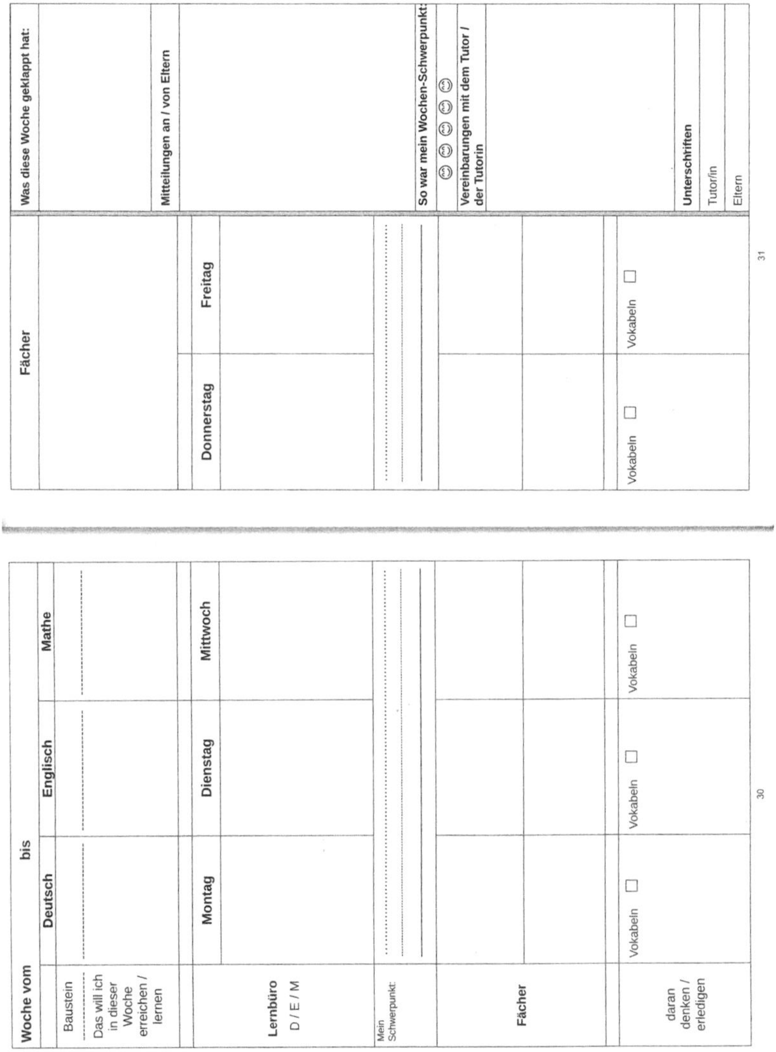
Woche vom
bis
Deutsch
Englisch
Mathe
Baustein
Das will ich in dieser Woche erreichen / lernen
Lernbüro
D / E / M
Montag
Dienstag
Mittwoch
Mein Schwerpunkt:
Fächer
daran denken / erledigen
Vokabeln ☐
Vokabeln ☐
Vokabeln ☐
30
Fächer
Donnerstag
Freitag
Vokabeln ☐
Vokabeln ☐
Was diese Woche geklappt hat:
Mitteilungen an / von Eltern
So war mein Wochen-Schwerpunkt:
Vereinbarungen mit dem Tutor / der Tutorin
Unterschriften
Tutor/in
Eltern
31

Abb. 9: Beispiel für einen Wochenplan, Matthias-Claudius-Schule Bochum

3. Wie verständigen Sie sich an Ihrer Schule zu den gesellschaftlichen Aufgaben von Bildung, Unterricht und Lernen?

Auch hierbei steht in der GS auf dem Süsteresch die Kommunikation im Zentrum: »Wir bestärken unsere Kollegen, sich über ihre Erfahrungen und Beobachtungen mit der Schulleitung, im Jahrgangsteam oder im Arbeitskreis auszutauschen. Wir analysieren Ist-Situationen, gleichen diese mit den Soll-Forderungen ab«, wobei die politischen und gesellschaftlichen Leitthemen im Team ebenfalls besprochen werden: »Gesundheitsförderung, interkulturelle Kompetenzen, digitale Bildung, demokratische Wertevermittlung« werden genannt. »Wir leben vor, was wir von den Kindern erwarten. Für uns ist ein positives, wertschätzendes Lernklima, in dem Lernen hochgehalten und wertvoll erlebt wird, zentral, damit sich Kinder produktiv mit den Werten unserer [...] Demokratie auseinandersetzen können«.

Die Verständigung über Bildung, Unterricht und Lernen findet an der IGS List auf verschiedenen Ebenen statt, vorweg in der Gesamtkonferenz unter Teilnahme aller schulischen Gruppen. Zudem wird über die gesellschaftlich bedeutsamen Themen auch im Schulvorstand diskutiert. Weitere Anregungen und Impulse erhält die Schule durch ihre intensive Zusammenarbeit in unterschiedlichen Netzwerken, so etwa im Verbund »Blick über den Zaun« sowie in den Fortbildungen des Deutschen Schulpreises, im regionalen Netzwerk »Oberstufe neu denken« und von der Schule selbst im IGS-Qualitätsnetzwerk in Hannover und der Region, in dem sich 30 Integrierte Gesamtschulen zusammenfinden.

Die Klosterschule in Hamburg hat für diesen Bereich eine halbtägige und eine eineinhalbtägige Themenkonferenz pro Jahr etabliert, greift grundlegende Fragen jedoch auch im Rahmen von allgemeinen Lehrer*innenkonferenzen und Teamsitzungen auf.

4.5 Schulentwicklung

4. Welche über den Fachunterricht hinausgehenden Lernanlässe und Foren von Öffentlichkeit bietet Ihre Schule den Schüler*innen?

Die GS auf dem Süsteresch versteht sich als »dem europäischen Gedanken verpflichtet« und pflegt deshalb »[…] seit vielen Jahren eine starke europäische Vernetzung durch verschiedene Comenius- und Erasmus+-Projekte«. Es gibt einen »Tag der Sprachen« und Besuche der Partnerschulen. Die Schule ist zudem MINT-orientiert und nutzt dafür den Wettbewerb »Jugend forscht – Schüler experimentieren«. Darüber hinaus haben die Schüler*innen die Möglichkeit, eine Expertenarbeit zu einem selbst gewählten Thema zu verfassen. Über ein ganzes Schuljahr besuchen sie dann mindestens zwei Stunden pro Woche die Expert*innengruppe der Schule. Nebst der Expert*innenarbeit entstehen eine PowerPoint-Präsentation sowie ein Kreativtisch – etwa in Form eines Modells, einer Plakatwand oder eines Gemäldes. Eine Reihe an Partner*innen kommt hinzu, so etwa die Stiftung »Zukunft Wald«, mit der zusammen ein eigener Schulwald kultiviert wird. Vielfältige Wettbewerbs-Engagements ergänzen dies, wobei der Känguru-Wettbewerb, die Matheolympiade, der Hörwurm-Wettbewerb und der Europäische Wettbewerb genannt werden. Begegnungen mit Politiker*innen werden gepflegt: »Wir besuchen den Bürgermeister und interviewen ihn zu seinen Aufgaben und Pflichten. Jährlich laden wir Abgeordnete in unsere Schule ein, die sich dem Interview unserer Schüler stellen«. Oder die Schule reist mit dem Schulradioteam und dem Schüler*innenparlament in den Niedersächsischen Landtag, bisweilen auch zum Bundestag nach Berlin. Öffentlichkeit und gesellschaftliche Foren, das wird schnell deutlich, sind die Medien der Auseinandersetzung mit gesellschaftlichen Herausforderungen. Das fördert zugleich die Vielfalt an Arbeitsformen, leistet also einen besonderen Beitrag nicht nur zur Schulentwicklung, sondern zugleich auch zu einer Didaktik der Individualisierung.

Neben dem Fachunterricht bietet die IGS List zahlreiche Arbeitsgemeinschaften und Projekte sowie die Teilnahme an Wettbewerben und Ausstellungen. Dabei sind drei Projekt- und Aktionswochen im Schuljahr fest verankert. Die Projekte werden jahrgangsbezogen geplant und durchgeführt, sind inhaltlich an Themen oder Schwerpunkte des jeweiligen Jahrgangs gebunden und Teil der »Bildung für nachhaltige Entwicklung«. Beispiele für Projektwochen sind: Wald, Wasser, Gesunde Ernährung und Mobilität. Darüber hinaus gibt es an der IGS List noch vier größere, besondere Projekte, die dokumentiert und präsentiert werden, meist im Beisein von Eltern und anderen Gästen:

- Das Projekt »Herausforderung« im achten Jahrgang, in dem Schüler*innen sich für zehn Tage einer selbstgewählten Herausforderung stellen. Rahmenbedingungen sind der Etat von 10 € pro Person und Tag und die zugehörige Abstinenz vom Smartphone. Beispielsweise eine längere Fahrradtour mit Selbstversorgung in der Gruppe, die selbstständig und in Begleitung von nur einer erwachsenen Person durchgeführt wird.
- Das Projekt »Verantwortung« im neunten Jahrgang, in dem Schüler*innen für ein Schuljahr Verantwortung für eine unterstützungsbedürftige Person übernehmen oder in einer sozialen Organisation aushelfen.
- Das Projekt »Energie« im neunten Jahrgang, in dem Schüler*innen über zehn Wochen unterrichtsbegleitend zu einem selbst gewählten Projekt zum Thema Energie arbeiten.
- Das »freie Projekt« im zehnten Jahrgang, in dem Schüler*innen über acht Monate unterrichtsbegleitend an einem selbstgewählten Projekt arbeiten.

Neben den Präsentationen von Projektergebnissen finden jährlich Chorklassen- und Bläserklassenkonzerte statt. Eine weitere Möglichkeit für außerschulisches Lernen bietet die Mitarbeit in der Schüler*innenfirma »Imkerei«, in der neben Honig auch Kerzen und Kerzenständer produziert werden.

Die Klosterschule in Hamburg organisiert Projekte und Projektpräsentationen in vielfältigen Formen: Da gibt es den Klassenlehrer*innennachmittag und Offenes Lernen bzw. Studienzeiten, die Kulturnacht, Konzerte und Ausstellungen. Gearbeitet wird in verschiedenen Projekten – für eine begrenzte Zeit pro Woche – in jahrgangsübergreifenden Lerngruppen: im »Klostercluster«, bei »Jugend debattiert«, im Chor und der Concert-Band, bei den Model United Nations (MUN) und bei »denkmal aktiv«. Die Schule nutzt zudem viele außerschulische Lernorte für Praktika (Boys-/Girls-Day in Jahrgang sechs, Kita-Praktikum in Jahrgang sieben; Sozialerfahrungstage in Jahrgang acht, Betriebspraktikum in Jahrgang neun sowie Berufsorientierungspraktikum in Jahrgang elf). Ferner gibt es projektbezogene Reisen.

4.6 Kommentar: Demokratische Bildungskultur

Die unter dem Oberbegriff ›Schulentwicklung‹ subsumierten Ausführungen lassen erkennen, dass im Mittelpunkt der Schulentwicklung einerseits »Vielfalt und Differenz« als leitende Kategorien der Veränderung angesehen werden. Dies gilt explizit für die GS auf dem Süsteresch. Bei der IGS List geht es um das Kernthema der Individualisierung, das mit einer Fülle projektförmig angelegter Lernarrangements für die Lernenden und durch eine hochdifferenzierte Kommunikation in unterschiedlichen Konferenz- und Entscheidungsgremien als Grundthema der Schule weiterentwickelt wird. Die Verbindung von Projekten, Erfahrungslernen, Studienzeiten und eine zur Steuerung dieser Entwicklungsaufgaben ausgeprägte Konferenz- und Kommunikationskultur prägt auch die Hamburger Klosterschule. Bei allen Schulen fällt andererseits auf, dass ihre Entwicklungsziele durch die gesellschaftliche Diskussion um Partizipation, Gerechtigkeit und Bewältigung der Folgeaufgaben unserer Moderne stark geprägt sind: Gesamtgesellschaftlich ungelöste Aufgaben von Teilhabe und Gerechtigkeit, von Demokratie und zivilgesellschaftlichem Engagement, von den Krisen und Widersprüchen der Weltpolitik, aber auch Fragen eines humanen, anerkennenden und toleranten Umgangs untereinander spiegeln sich nicht zuletzt in den Erziehungs- und Bildungslagen sowie den Lernbedürfnissen der Kinder wider. Die daraus erwachsene Aufgabe einer kindorientierten und demokratiepädagogischen Moderation, Innovation und Steuerung für ein zukunftsbezogenes Lehren und Lernen ist eine kontinuierliche Herausforderung und zugleich ein Qualitätsmaßstab für die Schulentwicklung. Als diese Form der Schulentwicklung stützende Parameter werden eine professionelle kollegiale Grundhaltung und starke Bildungspartner*innen sichtbar.

Eine demokratische Bildungskultur braucht Bezugspunkte, die Erwachsene wie Kinder gleichermaßen zur Partizipation einladen und diese fördern. Integration und Beteiligung wird dabei variantenreich und vielfältig instrumentiert. Das geschieht über Organisations- und Mitspracheforen der verfassten Schule bzw. regelhafter Gremien wie Klassenrat und Schüler*innenparlament, aber auch über die Erfahrung selbstständigen Handelns sowie den Austausch und die Aushandlung in heterogenen Gruppen mit demokratischer Entscheidungskultur. Dies schließt ein, dass Lernen nicht hierarchisch verordnet nach curricularen Erwartungen und Zielen stattfindet, sondern Interesse und Selbstständigkeitskompetenz der Kinder geweckt und gewürdigt werden, indem bewusst nach Kreativität und individuellem Verstehen einer heranwachsenden Generation gefragt wird.

4.7 Leistungsbeurteilung als Beitrag zur Demokratieerziehung

Indem diese Selbstauskünfte themenbezogen zusammengefasst werden, erschließt sich für die schulische Profilbildung, die Qualität der Kooperation der Professionellen sowie für die Evaluation und Steuerung nutzbares Lenkungswissen für die Schulentwicklung in Eckpunkten. Die Expert*innen antworten mit Blick auf sehr unterschiedliche aktuelle Herausforderungen, die sich im Kontext des Umgangs mit der Leistungsbeurteilung und weiterhin bestehender Verstetigung von Bildungsungerechtigkeit und Exklusion ergeben. Es wird eine Bindung des den Schulen zugrundeliegenden Bildungskonzepts an gesellschaftliche Herausforderungen und bürgerschaftliche Kompetenzen sichtbar.

In den Interviews ist deutlich geworden, dass von der Reform der Leistungsbeurteilung als umfassende Aufgabe der Schulentwicklung in

4.7 Leistungsbeurteilung als Beitrag zur Demokratieerziehung

Organisation, Personal und Unterricht eine systemverändernde Wirkung ausgeht. Die aus den hier dargestellten Erfahrungsmodellen zu erschließenden künftigen Effekte verlangen nach evaluativer Absicherung und Fortschreibung. Das leisten beispielsweise die in diesem Kapitel angeführten Schulen bei der Bewerbung und Jurybegehung im Kontext des Wettbewerbs Deutscher Schulpreis. Auf dieser Basis können Erkenntnisse im Feld der Lehrer*innenprofessionalisierung sichtbar gemacht werden – in Fortbildungen, Kongressen und Foren, also Anlässe einer praxishaltigen und professionsförderlichen Verständigung, wie es beispielhaft das Forum »Lernen. Leistung. Noten?« der Deutschen Schulakademie im Jahr 2018 in Dortmund geleistet hat.

Kennzeichnend für diese Schulen ist ihre hohe Selbstverpflichtung, den öffentlichen – immer noch kontroversen und oft ins Konservative ausschlagenden – Diskurs zur Notengebung (siehe das einleitende Kapitel dieses Bandes) mit neuen pädagogischen Konzepten schulischen Leistungsverständnisses nicht nur als Denkoption, sondern als bereits praxisbewährten Beitrag zur Chancengerechtigkeit und Minimierung von Leistungsdisparitäten zu bereichern:

> »An und mit jungen Menschen arbeitende Staats-Professionelle benötigen Autonomie und Aufsicht zugleich; die Lehrkräfte üben ein öffentliches Amt aus und müssen sich insofern einer kritisch-konstruktiven Beobachtung durch die Öffentlichkeit stellen. Die eigene Arbeit für unbewertbar zu halten, sie möglichst uneinsehbar machen und zugleich Vertrauen von allen interessierten Instanzen und Gruppen einzufordern [sic] ist jedenfalls kein Ausdruck von Professionalität« (Terhart, 2015, S. 72).

Wenn also Schulen aus gerechtigkeitsorientierten und gesellschaftspolitischen Gründen ein verstärktes Lernen von der und für die Demokratie erfolgreich umsetzen, kann in Folge der bestehende Überhang summativer Leistungserbringungen mit Ausweis einer Note überwunden werden zugunsten eines pädagogischen Leistungsverständnisses und seiner basalen demokratischen Erfahrungsqualität für die Lehrer*innen-, Schüler*innen- und Elternschaft.

Dabei sind hier die Veränderungen der Leistungsbeurteilung nicht partikular, sondern systematisch, nicht verordnet, sondern mit kreativem Eigensinn konzipiert und etabliert worden, um Nachhaltigkeit und Verstetigung zu gewährleisten:

»Politik und Behörden neigen im Sinne des klassischen Verwaltungshandelns dazu, die Schulen zur Realisierung zentral konzipierter Projekte zu bewegen [...]. Systemwandel heißt, die einzelnen Schulen wie das ganze Schulsystem in die Lage zu versetzen, die besten Lösungen ihrer Entwicklungsprobleme oder Entwicklungsabsichten selber zu entdecken und selber umzusetzen« (Rolff, 2015, S. 24).

5 Implementation alternativer Konzepte der Leistungsbeurteilung

Silvia-Iris Beutel

Wie in den vorangehenden Kapiteln dieses Bandes dargestellt wurde, sind Lernen und Leistung nicht als Ausdruck abgeschlossener Lernvorgänge zu sehen, auf die vor allem formal zugegriffen werden kann, sondern als immer wieder neu zu erschließende vielfältige Potenziale von Schüler*innen, die durch anregende Lernsettings befördert werden sollen. Denn die Kinder und Jugendlichen sollen ihr Lernen und Handeln in der Schule als sinnvoll erkennen, sich bewähren und darin von ihren Lehrkräften und Mitschüler*innen Anerkennung finden:

> »Exzellente Schulen beschränken sich nicht auf die ›klassischen‹ Settings, in denen die Leistungen von Schülerinnen und Schülern sichtbar gemacht werden, also z. B. Prüfungen, Noten- und Zeugnisdiskussionen, Klausurbesprechungen, schulinterne Parallelarbeiten. […] Gelingt es einer Schule […], Leistung sowohl für ihre Lernenden als auch für ihre Lehrenden als facettenreich erlebbar zu machen, dann überwindet sie die beschriebene Entkopplung von realem Leistungsgeschehen und bürokratisch-intransparenter Leistungsbeurteilung« (Schratz et al., 2014, S. 11).

Dies setzt voraus, dass die jeweiligen Schulen an Entwicklung als regelhafter Aufgabe nicht nur interessiert sind, sondern diese als konstitutiv für ihre professionelle Qualität verstehen. Lehrkräfte müssen sich dabei als Veränderung bewirkende Akteur*innen definieren können und zur Mitgestaltung bereit sein. Die Schule wird dann mit dauerhafter Professionalisierung verbunden gesehen – die durch in ihr handelnde Lehrkräfte stets neu erschaffen wird: »Die Qualität des pädagogischen Handelns in einer Schule wird vielmehr durch die Arbeit der Lehrkräfte selbst bestimmt. Diese Qualität ist hauptsächlich von den Faktoren ›Kompetenz‹, ›Haltung‹ und ›Struktur‹ abhängig« (Kretschmer, 2017, S. 10), womit eine gegenwärtig in der Pädagogik in Wissenschaft und Praxis allseits anerkannte Grundeinsicht der Organisations- und Entwicklungstheorie von »Schule leiten« formuliert ist.

»Wichtig für das Gelingen von Schule sind die fundierten fachlichen und pädagogischen Fähigkeiten der Lehrkräfte, dies ist verbunden mit einer Haltung pädagogischer Handlungsbereitschaft eingebettet in Entscheidungs- und Arbeitsstrukturen, innerhalb derer [...] institutionelle und curriculare Möglichkeiten und Spielräume für Eigeninitiative und Engagement bestehen« (Kretschmer, 2017, S. 10f.).

Die dauerhafte Reform und Adaption der Leistungsbeurteilung an die schulischen Praxisverhältnisse bedarf dabei der Aufmerksamkeit in zweierlei Perspektiven: individuell im Lernen der Kinder und Jugendlichen und auf der Ebene der Schule als System. Individuelle Leistungsbeurteilung und Schulentwicklung müssen deshalb in der Arbeit am Leistungsethos der Schule und in den jeweiligen multiprofessionellen Kollegien zusammenkommen.

Wenn sich Lehrkräfte in multiprofessionalen Teams an Schulen mit Fragen der Entwicklung und Implementation innovativer Konzepte zur Leistungsbeurteilung und -förderung beschäftigen, gerät eine Galerie von zu bearbeitenden Themen in den Blick, die je nach Profil und Ausrichtung der Einzelschule und bereits vorhandenen Konzepten priorisiert oder ausdifferenziert werden können.

Das ursprüngliche Konzept der in Abbildung 10 (▶ Abb. 10) im strukturellen Zusammenhangsüberblick und in Tabelle 5 in inhaltlicher Differenzierung dargestellten Entwicklungsdimensionen wurde unter der Projektleitung der Kapitelautorin als Mitglied im Programmteam der Deutschen Schulakademie und Leiterin des Themenfeldes »Leistung lern- und entwicklungsgerecht beurteilen« für die Werkstatt »Lernbegleitung und Leistungsbeurteilung. Fördern, beteiligen, dialogisch reflektieren« entwickelt und wurde für diese Neuauflage des vorliegenden Bandes aktualisiert und fortgeschrieben. Die Darstellung soll Möglichkeiten der Differenz in der einzelschulischen Entwicklung berücksichtigen, zugleich soll aber das Gesamtensemble der Punkte (und ihrer Abhängigkeiten über die einzelnen Entwicklungsschritte hinweg) im Blick behalten werden.

Tab. 5: Verbundene Entwicklungsdimensionen von Lernbegleitung und Leistungsbeurteilung – inhaltliche Differenzierung (siehe auch ▶ Abb. 10)

Pädagogisches Leistungskonzept, Unterricht und Lernen

- Inklusives Lern- und Leistungsverständnis
- Leistungsentwicklungskonzept
- Funktionen und Wirkungen der Leistungsbeurteilung
- Schulinterne Curricula
- Differenzierte Lernorganisation
- Lernangebote, Lernformen
- Lernumgebungen
- Sprachbildung und -beteiligung
- Förderangebote
- Neue Prüfungspraxis und Flexibilisierung von Bildungsverläufen
- Bundesweite Schüler*innen- und Jugendwettbewerbe
- Wettbewerbe für Schulen
- Besondere Leistungen und ihre Anerkennung

Lernbegleitung und alternative Beurteilungspraxis

- Diagnostische Grundlagen (I)
- Leistungsbereiche
- Beurteilungsgrundlagen
- Kriterien und Bezugsnormen
- Beurteilungsfehler
- Summative und formative Formen der Leistungsbeurteilung
- Leistungsentwicklung in Unterricht und Schulleben
- Kollegiale Standards
- Systembezogene und individuelle Leistungsdaten
- Implementationsstrategie
- Evaluations- und Beratungskonzepte

Kommunikation und Reflexion

- Diagnostische Grundlagen (II)
- Verantwortung und Beteiligung
- Standardisierung und Individualisierung
- Feedback-Funktionen
- Prüfungsstandards und Demokratiestandards
- Beziehung und Vertrauen
- Transparenz und Kommunikation
- Kooperative und individuelle Lernerfolge
- Instrumente und Verfahren der Lernbegleitung und Leistungsbeurteilung
- Förderung von Selbständigkeit, Selbstreflexion und Metakognition

5 Implementation alternativer Konzepte der Leistungsbeurteilung

Tab. 5: Verbundene Entwicklungsdimensionen von Lernbegleitung und Leistungsbeurteilung – inhaltliche Differenzierung (siehe auch ▶ Abb. 10) – Fortsetzung

- Dialogische Reflexion
- Mitwirkung und Handlungserfahrung
- Gestaltung und Qualitätssicherung der Zeugnispraxis

Systematische Unterrichts- und Schulentwicklung

- Konzeptionelle Grundlagen (Leitbild/Schulprogramm/Konzeptpapiere)
- Selbstverständnis von Inklusion und Individualisierung
- Partizipationsstärkende Elemente der Schulkultur
- Organigramm: Arbeitsstruktur und Nachhaltigkeit
- Struktur und Kommunikation
- Öffentliche Selbstdarstellung als Teil einer Reformbewegung
- Positionierung als lernwirksame und zukunftsfähige Schule
- Anwendungskompetenz und Professionalisierung
- Schulinterne Fortbildungsplanung
- Coaching als Teil der Professionalisierung
- Evaluation
- Zeit- und Ressourcenfragen
- Konzeptbezogenes Schulportfolio

Kooperation und Netzwerke

- Interpretationsoptionen in Eigenverantwortung von Schulen
- Aufbau und Verstetigung themenbezogener multiprofessioneller Binnen- und Außenkooperationen sowie Kommunikationsverhältnisse
- Kommunikation mit Eltern und weiteren Bildungspartner*innen
- *Critical friends* und Schulnetzwerke (moderiert und in Selbstorganisation)
- Abgleich mit der Bildungsregion
- Vision und Arbeitsweisen der themenbezogenen Netzwerkarbeit
- Ressourcen des Handelns als Einzelschule und im Netzwerk
- Partizipation an Bildungsdiskursen und Öffentlichkeitspflege
- Resonanz, wissenschaftliche Moderation und Evaluation
- Selbstorganisierte Fortbildung im Netzwerk
- Professionelle Standards – Pflege und Weitergabe

Das jeweilige Ausfüllen der in einer der fünf Entwicklungsschritte genannten Unterpunkte ist in Abhängigkeit zu den Punkten der übrigen Entwicklungsschritte zu verstehen und in Abstimmung mit diesen vor-

5 Implementation alternativer Konzepte der Leistungsbeurteilung

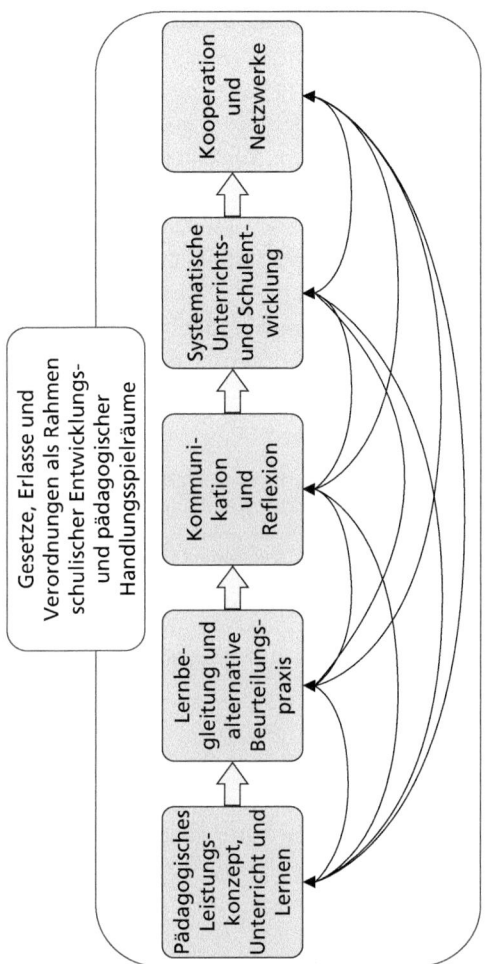

Abb. 10: Verbundene Entwicklungsdimensionen von Lernbegleitung und Leistungsbeurteilung – Strukturzusammenhang und Rahmung (siehe auch ▶ Tab. 5)

zunehmen. Zugleich sind, wie in der Abbildung dargestellt, die Vorgaben von Gesetzen, Erlassen und Verordnungen zu berücksichtigen, die den

Rahmen der Spielräume für entsprechende schulische Entwicklungen und pädagogisches Handeln bilden.

Die im Folgenden dargestellten Beispiele aus Schulen (▶ Kap. 5.1, ▶ Kap. 5.2, ▶ Kap. 5.3) sind aus den Ausschreibungen des Deutschen Schulpreises gewonnen und haben im Falle der German International School Boston zur Nominierung für den Deutschen Schulpreis und im Falle der Jenaplan-Schule Jena und der Matthias-Claudius-Schule Bochum zur Prämierung geführt.

Der Deutsche Schulpreis sieht folgende Qualitätsbereiche vor, innerhalb derer eine Reihe von Entwicklungskontexten differenziert werden, die zugehörige Kategorien leiten:

Tab. 6: Qualitätsbereiche und zugehörige Kategorien des Deutschen Schulpreises (vgl. Robert Bosch Stiftung, 2023; siehe auch S.-I. Beutel et al., 2017)

Leistung	**Umgang mit Vielfalt**
• Leistungsverständnis • Leistungsförderung • Leistungsdokumentation • Leistungsergebnisse • Leistungsrückmeldung	• Schulisches Selbstverständnis • Lernen und Lehren • Diagnostik und Förderung
Unterrichtsqualität	**Verantwortung**
• Verständnis von qualitätsvollem Lehren und Lernen • Gestaltung von Lehr- und Lernprozessen • Unterrichtsentwicklung • Evaluation und Umgang mit Daten	• Demokratielernen • Partizipation • Verantwortungsübernahme
Schulklima, Schulleben und außerschulische Partner	**Schule als lernende Institution**
• Schulleben • Respekt • Prävention • Kooperation • Netzwerke und Öffentlichkeitsarbeit	• Schulentwicklung • Personalentwicklung • Kooperation und Kommunikation

Dies begründet sich zum einen damit, dass Lernbegleitung und Leistungsbeurteilung sich nicht an Homogenisierung, sondern an Individualisierung und Kompetenzausweis als Ausdruck individueller Lernprofile im Gesamtkontext der Erneuerung von Schule bewähren müssen. Im Wechselspiel von Leistung und Beurteilung geraten dann Partizipation, Anerkennung und Demokratisierung in den Blick. Eine so verstandene Leistungs- und Beurteilungskultur ist Beitrag zur Leistungssteigerung der Schule selbst und kann schon allein deshalb nicht als einzelner Qualitätsbereich verstanden werden. Es ist zudem zu erwarten, dass beide schulpädagogisch in Wissenschaft, Praxis und besonders auch in der Bildungspolitik als Querschnittsaufgabe in den nächsten Jahren verstärkt an Aufmerksamkeit gewinnen: »Denn in Verbindung mit dem bildungstheoretischen Paradigmenwechsel, der Kompetenzorientierung in den schulischen Curricula und der Individualisierung der Lernformate wird immer deutlicher, dass das Recht auf individuelle Förderung sich an den traditionellen Organisationsformen des mehrgliedrigen Schulsystems – der Stoffzentrierung und der Herstellung möglichst leistungshomogener Lerngruppen – bricht. Erkennbar wird zudem, dass der gesetzliche Inklusionsauftrag und der schulpolitisch gewollte Umgang mit vielfältigen Lernvoraussetzungen mit den klassischen Instrumentarien einer ergebnisorientierten Leistungsbeurteilung nicht zu bewerkstelligen ist. Benötigt werden stattdessen kompetenz- und prozessorientierte Werkzeuge und Strategien zur Feststellung, Beurteilung und Rückmeldung von individuellen Lernleistungen« (Veith, 2016, S. 129 f.).

Es geht also um ein pädagogisch-inklusives Leistungskonzept, um eine differenzsensible und individuelle Lernbegleitungs- und Beurteilungspraxis und um eine Feedbackkultur, die dialogische Reflexion als Kern der Verständigung für planvolles erfolgreiches Lernen ansieht. Dies schließt ein, dass in der didaktisch auf Vielfalt ausgerichteten Lernorganisation auch diagnostisch aussagekräftige Instrumente und Verfahren ihren Einsatz finden, die die pädagogische Beziehungspflege und das Zutrauen der Schüler*innenschaft in künftige Anstrengung stärken. Darüber hinaus können Lernbegleitung und Leistungsbeurteilung auf der Basis demokratischer Verständigung Anteil am Sprachbildungskonzept einer Schule nehmen. Weitere Schlüsselelemente kommen hinzu:

5 Implementation alternativer Konzepte der Leistungsbeurteilung

> **Entwicklungsfelder der Leistungsbeurteilung**
>
> **(S.-I. Beutel et al., 2014)**
>
> - Leistungsethos und Leitbild
> - Schulinterne Curricula mit Konzepten zur Lern- und Leistungsentwicklung
> - Bausteine differenzierter Lernorganisation
> - Rhythmisierung instruktiver und konstruktiver Lern- und Reflexionsphasen
> - Fach- und Teamabsprachen zur Förderung von Leistungsentwicklung und zu Beurteilungsgrundsätzen
> - Auswahl förderorientierter Diagnoseinstrumente
> - Formulierung von Standards und Nutzung von (Leistungs-)Daten
> - Entwicklung von Feedbackinstrumenten (Fremd-, Selbst- und Peer-Evaluation)
> - Aufbau einer schulzeitbegleitenden systematischen Lernbegleitung
> - Einsatz und kontrollierte Wechselwirkung formativer und summativer Formen der Leistungsbeurteilung
> - Partizipative Beratungskonzepte und Fördermodule
> - Übergangsgestaltung
> - Kompetenzbasierte (notenfreie) Zeugnispraxis
> - u. a. m.

Im Folgenden werden drei Beispiele aus Schulen dargestellt, die innovative Konzepte von Leistungsbeurteilung und -förderung veranschaulichen.

Das erste Beispiel stammt aus der German International School in Boston (Vereinigte Staaten), einer bilingualen Privatschule vom Kindergarten bis zur zwölften Klasse, die einem deutschen Lehrplan folgt. Die Leitsätze und Werte der Schule betonen gemäß den Darstellungen auf der Schulwebsite die Bildungsziele, Internationalität mit Toleranz und Aufgeschlossenheit gegenüber anderen Sichtweisen und Kulturen zu verbinden sowie Gemeinschaftsgefühl und Verantwortungsübernahme zu stärken. Akademische Leistungsziele sollen hierbei mit der Förderung von

Neugier, Freude am Lernen und kreativem Potenzial sowie mit der Befähigung und Ermutigung zum Erkunden der Welt verbunden werden (siehe auch die Informationen auf der Schulwebsite unter https://gisbos. org/de/). Der Bericht zur German International School Boston basiert auf Interviews und Gesprächen, welche die Autorin dieses Kapitels mit dem Schulleitungstandem und Lehrkräften der Schule im Rahmen eines Gast- und Forschungsaufenthalts im Herbst 2023 führte.

Das zweite Beispiel wurde zur Verfügung gestellt von Heike Schmidt-Heineck, Lehrerin, und Helke Felgenträger, Lehrerin und Oberstufenleiterin an der Jenaplan-Schule Jena, einer Thüringer Gemeinschaftsschule. Das Schulkonzept dieser staatlichen Grund- und Regelschule mit gymnasialer Oberstufe basiert auf dem »Jenaplan« Peter Petersens[11]. Dem auf der Schulwebsite veröffentlichten Schulkonzept zufolge ist der Inklusionsgedanke ein zentrales Strukturmerkmal der Schule, die bewusst für Kinder unterschiedlicher sozialer Schichten, Ethnien und Kulturen und mit besonderen Lernbedürfnissen geöffnet ist. Aus der Heterogenität der Schüler*innenschaft in einem solchen inklusiven Schulsetting, das alle Kinder in einer gemeinsamen Lernumwelt fördern möchte, folgt im Schulkonzept die Betonung von Differenzierung und Individualisierung des Unterrichts, was wiederum mit einem spezifischen pädagogischen Leistungsverständnis und einer diesem Verständnis entsprechenden Beurteilungspraxis einhergeht. An der Jenaplan-Schule Jena werden bis zum Schulabschluss Lernberichte genutzt, die erst ab Jahrgangsstufe sieben durch Ziffernnoten ergänzt werden. Die Lernberichte werden, wie im Schulkonzept dargestellt, als Antworten auf die Differenzierung und Individualisierung des Unterrichts verstanden und zielen darauf, es zu ermöglichen, den curricular vorgegebenen Kompetenzerwerb mit den individuell erreichten Kompetenzständen abzugleichen. Neben den Leistungsergebnissen sollen hierbei auch weitere Aspekte wie das Lern- und Arbeitsverhalten sowie die Leistungsbereitschaft unter Berücksichtigung der jeweiligen Fähigkeiten und Ausgangslagen berücksichtigt werden. Für die Beurteilungs- bzw. Einschätzungspraxis wird als zentral hervorgehoben, dass die Leistungsurteile in Kommunikation mit den Schüler*innen entstehen: Je älter die Schü-

---

11 Vor dem Hintergrund der Rolle Petersens in der NS-Zeit sei auf die notwendige kritische Einordnung u. a. bei Fauser, John und Stutz (2012) hingewiesen.

ler*innen werden, desto stärker werden ihre Selbstreflexionen – und die Einschätzungen ihrer Ergebnisse durch Mitschüler*innen – in die Leistungsbegutachtung einbezogen (siehe hierzu auch die Informationen auf der Schulwebsite unter https://jenaplanschule.jena.de/ sowie die Darstellungen zum Schulkonzept unter https://jenaplanschule.jena.de/?page_id=126).

Das dritte Beispiel stammt von der Matthias-Claudius-Schule Bochum, einer staatlich anerkannten evangelischen Gesamtschule in privater Trägerschaft, und wurde von Stefan Osthoff zur Verfügung gestellt, der Didaktischer Leiter an dieser Schule ist. Dem Schulprogramm zufolge bietet die Schule als Gesamtschule zunächst ein Programm gemeinsamen Lernens in leistungsheterogenen Klassen, bei dem im Laufe der Schulzeit zwischen Kursen mit unterschiedlichem Leistungsniveau gewechselt werden kann. Das pädagogische Konzept der Matthias-Claudius-Schule betont Inklusion und eine besondere Form der Elternbeteiligung ebenso wie eine Fokussierung auf selbständiges, individuelles und eigenverantwortliches Lernen, in dem die Schüler*innen durch strukturelle Elemente wie Logbücher und ein Lernbüro sowie durch Beratungen mit Tutor*innen unterstützt und gefördert werden. Dem Leistungskonzept der Matthias-Claudius-Schule liegt ein Verständnis von Schule zugrunde, das diese nicht allein als Ort der Wissensvermittlung, sondern auch als Raum gemeinsamen Lebens und Lernens begreift. Dem pädagogischen Konzept der Schule zufolge ergibt sich daraus eine Zielvorstellung von Lernen und Leistung, die neben Wissen auch Handlungskompetenzen und Persönlichkeitsentwicklung adressiert. Vor diesem Hintergrund sollen bei Leistungsbewertungen und -rückmeldungen an dieser Schule die individuellen Ausgangslagen und persönlichen Entwicklungsprozesse der Schüler*innen berücksichtigt, in einem positiven Lern- und Leistungsklima Fehler als Lerngelegenheiten gesehen, und Beurteilungen von Lernständen in formativer Weise mit konstruktiven Hinweisen für den weiteren Lern- und Entwicklungsprozess verbunden werden (siehe hierzu auch die Informationen auf der Schulwebsite unter https://gesamtschule.mcs-bochum.de/schulprogramm sowie die Informationen zum pädagogischen Konzept der Schule unter https://gesamtschule.mcs-bochum.de/schulprogramm/paedagogisches-konzept-sek-i-1).

5.1 Blick in die Schulen: German International School Boston

Shared responsibility for development

Die German International School Boston (GISB) passt allein deshalb in das Set der für dieses Buch ausgewählten Schulen, da sie im Jahr 2017 im Rahmen der Ausschreibung des Deutschen Schulpreises von einem Expert*innenteam besucht und durch Juryentscheidung schließlich nominiert wurde. Wir lernten damals bei unserer mehrtägigen Hospitation, den zahlreichen Interviewerhebungen und Dokumenteneinsichten eine Schule kennen, die sich durch eine konsequente Entwicklungslinie für Innovationen auszeichnet. Schüler*innen sollen zu »Global Citizens ausgebildet werden, die auf der ganzen Welt sozialen, sprachlichen und kulturellen Anforderungen begegnen und ihnen Resonanz durch eigenes Tun geben können«, so der damalige Head of School.[12]

Die Vorbereitung auf ein erfolgreiches Hochschulstudium ist ebenso zentral. Die Schule befindet sich inmitten eines Umfeldes wissenschaftlicher Exzellenz und wirtschaftlicher Stärke. 65 Colleges und Universitäten, weltweit agierende Consultingfirmen, Forschungszentren und das Mutual Funds Business prägen das Einzugsgebiet und damit auch die Attraktivität von Beschäftigungsverhältnissen, die viele deutschstämmige Familien hier für einige Jahre wahrnehmen. Die Schule wurde 2001 neu gegründet und steht in privater Trägerschaft, die sich vielfältigen Herausforderungen stellen muss und stellt: Die für deutsche Auslandsschulen weltweit kennzeichnende häufige Fluktuation und zugleich Sicherung von Professionalität, Brücken zwischen Sprachen und Kulturen, zukunftsfähiges Qualitätsmanagement und Beteiligung sind gegenwärtig, um nur einige Aspekte aufzuführen, die auch im Gespräch mit dem Head of School und der Assistant Head of School bei unserem neuerlichen Forschungsaufenthalt an der Schule im Herbst 2023 genannt wurden. Zudem möchte die

---

12 Aus Gründen des Datenschutzes werden die in diesem Abschnitt genannten Leitungen und Lehrkräfte der German International School Boston nicht namentlich aufgeführt.

Schulgemeinschaft die Attraktivität für US-amerikanische Familien steigern. Die Anmeldezahlen steigen derzeit stark an, das Gebäude ist räumlich an der Kapazitätsgrenze.

Das über 100 Jahre alte Backsteingebäude führt im Upper Campus die Klassen der Sekundarstufe mit ansprechenden Lern- und Begegnungseinheiten sowie auch medial gut ausgestatteten Fachräumen. Im ersten Stock liegen die Verwaltungseinheiten und die Turnhalle mit multifunktionaler Bühne; im zweiten Stock sind die Schulkrankenschwester und die Räume der Grundschulklassen zu finden, ebenso das Englisch-Center. Alle Räume folgen vergleichbaren Gestaltungsprinzipien, dazu gehören: Präsenz der Fächer, Merkboxen, Methodenhäuser, didaktisch geordnete Lernmaterialien und vielfältige Schüler*innenarbeiten in Themeninseln. Die GISB ist bilingual, umfasst den Kindergarten (Lower Campus) sowie daran anschließend alle Schulstufen bis zum Abitur (students from age 3 to Grade 12). Sie hat ein für die Vereinigten Staaten kennzeichnendes Bildungsangebot mit deutschen und amerikanischen Abschlüssen (Deutsche Internationale Abiturprüfung und Massachusetts High-School Diploma) und eröffnet damit einen Zugang zu Universitäten in den USA und Europa. Sie wird erwartungsgemäß geprägt durch eine internationale Schüler*innenschaft, die der Mobilität der Beschäftigungsverhältnisse der Elternhäuser zuzuschreiben ist.

Das Kollegium bietet Beziehungs- und Angebotsreichtum, es wird in Mehrsprachigkeit, kulturell vielseitige Ausbildung und sozial-emotionales Wohlbefinden, in Demokratieerleben im Miteinander investiert. So findet sich eine bibliothekspädagogische englisch- und deutschsprachige Ausrichtung, es gibt ein attraktives »after school program«. Lehrende kommen mit Berufs- und Lebenserfahrungen aus vielen Ländern der Welt an die Schule. Eine authentische Sprachbildung durch jeweilige Muttersprachler*innen ist so möglich, »Benefits of Bilingualism sind so tägliche Erfahrung«, sie sind für Erwachsene und Heranwachsende individuell bedeutsam und hinterlassen Spuren in Gedächtnisleistungen, sozial-emotionaler Begegnungssicherheit und in der Gewandtheit, sich in unterschiedlichen sozialen Architekturen sicher und sprachbeweglich verhalten zu können. »Wir leben Multikulturalismus und erfahren täglich die Vorteile, die wir aus der Fachliteratur kennen«, so eine Interviewpartnerin. Dies alles in einer Umgebung, die wie erdacht zu sein scheint für peerbasiertes, phä-

5.1 Blick in die Schulen: German International School Boston

nomenbasiertes-forschendes wie auch moderiertes Lernen: »Die Schule ist eine offene Galerie für alle, die hier sind, auch online«, so die Assistant Head of School. Sie empfinden sich dennoch, das klingt immer wieder im Gespräch an, als eine kleine deutschsprachige »bubble«, »die stadtansässigen communities verkehren in englischer Sprache«; sie sind aber mit der Sprache Deutsch auch Kulturbotschafter*innen des Landes, das nicht zuletzt für Studiumsoptionen eine besondere Anziehungskraft ausübt.

Die Qualitätssicherung von Unterricht ist zentral. Evaluationen sind Teil professioneller Verständigung und werden selbstverständlich durchgeführt (z. B. SMART groups, triangle groups, die kollegiale Hospitationen durchführen, Peer-Evaluation). Während der Hospitationen in der Primary School werden immer wieder sequenzbezogene Differenzierungsmuster sichtbar. Es spielen kompetenzorientierte Lernarrangements, variantenreiche Aufgaben- und Arbeitsmaterialien (geordnet nach Darbietung, Tempo, Umfang, Aufgabenstellung, Patensystem, Methode, Arbeitsmittel u. w. m.) eine zentrale Rolle.

Kooperative Lernformen werden sinnvoll durch gemeinsame, keineswegs monologartige Inputphasen, sondern vielmehr erkundende Dialoge zwischen Lehrkräften und Schüler*innen eingeleitet. »Im Team arbeiten zu können, ist eine wunderbare Ressource, unser Modell der Doppelsteckung im Unterricht sichert inspirierende kollegiale Gestaltungskraft für die Kinder und ihre jeweiligen Lernbedürfnisse«, so äußern Lehrerinnen im Interview mit uns zur Thematik des Team-Teaching.

Die Flure und – pädagogisch in Aktivitätszonen unterteilte – Gruppenräume mit den ästhetisch anspruchsvoll ausgestellten Schüler*innenarbeiten sind nicht nur moderne Ausstellungsorte des Lernens als Ergebnisnachweis, sondern ein öffentliches Portfolio der Vielfalt von Leistungen. Sie sind damit ein für Eltern leicht zugänglicher Informationsanlass, an dem Lernalltag der Kinder teilzunehmen. Sowohl die Klassengrößen als auch die Betreuungsverhältnisse sind den pädagogischen Absichten dienlich. Keineswegs aber, und dies wird an der GISB deutlich, bedeuten kleinere Lerngruppen einen geringeren Aufwand an Vorbereitung und Begleitung – im Gegenteil: Didaktische Brüche können offenkundiger hervortreten, lernseitige Nicht-Wirkungen auf die Kinder ebenso. Umso mehr beeindruckt die eingespielte Regie der Kinder untereinander und mit ihren Lehrkräften in Aktion: Freundlichkeit füreinander, Konzentrationsaufbau, spielerische und gesangliche Einschübe stehen in einem Wechselverhältnis. Sich mit Offenheit aufeinander einzulassen, mitzubekommen, was andere gerade äußern und bedenken, fortzuführen, was nur gemeinsam gelöst werden kann, das ist hier bestens eingeübt, gibt Struktur und Bewegungssicherheit.

Abb. 11: Willkommenstür in der Primary School, German International School Boston

Die Organisations- und Mitwirkungsstrukturen an der Schule sind partizipationsoffen, nicht zuletzt trägt das »Buddy-System« dazu bei, das nicht nur das Übergangsmanagement bestmöglich funktioniert, sondern ebenso die Teams zu konstruktiven Kommunikationsformen der Zusammenarbeit finden und stetige Entwicklung als berufsbiographisch gewinnbringend ansehen können. Dies, so eine unserer Interviewpartner*innen der Primary School, überzeugt alle schnell, »da wir alle Anteil haben am Fortschritt, das Werden der Konzepte prägen, Erprobung reflektieren. Die Möglichkeiten der Umsetzung von Ideen sind sehr hoch, wir leisten Evaluation und Multiplikation.« In das Leitungshandeln an der Schule fließt somit auch »leadership from the middle« ein, so eine weitere Interviewpartnerin.

Zudem gelingt ein weiterer Brückenbau: »Wir beziehen täglich zwei Welten ein, die europäische und die amerikanische, das kann nur gelingen, wenn wir den Blick in die Welt pflegen, ihn zum Lern-, Sprach- und Begegnungsanlass werden lassen, wenn wir mit den Eltern eng kooperieren«, so die Koordinatorin des Fast-Track-Programms, einem Programm für internationale Schüler*innen, die leistungsmotiviert sind und noch keine oder geringe Deutschkenntnisse haben. Entsprechend aufbereitet sind die vielen Materialien. Diagnose, Beratung und Förderung sind aufeinander abgestimmt.

Abb. 12: Handpuppen im Fast-Track-Programm, German International School Boston

Das Fast-Track-Programm der German International School Boston

Definition und Zielgruppe
»Fast-Track ist ein besonderes Programm für ›Quereinsteiger‹. Ziel des Programms ist es, internationalen Schülerinnen und Schülern, die Interesse an einer bilingualen bzw. multilingualen Schulausbildung ha-

ben, eine Aufnahme an der German International School (GISB) zu ermöglichen. Das Programm richtet sich an akademisch starke, hoch motivierte Schülerinnen und Schüler der Klassenstufen 3 bis 6 mit noch keinen oder geringen Deutschkenntnissen.« (Aust, 2023, S. 2)

Ziele und Gestaltungsrahmen

- Programmziel: Vorbereitung der Schüler*innen innerhalb eines Schuljahres auf die selbstständige Teilnahme am deutschsprachigen Regelunterricht
- Integrative Gestaltung: Keine Abkopplung vom Regelunterricht der Klassengemeinschaft mit Ausnahme sprachintensiver Fächer (z. B. Deutsch oder Geschichte)
- Team-Teaching: Begleitung und Unterstützung der Schüler*innen durch eine DaF-Lehrkraft (Fast-Track-Lehrkraft) im Sprachbad des deutschsprachigen Fachunterrichts, zusätzlich zu der Fachlehrkraft, zur Hilfe bei Verständnisproblemen, Betreuung bei Gruppenarbeiten und bedarfsbezogener Beratung der Fachlehrer*innen, im Hinblick auf sprachsensibel gestaltete Aufgabenstellungen und Differenzierungen
- Verzahnung von DaF- und Regelunterricht: Strukturelle Einplanung des DaF-Unterrichts für Schüler*innen im Fast-Track-Programm parallel zu den Unterrichtszeiten deutsch-/sprachintensiver Fächer (Deutsch, Ethik oder Geschichte) im Regelunterricht; zusätzlich über mehrere Wochen im Schuljahr Teilnahmen aller Schüler*innen im Fast-Track an wöchentlichen, gemeinsamen und projektorientiert gestalteten Intensivtagen (DaF-Blocktagen)

Inhaltliche Konzeption

- Inhaltliche Orientierungsgrundlage: Europäischer Referenzrahmen für Sprachen
- Adressierte Niveaustufen der Lerngestaltung: vornehmlich A1, A2 und B1+, je nach Sprachstand der Schüler*innen

- Intensive Förderung folgender Kompetenzbereiche kommunikativer Fertigkeiten: Hören, Lesen, Sprechen und Schreiben
(vgl. Aust, 2023)

Im Fast-Track war es beeindruckend zu erleben, wie Sprache und Erlebniswelt, die sozial-emotionale Interaktion der Kinder untereinander und die eigene Spracherprobung in Deutsch selbstsicher vonstattengingen, Freude und Motivation gestiftet haben, die spielerisch mit Handpuppen unterstützt wurden und in ein je eigenes Lernprodukt mündeten. Aspekte wie diese schließen sich an eine bilinguale Unterrichts- und Schulgestaltung an, die im Sinne von »play-based immersion programs« sprachliche Einbettungen des Lernens und Lebens in authentischer und spielerischer Weise ermöglicht. »Wir arbeiten an Sprachbiographien«, so die Lehrerin, und das ist mehr als nur Aufbau eines Vokabelfundamentes, es ist Leben und Erleben einer bisher unbekannten Sprache, es ist Freude an Bilingualität und ggf. Multilingualität als Vorbereitung auf die Welt.

Fast nebenbei kommen wir auf vielfältige Formen der Leistungserbringung zu sprechen, die die Schule ermöglicht. Formativ aussagestarke Miniportfolios für die ganz jungen Schüler*innen, von ihnen kommentierte Videos, ePortfolios, aber auch »study guides« zur bestmöglichen Vorbereitung auf Tests werden genannt. Das individuelle Lern- und Leistungsgeschehen wird in regelmäßig stattfindenden »student-teacher-parent conferences« eingeordnet und für die zukünftige Lernerfahrung förderstark navigiert. Zweimal jährlich bekommen die Schüler*innen der Primary School umfangreiche kompetenzausweisende Berichtszeugnisse mit standardisierten Bewertungskategorien – was die Frage nach einer lernförderlichen Rezeption durch die Kinder aufwirft. Unsere Gesprächspartner*innen betonen, dass ihre Gruppen Zeugnisse für sich und diejenigen, die sie für ihre Lehrer*innen selbst anfertigen, dann besonders würdigen und nutzen, wenn die Standardisierung in der Sprache der Narration weicht und an ihre Vorstellungen angeknüpft wird. Noten werden als Teil der Schulerfahrung akzeptiert, »die Kinder freuen sich auf Noten«, sie versuchen, besonders gute zu erreichen, dies auch mit elternseitiger Aufmerksamkeit. Unsere Interviewpartner*innen halten fest: »Bei uns ist die Lernentwicklung wichtiger als der Lernstand«.

Notengebung und Zeugnisse an der German International School Boston: Grundsätze und Gestaltungen

»1. Allgemeine Grundsätze

- Die Lehrkraft gibt individuelle Rückmeldung zu Lernentwicklung und -stand sowie Anregungen zum zielgerichteten Weiterlernen, z. B. während der PTC [student-teacher-parent conferences] oder in individuellen Lernentwicklungsgesprächen
- Fehler und Unsicherheiten als Lerngelegenheiten und -herausforderungen nutzen und in das Förderkonzept und die Unterrichtsplanung einbinden
- Orientierung am Rahmenlehrplan des Landes Thüringen
- Grundlage der Leistungsbewertung sind alle von der Schülerin oder dem Schüler erbrachten Leistungen
- Vorgabe für Klassenarbeiten: Anspruch, Bearbeitungszeit und Anzahl
- Vorgabe für »Sonstige Leistungen im Unterricht« (alle im Zusammenhang mit dem Unterricht erbrachten mündlichen, schriftlichen und praktischen Leistungen): Entscheidungen obliegen der pädagogischen Verantwortung der Fachlehrkraft
- Zu Beginn des Schuljahres: Information der Erziehungsberechtigten über die Bewertungsmodalitäten im jeweiligen Fach sowie dem Gesamtsemesterplan [...]

4. Art und Inhalt der Zeugnisse

4.1 Am letzten Schultag des ersten Schulhalbjahres werden Zeugnisse für das erste Halbjahr mit ganzen Noten und ganzen Noten mit Notentendenzen (plus oder minus) in digitaler Form ausgegeben. Am letzten Schultag vor den Sommerferien werden Zeugnisse bezogen auf das gesamte Schuljahr mit ausschließlich ganzen Noten ausgegeben. Die Ausgabe erfolgt in digitaler und in Papierform. Bei Verlassen der Schule zu diesen Zeitpunkten wird ein Abgangszeugnis erstellt.

4.2 Zeugnisse der Klassenstufe 1 und 2 beinhalten Leistungsbewertungen in Form von Kompetenzrastern, die die Leistungen und Fähigkeiten in den Fächern Deutsch, Mathematik, Sachunterricht, Englisch, Kunst, Musik, Sport, Ethik sowie das Arbeits- und Sozialverhalten abbilden.

4.3 Zeugnisse der Klassenstufe 3 und 4 beinhalten die oben genannten Kompetenzraster, die durch die Noten 1–6 ergänzt werden. Keine Benotung erfolgt im Fach Ethik und dem Arbeit- und Sozialverhalten.

4.4 Jahreszeugnisse enthalten einen Vermerk über die Versetzung oder Nichtversetzung.«

(German International School Boston, n. d., S. 2–3)

5.2 Blick in die Schulen: Jenaplan-Schule Jena

Weitere zentrale schulpraktische Erkenntnisse und zugehöriges Handlungswissen zu innovativen Konzepten von Leistungsbeurteilung und -förderung entlang der Qualitätsbereiche des Deutschen Schulpreises sollen nun beispielhaft anhand der Jenaplan-Schule Jena aufgezeigt werden, die 2006 zu den Preisträgern des Deutschen Schulpreises zählte und über die Jahre hinweg bis heute intensiv an Formen der Beteiligung sowie der Stärkung von Reflexion und Selbstwirksamkeitserleben ihrer Schüler*innenschaft als Aufgabe einer partizipativ und kommunikativ verfassten Leistungsbeurteilung arbeitet (▶ Abb. 13).

5 Implementation alternativer Konzepte der Leistungsbeurteilung

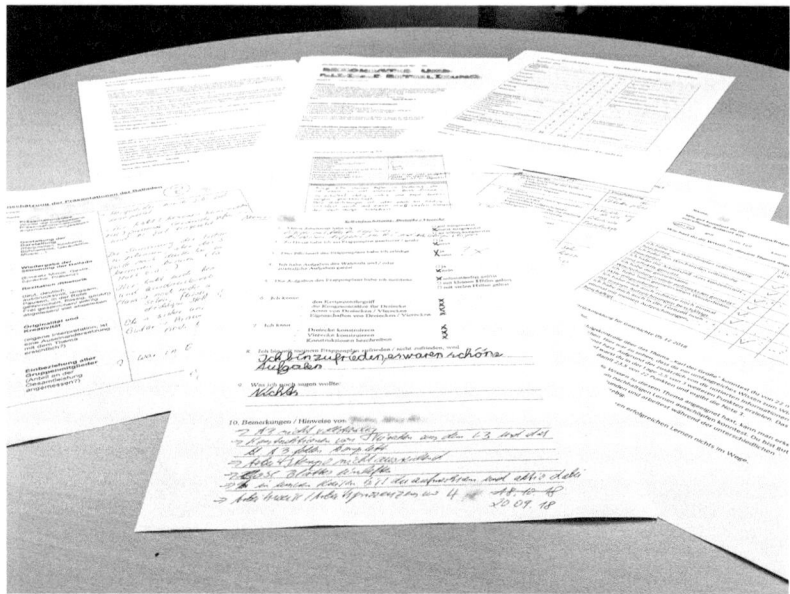

Abb. 13: Selbsteinschätzungsbögen, Jenaplan-Schule Jena, © Heike Schmidt-Heineck

Umgang mit Leistungsbeurteilung und Notenfreiheit an der Jenaplan-Schule Jena

Vom Kind aus zu denken, offenbart sich gerade in der Leistungsbewertung als besondere Herausforderung, da hier die Weichen für das erfolgreiche Weiterlernen gestellt werden. Peter Petersen vermerkte 1927 dazu im Kleinen Jena-Plan: »Die Gefahr der Zensur durch den Lehrer kann als nicht groß genug bezeichnet werden. Sofort befördert sie die Einstellung des Lernens auf den Lehrer und verdirbt die eigene Arbeitslinie des Kindes und verstört das eigene sittliche Urteil, die Sicherheit der eigenen Stimme im Kinde. Verschiedene Erlebnisse lehrten das in der krassesten Form« (Petersen, 2001, S. 109).

Für die Initiator*innen der Neugründung der Jenaplan-Schule Jena 1991 lag es demzufolge auf der Hand, den Schüler*innen möglichst lange eine Schullaufbahn ohne Noten anzubieten. Als staatlicher

Schulversuch ist das auch heute bis einschließlich des sechsten Schuljahres möglich. D. h., die Kinder der Untergruppe (erstes bis drittes Schuljahr) und der Mittelgruppe (viertes bis sechstes Schuljahr) erhalten statt Zensuren verbale Einschätzungen auf ihre Arbeitsergebnisse und Leistungsnachweise. Somit garantiert die Schule jedem Kind eine individuelle Rückmeldung auf das ganz konkrete Ergebnis und zum aktuellen Leistungsstand. Dabei ist es besonders wichtig, auf die Anstrengungsbereitschaft und die Leistungsfähigkeit jedes Einzelnen einzugehen und zur Weiterarbeit zu motivieren. Das Wegfallen der Note bedeutet demzufolge nicht, auf eine Bewertung zu verzichten und entsprechende Verbindlichkeiten auszusetzen.

Peter Petersen positionierte sich zur Frage nach der Bedeutung der Bewertung im Kleinen Jena-Plan ehemals wie folgt: »Wir sind dieser Frage so nachgegangen und gehen ihr auch ferner so nach, dass wir herauszufinden suchen, wann ein Kind *von sich aus* [Hervorhebung v. Verf.] nach der Bewertung verlangt und danach verlangen muß, weil es eine Sicherheit im eigenen Wachstum und Fortschreiten braucht, einen Maßstab für sich selbst und sein Tun, den es sich nicht selber beschaffen kann oder nicht in sich empfindet« (Petersen, 2001, S. 107).

Hier wird deutlich, welche wichtige Rolle die Lehrkraft übernimmt und welche Auswirkungen ihre Rückmeldungen auf das jeweilige Kind haben. Das erfordert eine intensive und stetige Lernbegleitung und eine wohlwollende Beobachtung der Lernprozesse durch die Lehrkraft, um das erfolgreiche Voranschreiten zu erkennen und zeitnah zurückzumelden.

Die Jenaplan-Schule Jena hat sich dafür entschieden, in ihren Rückmeldungen auf genormte bzw. einheitlich festgelegte Kompetenzraster zu verzichten, da einerseits die individuellen Beziehungen der Lehrer*innen zur Gruppe und zu den einzelnen Schüler*innen klarer zum Tragen kommen und andererseits die Besonderheiten der jeweiligen Lernsituation flexibel abgebildet werden können. Wichtig bleiben jedoch Transparenz und Verbindlichkeit bezüglich der aufgestellten Bewertungskriterien, die sich aus den im Thüringer Lehrplan klar definierten Sach-, Methoden-, Selbst- und Sozialkompetenzen zusammensetzen und den Lernenden eine entsprechende Orientierung und die Möglichkeit der Selbstkontrolle bieten. Somit garantiert die Schule jedem Kind, aus sich das Bestmögliche herauszuholen. Nicht die formale Leistungsbewertung steht im Vordergrund, sondern eine wertschätzende Begutachtung, die komplexe Entwicklungsprozesse in Gang setzt. Damit hat sich eine Bewertungskultur entwickelt, die Lernen in einem geschützten Raum stattfinden lässt und in der »Wachstum und Fortschreiten« des Kindes garantiert sind.

Wenn ab dem siebten Schuljahr mit dem Übertritt in die Obergruppe (siebter bis neunter Jahrgang) die Notengebung an der Schule einsetzt, erhalten die Heranwachsenden weiterhin die gewohnten Verbaleinschätzungen. Die Grundannahme, dass die individuell erbrachte Leistung stets den jeweiligen Lernstand des Schülers bzw. der Schülerin aufzeigt und das eigene Wachstum, aber auch das Stagnieren verdeutlicht, verlangt nach einer persönlichen Rückmeldung, die sich am bisherigen Wissen und Können des Kindes orientiert. Das Kind braucht die Sicherheit, gesehen zu werden. Besonders wichtig ist dabei auch der konstruktive Umgang mit Misserfolgen. Somit wird es möglich, den Leistungsdruck einzuschränken und die Freude am Lernen aufrechtzuerhalten. Um die Schüler*innen erfolgreich zu einem der in der Thüringer Gemeinschaftsschule angebotenen Schulabschlüsse (Bildungsgang zur individuellen Lebensbewältigung, Hauptschulabschluss, Qualifizierender Hauptschulabschluss, Realschulabschluss, Allgemeine Hochschulreife sowie den schulischen Teil der Fachhochschulreife) zu führen, tritt neben der individuellen Bezugsnorm die kriteriale Bezugsnorm stärker ins Blickfeld. Schrittweise kann sich die Schülerin oder der Schüler im Dialog mit den jeweiligen Lehrer*innen über mögliche Bildungswege bewusst werden und orientiert am individuellen Leistungsvermögen geeignete Entscheidungen fällen.

Das Spektrum der Leistungsrückmeldungen ist so vielfältig wie die Menschen der Schulgemeinschaft. Die Schüler*innen erhalten Briefe und kurze Texte von ihren Fachlehrer*innen, in denen auf die festgelegten Kriterien und darüber hinaus auf weitere Auffälligkeiten eingegangen wird. Aber auch in Form von übersichtlichen Tabellen, sogenannten Zielscheiben oder Diagrammen, werden Rückmeldungen gegeben. Oft erhalten die Schüler*innen selbst die Möglichkeit, sich über ihre Ergebnisse in überschaubaren Selbsteinschätzungen Gedanken zu machen. Dies eröffnet einen Dialog, in den die jeweilige Lehrerin oder der jeweilige Lehrer mit der Schülerin oder dem Schüler treten kann. Die Wahrnehmungen auf beiden Seiten gewinnen an Schärfe, und die bzw. der Einzuschätzende fühlt sich wirklich gesehen. Gefühle der Ohnmacht und des Ausgeliefertseins gegenüber der Bewertung können so vermieden bzw. verringert werden.

Im Zuge der Digitalisierung der Schule finden zudem digitale Einschätzungsformate vermehrt Anwendung. Abhängig vom Zweck und dem technischen Vorwissen werden verschiedene Methoden erfolgreich praktiziert. So wird z. B. für ein generelles Feedback zum Unterricht, auch zum Verständnis von Sachthemen, der Dienst FeedbackSchule (https://www.feedbackschule.de) genutzt. Unkompliziert und DSGVO-konform können thematische Fragebögen zusammengestellt und online von den Schüler*innen ausgefüllt werden. Als Ergebnis erhält der/die Lehrer*in eine automatisch erstellte Zusammenfassung der Daten, die auch nach eigenen Schwerpunkten gefiltert werden kann.

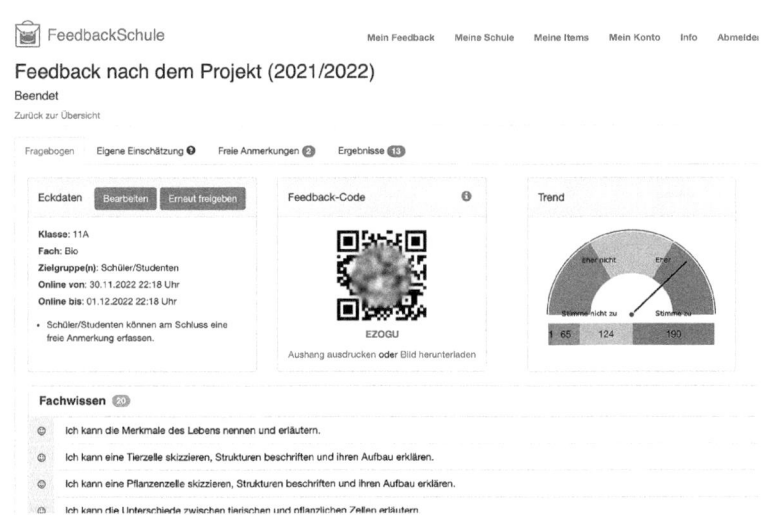

Abb. 14: Feedback-Beispiel zum Projekt Biologie Klasse elf, Jenaplan-Schule Jena

5 Implementation alternativer Konzepte der Leistungsbeurteilung

Abb. 15: Audio-Feedback mittels QR-Code, Jenaplan-Schule Jena

Die Möglichkeit, ein Audio-Feedback zu geben, findet mittels des DSGVO-konformen Dienstes hyFee (https://hyfee.de) Anwendung, der in die Nextcloud des Jenaer Schulportals eingebunden ist. Der/die Lehrer*in druckt sich QR-Codes als Aufkleber aus, klebt diese an die entsprechende Stelle im Schüler*in-Dokument, scannt den Code mit der App und spricht seine/ihre Hinweise zum Dokument auf. Die

Schüler*innen erhalten dann ihre Arbeit oder ein Einschätzungsblatt mit QR-Codes versehen, können diesen scannen, werden im Hintergrund zu einer Datei in der Jenaer Nextcloud geleitet und können sich das Audio-Feedback anhören.

Eine Form der digitalen Rückmeldung mittels der Thüringer Schulcloud und des iPads ist folgende: Nach dem Hochladen des einzuschätzenden Schüler*in-Dokuments in GoodNotes wird die Video-Bildschirmaufnahme im iPad gestartet. Nun kann die Lehrkraft Bemerkungen aufsprechen, unterstützt von der Pointer-Funktion in dem einzuschätzenden Dokument hin- und herscrollen, zoomen und auf wichtige Stellen, z.B. in Diagrammen, hinweisen. Die entstandene Datei wird entsprechend benannt und in den Feedback-Bereich der Thüringer Schulcloud hochgeladen.

Aber auch mit TaskCards geht dieser Vorgang hervorragend. Hier besteht die Möglichkeit, eine Spalte spezifisch für eine Schülerin oder einen Schüler freizugeben [und] persönliche Feedbackdokumente dort einzufügen. Darüber hinaus können Unterrichtsdateien und die gesamte Semesterplanung inklusive summativer und formativer Leistungsbeurteilungen für die Schüler*innen, z.B. als Schüler*innenansicht, hinterlegt werden, was die Transparenz des Lehr-Lernprozesses erheblich fördert.

Neben den Lehrer- und Selbsteinschätzungen erhalten die Schüler*innen regelmäßig Feedbacks und Einschätzungen ihrer Mitschüler*innen. Das können zum einen Mitstreiter*innen einer Gruppe sein, die über die Zusammenarbeit reflektieren, und zum anderen Zuhörer oder Betrachter von Arbeitsergebnissen. Diese Rückmeldungen gewinnen mit dem Älterwerden immer mehr an Qualität, da die Schüler*innen durch die Einschätzungskultur der Schule die darin angebotenen und garantierten Werte verinnerlichen und schätzen lernen. Jeder Schülerin und jedem Schüler werden die Bedeutung und Tragweite der Rückmeldungen bewusst, soweit sie oder er selbst daran wachsen konnte.

Als besondere Höhepunkte werden in diesem Zusammenhang die Zeugnisgespräche nach jedem Schulhalbjahr wahrgenommen. Für jede Schülerin und jeden Schüler findet im Beisein der Eltern oder auch weiterer Familienmitglieder ein halbstündiges Zeugnisgespräch statt.

Bis zum zehnten Schuljahr steht ein von der Lehrerin oder vom Lehrer verfasster Zeugnisbrief im Mittelpunkt der Unterhaltung. In diesem Brief reagiert die Lehrerin oder der Lehrer auf die im Vorfeld verfassten Halbjahresreflexionen der Schüler*innen und lässt die eigenen Beobachtungen und Einschätzungen einfließen. Aber auch die Schüler*innen bereiten sich mit ihren im Halbjahr erhaltenen Rückmeldungen und eigenen Vorhaben auf dieses Gespräch vor. Alle Anwesenden verschaffen sich ein klares Bild über den momentanen Lernstand der jeweiligen Schülerin oder des jeweiligen Schülers und überlegen gemeinsam weitere Vorhaben und eventuelle Unterstützung. Wichtig ist, dass jedes Kind wahrgenommen wird und gestärkt aus diesem Zusammentreffen geht. Ab dem elften Schuljahr übernehmen die gesprächserfahrenen Jenaplan-Schüler*innen selbst den Verlauf und die Inhalte der Zeugnisgespräche. Die Lehrer*innen fungieren als Protokollant*innen der von den Schüler*innen dargebotenen Gesprächsinhalte, aus denen im Fazit immer Vorhaben für das neue Semester abgeleitet werden. Der Zeugnisbrief wird durch ein von der Schülerin oder dem Schüler erstelltes Portfolio ersetzt. Neben schulischen Arbeitsergebnissen werden häufig auch die Freizeitbeschäftigungen vorgestellt, in denen sich die individuellen Neigungen der Jugendlichen offenbaren. Auch hier sind die wichtigsten Familienmitglieder zugegen und hören von den Erfolgen oder teilen die Sorgen und Nöte ihrer Kinder.

Im Verlauf ihres Schullebens erhalten die Schüler*innen eine Vielzahl von Einschätzungen und Rückmeldungen. In den ersten Schuljahren werden diese, angeleitet durch die sogenannten Stammgruppenlehrer*innen, in Einschätzungsheften gesammelt und regelmäßig den Eltern vorgelegt. Durch den zunehmenden Fachunterricht ist es den Stammgruppenlehrer*innen der Obergruppe nicht möglich, dieses Einschätzungsverfahren intensiv zu begleiten. Deshalb werden alle Einschätzungen ab dem siebten Jahrgang den Schüler*innen in Eigenverantwortung ausgehändigt, um diese mit den Eltern zu besprechen. Um der Informationspflicht gegenüber den Elternhäusern in jeder Hinsicht nachzukommen, gibt es für jede Schülerin und jeden Schüler ein personalisiertes Hängeregister, in dem alle Facheinschätzungen als

Kopien archiviert und den Eltern zur Einsicht zur Verfügung gestellt werden.
Die Einschätzungs- und Bewertungskultur der Jenaplan-Schule Jena hat einen erheblichen Anteil daran, das Ziel der Schule – die Persönlichkeitsbildung eines jeden Kindes – zu garantieren, d.h. sie auf die vielschichtigen Probleme unserer Welt vorzubereiten.
Heike Schmidt-Heineck, Lehrerin an der Jenaplan-Schule, und Helke Felgenträger, Lehrerin und Oberstufenleiterin an der Jenaplan-Schule Jena, Staatliche Gemeinschaftsschule; Preisträgerschule 2006

Zur Veranschaulichung dieser Praxis sind im Folgenden ein Zeugnisbrief aus der Mittelgruppe (vierter bis sechster Jahrgang) und drei Zeugnisbriefe aus der Obergruppe (siebter bis neunter und zehnter Jahrgang) der Jenaplan-Schule Jena abgebildet.[13]

»Lieber Mattis [Jahrgangsstufe sechs, Name geändert],
drei Jahre hast du in der Mittelgruppe gelernt, Erfahrungen im Umgang miteinander gesammelt und deine Fähigkeiten im Lernen weiterentwickelt. Am Gruppenleben zeigtest du dich auch in diesem Halbjahr wieder interessiert. So leitetest du gemeinsam mit Felix [Name geändert] einen Morgenkreis, in dem ihr die Gruppe mit einem kleinen Experiment über die Kraft von Stoffgemischen in die Woche einstimmtet, und du beteiligtest dich engagiert an der Vorbereitung des Faschings und des Abschlussfestes der Kängurugruppe. Aufgetretene Probleme sprachst du an und suchtest nach geeigneten Lösungen dafür. Vielen Dank möchten wir dir an dieser Stelle noch einmal für deine Einsatzbereitschaft als Klassensprecher der Kängurugruppe sagen. Die effektive Ausnutzung der Arbeitszeit sowie das Organisieren der eigenen Arbeitsmaterialien solltest du im nächsten Schuljahr unbedingt verstärkt im Blick haben. Das gilt auch für das pünktliche Einhalten von Abgabe- und Unterschriftsterminen. Dies gelang dir in diesem Halbjahr

---

13 Aus Gründen des Datenschutzes wurden die Namen der Kinder geändert und die Namen der Lehrkräfte, die diese Zeugnisbriefe verfasst und persönlich unterzeichnet haben, entfernt.

teilweise besser, aber nach wie vor nicht kontinuierlich zuverlässig. Die Methoden des Projektlernens wie das Vortragen von Inhalten zu einem Thema mithilfe von Stichpunkten sowie die PowerPoint-Präsentations- und Ausstellungsgestaltung hast du gefestigt und dein erworbenes Wissen dazu überwiegend sicher umgesetzt. Deine Ergebnisse zum Rennsteig im Projekt »Eine Entdeckungsreise durch Thüringen« sowie die über Kalmare im Freien Thema waren Beispiele dafür. Dabei arbeitetest du erneut mit verschiedenen Mitschülern zusammen, wodurch sich unterschiedliche Herangehensweisen ergaben und du eigene Erfahrungen aktiv einbringen konntest. Es gelang dir gut, den gewählten Themenbereich zu strukturieren und gemeinsam mit deinen Partnern die Aufgabenschwerpunkte aufzuteilen. Mit den zu erarbeitenden Inhalten setztest du dich meist zielgerichtet auseinander, musst aber dein Arbeitstempo weiter erhöhen, um zu umfangreichen Ergebnissen zu gelangen. Auch gilt es, die Rechtschreibung besser zu beachten.

Mit Einsatzbereitschaft und guten Ideen brachtest du dich ins Theaterprojekt der Kängurugruppe ›Spuk im Theaterkeller‹ ein. Du fandest dich schnell in deine Rolle des Eisenmanns in der Szene ›Der Zauberer von Oz‹ hinein, lerntest deine Texte zuverlässig und konntest sie zu beiden Aufführungen mit Ausdruckstärke und Spielfreude umsetzen. Darüber hinaus trugst du mit eigenen Ideen, dem Mitbringen und Gestalten von Requisiten sowie deinem Saxophonspiel zum Gesamterfolg des Theaterstücks bei. Die Fahrt ins Jugendwaldheim Lauenstein stellte einen weiteren Höhepunkt im Stammgruppenleben des Halbjahres dar. Hier hattest du viel Freude bei den gemeinsamen Waldarbeiten wie dem Pflanzen und Fällen von Bäumen sowie den zahlreichen Spielen rund um den Wald, bei denen du dein umfangreiches Wissen zu Umweltthemen zeigtest. Aber auch an den Nachmittagsaktivitäten beteiligtest du dich mit Interesse und konntest so im Schiefermuseum, in der Burg Lauenstein und in der Schokoladenmanufaktur Neues zu den Besonderheiten der Region erfahren. Das Klettern bis fast auf die Spitze des Kletterbaumes wird für dich bestimmt als ein besonderes Erlebnis in guter Erinnerung bleiben.

Für den Wechsel in deine neue Stammgruppe wünschen wir dir alles Gute, vor allem viel Freude und Erfolg beim Lernen.

Lies nun, was deine Fachlehrer für dich aufgeschrieben haben.

Im Deutschunterricht konnte ich deine Anstrengungsbereitschaft auf vielen Gebieten erkennen. An deinem Platz versuchtest du, die anstehenden Aufgaben ruhig und im angemessenen Tempo zu erledigen. Das häusliche Nacharbeiten wurde trotzdem noch zu selten von dir verwirklicht, hier musst du in der Obergruppe einen stärkeren Willen zeigen, mehr zu schaffen. Auch solltest du besser auf die äußere Form deiner Heftseiten achten, Malereien und Tintenkleckse musst du vermeiden. Die Rechtschreibung bleibt auch in der Obergruppe deine Baustelle. Bei der Thematik Satzbau hast du gelernt, wie man die Satzglieder erkennt und bezeichnet. Hier zeigtest du sehr sichere Kenntnisse und ›Durchblick‹. Eine Ausdrucksübung beinhaltete, dass du den niedlichen Knautschgnom mit Namen Knut beschreiben solltest. Deinen Text hast du logisch und verständlich formuliert und dabei einfallsreiche, treffende Wörter ohne Wiederholungen gewählt.

Im Mathematikunterricht knüpftest du in den Kreisgesprächen an deine im vergangenen Halbjahr gezeigte aktive und motivierte Mitarbeit an. Du besitzt ein sehr gutes mathematisches Verständnis, welches sich in deinen fundierten Beiträgen widerspiegelte. Die Inhalte aus dem Lernpfad zur Bruchrechnung hast du schnell erfasst und zeigtest dich beim Lösen der gestellten Aufgaben zu den Grundrechenarten sicher. Beim Multiplizieren solltest du zukünftig beachten, die Faktoren sinnvoll zu kürzen, bevor du das Produkt bildest. Hier brauchst du mehr Zeit zum Üben. Das Lösen von Textaufgaben gelang dir weitgehend ohne Schwierigkeiten. Dennoch solltest du die Aufgaben genau lesen, um in keine Fallen zu tappen. Nimm dir dafür genügend Zeit. Insgesamt kannst du mit deinen erzielten Ergebnissen im Fach Mathematik zufrieden sein.

Mit Motivation und dem Willen, dich weiter mit der Fremdsprache vertraut zu machen, hast du im Englischunterricht gearbeitet. Dabei wurde deutlich, dass du dir den Wortschatz in seiner Bedeutung schon gut einprägen konntest und du auch bei dessen Anwendung in den verschiedenen Übungsbereichen sicherer wurdest. Am schriftlichen Wiederholen solltest du weiterhin arbeiten, du hast selbst bereits gemerkt, dass sich hier kleine Fortschritte eingestellt haben. Nimm dir darüber hinaus Zeit, Ergebnisse selbstständig in Ruhe zu überprüfen. Die Grammatikstrukturen konntest du zum Teil bereits anwendungsbereit verinnerlichen. Wiederholende Übungen im Workbook oder Lehrbuch können dir auch in Zukunft helfen, an noch vorhandenen Fehlerschwerpunkten zu arbeiten. Lieber Mattis, arbeite im kommenden Schuljahr erneut aktiv im Kreis mit und versuche, dein Arbeitstempo weiter zu erhöhen.

Im Französischunterricht arbeitetest du zuverlässig, konzentriert und aufmerksam mit. Du beteiligtest dich aktiv an den Kreisgesprächen und erledigtest am Platz die gestellten Aufträge zielstrebig und selbstständig. Das Lernen und Aussprechen der französischen Wörter und Wendungen gelang dir sehr gut. Auch beim Lesen und Schreiben hattest du kaum Probleme. Ich kann dir die Wahl des Französischunterrichts ab der 7. Klasse empfehlen.

Im Geschichtsunterricht hast du dich mit verschiedenen Themenschwerpunkten zum Römischen Reich sowie zum frühen Mittelalter beschäftigt und dir zu den meisten Bereichen sichere Kenntnisse erworben. Das Erschließen der Lehrbuchinhalte sowie das richtige und vollständige Bearbeiten der dazugehörigen Aufgabenstellungen gelangen dir überwiegend sicher. Diese musst du in Zukunft gründlicher lesen, um möglichst alle Aspekte erledigen zu können. Darüber hinaus gilt es, das Arbeitstempo noch zu erhöhen. Erste Erfolge waren erkennbar. Die Schrittfolge zur Auswertung von schriftlichen Quellen hast du kennengelernt. Während der Kreisgespräche bist du stets aufmerksam gewesen und regelmäßig durch eigene Beiträge in Erscheinung getreten.

Im Fach Musik stand das Thema ›Grafische Notation‹ im Vordergrund, dabei hast du gelernt, welche Möglichkeiten es gibt, um Musik abzubilden, ohne dabei die Notenschrift zu verwenden. Außerdem spielte die Musikpraxis, also das Singen und das Rhythmustraining, eine große Rolle. Ich freue mich darauf, wenn du in die Obergruppe kommst, und hoffe, dass deine Musikalität da mehr zur Geltung kommen kann. Du verhieltest dich im Unterricht meist vorbildlich und zeigtest hervorragendes Fachwissen. Du sangst und präsentiertest mit hohem fachlichen Können.

Im Kunstunterricht warst du stets mit Begeisterung bei der Sache und erkundetest mit Interesse die verschiedenen grafischen Möglichkeiten der Linien, Schraffuren und Strukturen. Bei der abschließenden

Druckgrafik wurde von dir eine Kaltnadelradierung angefertigt, auf der man ein Nashorn beim Klavierspiel sehen kann. Dabei hast du viel Witz und Temperament gezeigt, die Tasten und die Noten fliegen den Zuhörern förmlich um die Ohren. Auch die Schrift wurde spiegelverkehrt eingefügt und ist gut lesbar.

Im Sportunterricht zeigtest du Ehrgeiz und Anstrengungsbereitschaft. Im Lernbereich Gerätturnen hast du die angebotenen Übungsmöglichkeiten genutzt. Du konntest deine Kür aus dem letzten Schuljahr an den Ringen verbessern und Bewegungserfahrungen an den anderen Geräten sammeln. In der Volleyball-Epoche gelang es dir, die Techniken des oberen und unteren Zuspiels zu verbessern. Im Spiel ›Eins gegen Eins‹ hast du gezeigt, dass du die Regeln sicher beherrschst. Du verhieltest dich stets rücksichtsvoll. Ein faires Miteinander ist dir sehr wichtig.«

»Lieber Niklas [Jahrgangsstufe sieben, Name geändert], mit einer Bootstour startete dein Dingoleben. Ohne Zaudern hast du wie selbstverständlich in diesen Tagen bei uns Fuß gefasst, bist du auf deine Mitschüler*innen zugegangen, hast du stets mit angepackt und mit einem Sprung in die kalte Saale ganz schön Mut bewiesen. ›Ich fühle mich in der Gruppe sehr wohl, weil ich das Gefühl habe, dass wir eine schöne Gemeinschaft sind und jeder mit jedem ganz gut klarkommt‹, lesen wir sehr froh in deinem Zeugnisbrief an uns.

Die Veränderungen im schulischen Alltag, die mit dem Übertritt in die Obergruppe verbunden sind – eine neue Stammgruppenkonstellation, viele neue Fächer und Lehrer*innen, ein längerer Schultag und nicht zuletzt die Noten – konntest du positiv annehmen. Die wahrscheinlich spannendste Neuerung in diesem Halbjahr, das Ziffernzeugnis, liegt vor uns! Herzlichen Glückwunsch dazu.

Zufrieden blickst du auf dein Lernen: ›Im nächsten Halbjahr möchte ich weiter so viel lernen. Schwierigkeiten habe ich noch in Mathe und Englisch, dort möchte ich noch ein bisschen mehr lernen. Besonders viel Freude macht mir das Fach Natur, weil es mich interessiert herauszufinden, woraus die ganze Welt besteht.‹ Im Naturunterricht erleben wir dich stets mitdenkend und -arbeitend. Du lässt nicht locker, bis du wirklich alles verstanden hast, auch über die Anforderungen an den siebten Jahrgang hinaus. Auch in deinen Einschätzungen der anderen Fächer sticht vor allem heraus, dass du mit hohem Interesse, aktiv und aufgeschlossen dem Unterricht folgst sowie konzentriert und sehr selbstständig arbeitest. Zu deinem Lernen im Mathematikunterricht schreibt dir Herr Schmitt [Name geändert]: ›Im Mathematikunterricht arbeitest du ruhig mit und fragst eigenverantwortlich nach, wenn du mal nicht weiterkommst. Mit den gegebenen Hilfestellungen kommst du dann beim Lernen auch immer weiter. Falls es dir gelingt, den Ablenkungen deiner Tischgruppe zu entgehen, kannst du auch konzentriert arbeiten. Häufiger solltest du deine Lösungen kontrollieren, um sicherzustellen, dass du die Aufgaben richtig gerechnet hast.‹

Vielleicht ist es ein wenig pathetisch formuliert, aber wenn wir an dich in unserem Dingogefüge denken, dann kommt uns stets ein Bild in den Kopf: Wäre unsere Gruppe ein Schiff, dann wärst du Anker und Kompass. Anker, weil du stets sehr aufmerksam und rücksichtsvoll gegenüber anderen deine Meinung vertrittst. Du bist ein Dingo, auf den man sich verlassen und [den man] um Rat fragen [kann]. Kompass, weil du mit deiner Arbeit im Jeninchen, dem unverpackt-Laden, und deinem verantwortungsvollen Umgang mit Ressourcen richtungsweisend bist. Magst du davon vielleicht einmal im Morgenkreis berichten?

Danke sagen möchten wir dir für dein Engagement am Vorlesetag. Mit der Gestaltung des Raumes und der wirklich ansprechenden Lesung (mit Bewegungspause) habt ihr vielen Kindern ein unvergessliches Bucherlebnis geschaffen.

Lieber Niklas, wir freuen uns auf das zweite Schulhalbjahr mit dir und wünschen dir viel Erfolg dafür, aber erst einmal erholsame Winterferien.«

»Liebe Mia [Jahrgangsstufe acht, Name geändert],
du bist nun kurz vor dem Sprung zur 9erin. Die Energie und Freude, in ein paar Wochen zu den ›Großen‹ zu gehören und Verantwortung zu übernehmen, ist nicht zu übersehen und erfüllt uns mit großer Vorfreude. Das wird richtig gut! Doch nun schauen wir zum Schuljahresabschluss auf deine Reflexion, die du gleich mit deinen Highlights beginnst: ›Der Einstieg in die 8. Klasse fiel mir leicht, da wir wieder mit einer Bootstour gestartet sind und so man seine ›neue‹ Klasse wieder

kennenlernen konnte. Die Klassenfahrt war auch super, es war zwar sehr anstrengend, aber mit der Klasse den ganzen Tag Aktivitäten zu machen, hat schon echt Spaß gemacht. Die Klasse verbindet sich irgendwie noch mehr und umso blöder ist es, dass wir uns von einem Jahrgang wieder trennen müssen (unsere Klasse ist ja auch cool). Ich bin sehr zufrieden mit meinen sehr guten Ergebnissen im Kompetenztest. Außerdem bin ich sehr stolz und sehr froh, dass ich Schülersprecherin sein darf.‹ Das Amt erfüllst du mit viel Verantwortung. In unserer Gruppe bist du eine geschätzte Mitschülerin, deren Meinung Gewicht hat. Du bist stets mittendrin im Geschehen, kümmerst dich liebevoll um Personen in deinem Umfeld und wirst im 9. Jahrgang eine wichtige Stütze beim Erhalt unseres guten Gruppenklimas sein.

Schauen wir auf dein Lernen, dann sticht in diesem Schuljahr heraus, dass du in der Organisation deiner Arbeit einen großen Schritt nach vorn gemacht hast. Du bist sehr oft in den Morgenkreisen beim Zusammentragen der Termine sehr gut im Bilde. Du schreibst dazu: ›Durch meine Arbeitspläne bekomme ich alles zeitgerecht fertig, obwohl ich meine Arbeit auch gerne mal nach hinten verschiebe. Ich habe mir Mühe gegeben, vorausschauend zu planen.‹ Deine Einschätzungen und Noten zeigen, dass du wichtige Arbeitstechniken sicher beherrschst, dir neue Inhalte schnell und tiefgründig erschließen kannst und vor allem im Bereich Präsentieren viel dazugelernt hast. Da kannst du wirklich stolz darauf sein. Deine Baustellen kannst du auch treffend benennen: ›Ich muss die Arbeitszeit in der Schule effizienter nutzen. Dann muss ich Zuhause nicht so viel nacharbeiten. Ich sollte mir auch mehr Karteikarten für die jeweiligen Tests schreiben, da ich gemerkt habe, dass mir das viel hilft.‹ Das hohe Ablenkungspotenzial, das dich oft vom längeren konzentrierten Arbeiten abhält (durch Mitschüler*-innen, aber sicher auch ›den digitalen Kram‹), siehst du selbst. Aber wir sind sehr optimistisch, dass du es schaffen kannst, das zu minimieren. In den Rückmeldungen der Fachlehrer*innen finden wir immer wieder, dass Möglichkeiten der Verbesserung oder Überarbeitung nicht angenommen wurden. Da könnten (und sollten?) wir vermutlich den pädagogischen Zeigefinger erheben und dich ermutigen, dich nicht mit dem Erreichten zufriedenzugeben, sondern mehr Engagement und Anstrengungsbereitschaft zu zeigen. Aber wir kennen dich gut, das bringt nichts. Deshalb wagen wir die folgende Sichtweise: Du hast eine gute Work-Life-Balance, die andere vergeblich suchen. Dem schulischen Lernen kannst du einen solchen Stellenwert geben, dass du die Anforderungen bewältigst, ohne die anderen Dinge, die dir wichtig sind, zu vernachlässigen. Du kannst schon sehr gut einschätzen, was du leisten könntest. [Wir] sehen […] ›Spielraum nach oben‹, den du mit Sicherheit aktivieren kannst und wirst, wenn die Anforderungen steigen werden, und möchten dich ermutigen, das beizubehalten, damit du so in stressigen Phasen einen guten Puffer hast.

Im Winter hast du deine Verantwortungsstelle im Kindergarten aufgeben müssen und dich im Dingo-Garten engagiert: ›Ich finde das Fach Verantwortung im Allgemeinen sehr gut. Jedoch könnte mehr entstehen, wenn wir eine kurze Planung vor jeder Stunde vornehmen würden (evtl. tagebuchmäßig, wie wir schon einmal überlegten). Im Garten engagiere ich mich gerne und ich bin meistens auch die Erste, die anwesend ist. Wir räumen meistens den Müll von den anderen auf, der dort noch rumliegt. Trotzdem ist es cool, gemeinsam mit der Klasse draußen etwas zu bewegen. Auch wenn nicht alle immer mitmachen, ist das Teamwork schon da und wir helfen uns alle gegenseitig. Ich gehe gerne in den Garten, um die frische Luft zu genießen.‹ Toll, dass du im nächsten Jahr die ›Chefin‹ im Garten sein wirst.

Abschließend lassen wir noch einmal dich zu Wort kommen: ›Ich denke, dieses Schuljahr sind wir alle ein Stück weiter gewachsen, und ich bin sehr froh, in so einer coolen Klasse zu sein und auch solche coolen Lehrer zu haben.‹ Wir haben ein großes Glück, euch Dingos zu haben. Schon sehr gespannt sind wir auf die 9er-Mia. Wir wünschen dir alles Gute für das neue Schuljahr und weiterhin so viel Freude und Engagement!«

»Liebe Luisa [Jahrgangsstufe neun, Name geändert],
es ist ein großes Privileg unseres Berufes, Menschen über einen längeren Zeitraum in ihrer Entwicklung begleiten zu dürfen. Drei Jahre dich bei den Dingos gehabt zu haben, erfüllt uns mit großer Freude! Wir haben viel von dir gelernt – in Gesprächen, deinen Worten und Taten. Danke dafür! Was nimmst du für deinen weiteren Weg aus der Obergruppenzeit mit? Wir lassen zunächst dich zu Wort kommen: ›In diesem

Zeugnisbrief möchte ich das letzte Schulhalbjahr in den Dingos Revue passieren lassen und mich und meine Arbeit reflektieren. Ein Highlight für mich war die Klassenfahrt, die davor schon zwei Jahre nicht mehr möglich war. Ich habe mich in meinem Bungalow sehr wohl gefühlt und fand es schön, mal außerhalb des Unterrichtes etwas mit der ganzen Klasse zu unternehmen. Das Fahrradfahren mit allen hat mir, trotz der hohen Berge und dem ein oder anderen Kilometer zu viel, sehr gut gefallen. Auch sehr gut gefallen hat mir der Ausflug nach Erfurt in die Banksy-Ausstellung. Außerdem mag ich die Mittagspausen, da wir viel Zeit miteinander haben, wo wir oft zusammen im Raum oder auf der Wiese essen und reden. Manchmal spielen wir auch ein Spiel oder Ähnliches... Das finde ich immer sehr schön, weil es eine angenehme Atmosphäre gibt. Wenn ich Kritik bekomme, versuche ich, sie mir anzunehmen und es das nächste Mal besser zu machen. Wenn ich nicht so viel damit anfangen kann, frage ich nochmal nach. Wenn ich selber Kritik anbringen möchte, versuche ich, sie so zu verpacken, dass sie gut verständlich und nicht verletzend bei meinem Gegenüber ankommt. Sollte dies nicht klappen, muss man einfach nochmal miteinander ins Gespräch kommen. Ich glaube, was ich relativ gut kann, ist, auf andere zuzugehen, wenn jemand zum Beispiel ein Problem oder eine Frage hat. Ich bin daran interessiert, dieser Person, wenn sie meine Hilfe benötigt, meine Unterstützung zu geben. Was ich nicht so gut kann und was ich auf jeden Fall noch üben muss, ist, vor der Klasse eine Präsentation zu halten. Das Reden vor anderen gehört einfach zu den Dingen, die mir nicht liegen. Was ich auch lernen muss zu akzeptieren, ist, ein von mir beschriebenes Blatt nicht ein zweites Mal abzuschreiben, weil das Erste nicht gut genug geworden ist. Oft ist die Formalität in meinen Augen dann nicht ganz stimmig. Im nächsten Jahr möchte ich meine Noten mitschreiben, da ich mir dann schneller und besser einen Überblick verschaffen kann. Und ich strebe an, mich im Kreis mehr zu melden. Mein Hefter-System dieses Jahr hat sehr gut geklappt und ich möchte dieses fortsetzen. Ich arbeite gerne analog und würde auch dies das nächste Schuljahr so machen. Auch wenn das nächste Schuljahr wegen der Prüfungen etwas stressiger wird, sollte ich versuchen, mir selber nicht ganz so viel Druck zu machen, da ich glaube, dass das nicht zu meiner ›Leistung‹ beiträgt. Meine Organisation lief eigentlich ganz okay. Ich habe versucht, jeden gegebenen Termin einzuhalten. Dies hat auch meistens geklappt. Die Regeln habe ich nur selten nicht einhalten können. Die Lernzeit nutze ich vor allem, um zu lernen oder etwas nachzuholen. Oft lernen wir auch in kleineren Gruppen zum Beispiel Vokabeln. Manchmal kommt es dann auch vor, dass wir vom eigentlichen Thema abkommen und uns über andere Dinge unterhalten. Im Fach Verantwortung war ich bei einer Familie mit zwei jüngeren Kindern. Dort habe ich oft mit den Kindern gespielt und auch allgemein im Alltag geholfen. Da das ältere Kind das Engelman-Syndrom hat, war meine Arbeit etwas anders, weil sie andere Hilfen im Alltag benötigt. Dies hat mir sehr viel Spaß gemacht, weil die Familie sehr nett war und ich es toll fand, die Entwicklung der beiden Kinder zu beobachten. Was mir dabei auch gefallen hat, war, dass ich meinen Fokus auf nur zwei Kinder legen musste. So hatte ich deutlich mehr Zeit für beide. Auch habe ich sehr viel dazu gelernt und kann mir vorstellen, beruflich in so eine Richtung zu gehen. Das iPad nutze ich eigentlich nicht so oft. Im Unterricht brauche ich es hauptsächlich zu Recherchezwecken. Ansonsten mache ich so gut wie alles auf dem Papier. Einerseits mag ich es einfach mehr, auf richtigem Papier zu schreiben. Andererseits kann ich mit Technik nicht so gut umgehen. Die Dinge, die ich brauche, kann ich oder eigne sie mir an. Ich interessiere mich auch nicht so sehr dafür und ich glaube, deshalb bin ich auch nicht gut darin. Im Fachunterricht liegen meine Probleme noch immer bei Mathe und Englisch. Trotzdem hatte ich ein paar ganz gute Noten, über die ich [mich] sehr gefreut habe. Ansonsten sind meine Noten in den anderen Fächern immer so zwischen eins und zwei ausgefallen. Manchmal war auch eine drei dabei, vor allem in Mathe und Englisch. Ich weiß aber, wo meine Lernfelder sind und wo ich noch mehr machen muss. Sicher fühle ich mich insgesamt in Deutsch und meistens auch in Natur. In Geschichte ist mein Problem, dass ich mir schwer die Daten und Ereignisse merke und bestimmte Dinge wie Karikaturen nicht interpretieren kann. Das Ethikprojekt, in dem Janina [Name geändert], Marie [Name geändert] und ich über die Gebärdensprache und übers Lormen gearbeitet haben, hat mir sehr gut gefallen, da ich mich für das Thema auch im Privaten interessiere. Mit beiden hat die Zusammenarbeit auch super funktioniert. Das Deutschprojekt fand ich auch sehr gut, da wir unsere Themen frei wählen konnten und somit große Freiheiten in der Ausarbeitung hatten. Ich konnte über ein Thema arbeiten, das mich interessiert, und hatte dadurch noch mehr Motivation. Meine Zeitplanung hat in allen Projekten so geklappt, dass ich meine Ziele zusammen mit meiner Gruppe erreicht habe. In den Kreisgesprächen bringe ich mich zurzeit nicht so oft ein. Trotzdem höre ich zu. Wenn ich für ein Thema, eine Präsentation oder einen Test lerne, kommt es immer auf das Thema und die Art der Lernkontrolle an. So kann ich [meine] Lernmethode auf das Geforderte anpassen. Die Zusammenarbeit mit anderen hilft mir insofern, als [dass] man voneinander lernen kann, neue Ideen kennenlernt und nicht alles alleine machen muss. Wenn ich an das nächste Schuljahr in der 10. Klasse denke, hoffe ich, dass ich die Prüfungen schaffe und es gut läuft. Außerdem würde ich mir wünschen, Sie, Frau Storm [Name geändert], wieder als Klassenlehrerin zu bekommen. Die drei Jahre in der Obergruppe waren sehr schön, und wir haben viele schöne Erlebnisse zusammen als Klasse gehabt.‹

Dein Zeugnisbrief ist eine sehr genaue und treffende Reflexion deiner Fähigkeiten und Fertigkeiten, die sich in den letzten Jahren gefestigt haben. Er spiegelt deine sensible, umsichtige und wertschätzende Art in der Kommunikation und im Umgang mit anderen Menschen wider. Du kannst dich und dein Lernen sehr genau einschätzen und Rückmeldungen so umsetzen, dass sie dich in deinem Lernen weiterbringen. Aufgaben gehst du engagiert und konzentriert mit einem enorm hohen Maß an Selbstständigkeit an. Dabei arbeitest du intensiv, recherchierst und fragst nach, bis du alles genau verstanden hast. Liebe Luisa, du bist startklar für die 10. Klasse! Wir wünschen dir von Herzen alles Gute – schulisch und privat!«

5.3 Blick in die Schulen: Matthias-Claudius-Schule Bochum

Ein inklusiver Ansatz, der viele der beschriebenen Aspekte aus den Qualitätsbereichen des Deutschen Schulpreises insbesondere auch zu innovativer Leistungsbeurteilung und -förderung umsetzt, ist an der Matthias-Claudius-Schule in Bochum (MCS), Preisträger des Deutschen Schulpreises 2018, zu finden.

> Die Matthias-Claudius-Schule Bochum ist eine staatlich anerkannte evangelische Gesamtschule in freier Trägerschaft. Seit dem Schuljahr 1998/99 ist die Schule bis zum Abitur ausgebaut. Zurzeit besuchen 895 Schüler*innen die Klassen fünf bis dreizehn. Darunter befinden sich rund 160 Schüler*innen mit sonderpädagogischem Förderbedarf, die im Rahmen des Gemeinsamen Unterrichts unterrichtet werden. Der Gemeinsame Unterricht wird in der gymnasialen Oberstufe für Schüler*innen mit sonderpädagogischem Förderbedarf zielgleich fortgeführt.
>
> Die Matthias-Claudius-Schule ist seit ihrer Gründung im Jahr 1990 eine inklusive und christliche Schule in freier Trägerschaft mit besonderer Form der Elternbeteiligung. Wir skizzieren unsere Schwerpunkte so:
>
> - Wir wünschen uns individuelle Förderung beim Lernen.
> - Wir möchten Heterogenität als Normalfall ernst nehmen.
> - Wir möchten »echte Inklusion«, gemeinsames Lernen und Leben im Klassenverband.
> - Wir wünschen uns eine innere Haltung als Pädagogen, die sich mit dem Stichwort »Lernbegleiter« verbindet.
> - Wir möchten die Selbsttätigkeit, Selbstständigkeit und Selbstverantwortung der Schüler*innen fördern.
>
> Dabei bleiben wir eine systemnahe Schule mit traditioneller Ziffernzensurengebung, in der alle Abschlüsse des nordrhein-westfälischen

Schulsystems der Sekundarstufen I und II erworben werden können. An allen zentralen Prüfungen nehmen unsere Schüler*innen teil.

Als Thomas (Name geändert) als Zehnjähriger in meine fünfte Klasse der Matthias-Claudius-Schule in Bochum kam, hatte er große Schwierigkeiten, innerhalb unseres pädagogischen Konzepts zu lernen. Aufgaben selbstständig zu bearbeiten, fiel ihm schwer. Sich länger zu konzentrieren ebenfalls. Misserfolge waren die Konsequenz, die Leistungen fielen ab, und es begann eine Abwärtsspirale, die in Kurzform so zu beschreiben ist und tausendfach in deutschen Schulen vorkommt: Der Junge hat bestimmt ADHS und braucht Hilfe – und zwar außerhalb der Schule, damit er es innerhalb der Schule schaffen kann.

Als Schule, die damit wirbt, sich auf ihre Schüler*innen einzustellen und Lernen für eine heterogene Schüler*innenschaft zu individualisieren, konnten wir uns damit allein aber nicht zufriedengeben und haben auch unsere Verantwortung darin gesehen. Schließlich ist der Gedanke einer logbuchunterstützten Lernbegleitung als Teil der Leistungsbewertung an unserer Schule mehr als ein schön formulierter pädagogischer Grundsatz.

Das Logbuch, das alle Schüler*innen der Klassen fünf bis zehn führen, dokumentiert die persönliche Planung, die Überprüfung und die Begründung der eigenen Ziele und der eigenen Arbeit sowie den Austausch mit den Eltern (▶ Abb. 16). Es bildet damit die Grundlage für die Planung jeder einzelnen Woche und auch die Grundlage für die regelmäßig – etwa alle vier bis sechs Wochen – stattfindenden Tutorengespräche zwischen Schüler*in und Klassenlehrer*in (▶ Abb. 17). Darüber hinaus wird es für die zweimal im Jahr stattfindenden Bilanz- und Zielgespräche mit Schüler*in, Eltern und Lehrer*innen verwendet.

Auf diese Weise wird bei uns über die Zensurengebung hinaus Leistung gesehen und gewürdigt. Im einführenden Text unseres Logbuches klingt das so: »In unserer Schule legen wir Wert auf deine Selbstständigkeit und Eigenverantwortlichkeit. Damit alle Menschen an unserer Schule sich wohl fühlen und gute Leistungen erzielen können, müssen die gemeinsam erarbeiteten Rechte und Regeln respektiert werden.«

5 Implementation alternativer Konzepte der Leistungsbeurteilung

Abb. 16: Logbücher, Matthias-Claudius-Schule Bochum

»Alle Menschen an unserer Schule haben ein Recht auf

- konzentriertes Lernen und Arbeiten,
- gegenseitige Wertschätzung,
- das Einhalten von persönlichen Absprachen,
- das Einhalten der Gesprächsregeln,
- pünktlichen Beginn,
- ordentliche Räume,
- eine schöne Atmosphäre,
- interessante Arbeitsaufgaben,
- ein zeitnahes Lösen von Konflikten,
- Anerkennung der Arbeit,
- positive Einträge in das Logbuch.«

Davon war Thomas im fünften Schuljahr weit entfernt. In seinem Logbuch fehlte das meiste, das für eine positive Entwicklung hilfreich gewesen wäre. Lob und Erfolge waren praktisch nie zu finden.

5.3 Blick in die Schulen: Matthias-Claudius-Schule Bochum

Mein ___ Tutorengespräch	Datum:

Wie ist es jetzt?/ Das ist mein Ziel bis zum nächsten Tutorengespräch:

Unterschriften: _____   _____
                    Schülerin/Schüler   Tutorin/Tutor

Schätze ein, wie erfolgreich du warst:	☺☺	☺	☺	☹	☹☹

Rückschau:

Abb. 17: Tutorengesprächsbogen, Matthias-Claudius-Schule Bochum

Sein Logbuch stellte eine Ansammlung von Problemanzeigen dar. Einmal hatte er eine Mitteilung an seine Eltern so lange ausradiert, bis die entsprechende Seite ein großes Loch hatte. Fast jede Woche wurden gelbe und manchmal auch rote Karten verteilt. Eine rote Karte führt an unserer Schule dazu, dass sofort in der benachbarten Klasse weitergelernt wird. All dies wurde in das Logbuch eingetragen, und immer wenn es darum ging, einen Blick in das Logbuch zu werfen, hielten alle Beteiligten die Luft an: Thomas selbst, seine Mutter und auch die beteiligten Lehrer*innen.

Von einem Logbuch als unterstützendem Instrument, selbstständig zu lernen und individuell und fördernd leistungsbewertet zu werden, war Thomas weit entfernt (► Abb. 18).

Dabei klingt die Passage zu den Logbüchern in unseren Broschüren so: »Alles aufzuschreiben, worauf es ankommt, was man sich vornimmt, geschafft und gemacht hat, bildet die Voraussetzung für alle Gespräche und Leistungsrückmeldungen und auch für die Zusammenarbeit zwischen Schule und Elternhaus. Das Logbuch geht jeden

Tag mit nach Hause und am Ende der Woche unterzeichnen Tutoren und Eltern durch Kürzel die jeweilige Wochenübersicht«.

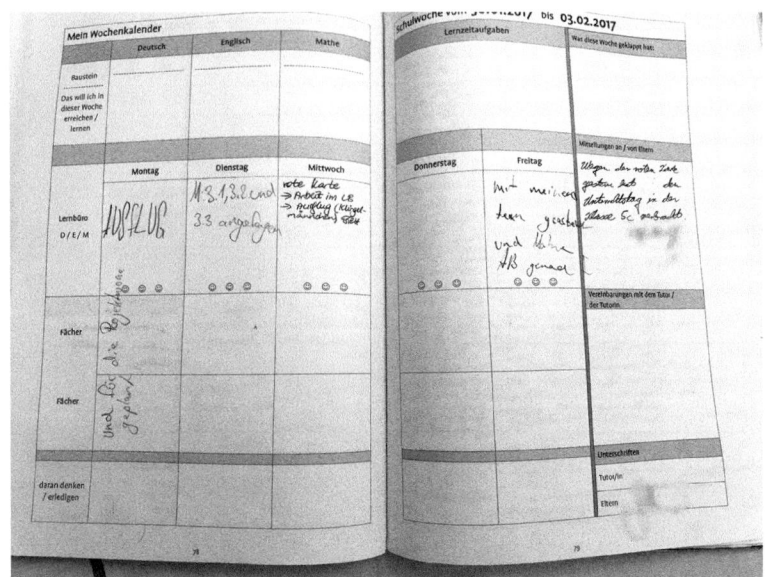

Abb. 18: Eine Woche im Logbuch in Klasse fünf, Matthias-Claudius-Schule Bochum

Die Verantwortung für die Führung des Logbuches liegt bei den Schüler*innen, aber auch Eltern und Tutoren haben wöchentlich Felder im Logbuch, die für ihre Eintragungen und Mitteilungen reserviert sind. So haben alle Beteiligten für die Tutorengespräche alles Wichtige auf einen Blick und können auch weitere Schwerpunkte planen.

Wie Leistung erbracht werden kann und wie sie bewertet wird
Wir verstehen unsere Schule sowohl als Ort der fachlichen Wissensvermittlung als auch als einen Raum, in dem Kinder gemeinsam leben und miteinander lernen.

5.3 Blick in die Schulen: Matthias-Claudius-Schule Bochum

Abb. 19: Selbstkontrolle im Lernbüro, Matthias-Claudius-Schule Bochum

Leistung umfasst an der MCS deshalb mehr als überprüfbares Wissen in den Fächern der Schule. Sie beinhaltet auch Handlungskompetenzen, die auf das spätere Leben vorbereiten und eine entsprechende Persönlichkeitsentwicklung einschließen.

Daraus ergibt sich das folgende Verständnis von Lernen und Leistung, das wir als Grundlage einer erfolgreichen Arbeit in der Schule betrachten:

- Lernen setzt eine vertrauensvolle Beziehungsstruktur unter allen Beteiligten voraus.
- Lernen benötigt institutionelle und systemische Unterstützung.
- Lernen und Leisten als untrennbare Einheit ist ein individueller Prozess.
- Lernen vollzieht sich in kooperativen und solidarischen Arrangements.

- Leistung ist vielfältig.
- Leistung bedarf einer regelmäßigen Verständigung.

Bei Thomas war in der fünften Klasse besonders die vertrauensvolle Beziehungsstruktur unter allen Beteiligten gefragt, denn wenn Lernen überhaupt nicht gelingt, machen sich schnell Vorwürfe und gegenseitige Schuldzuweisungen breit. Aber bei Thomas hatten wir Glück. Die »vertrauensvolle Zusammenarbeit zwischen Schule und Elternhaus«, die uns so wichtig ist, klappte hier, und es gab bereits in der fünften Klasse Gespräche, die deutlich machten: Auch zuhause ist das schulische Lernen oft ein belastendes Thema und der Umgang damit und mit Thomas' Verhaltensweisen sind auch dort alles andere als unproblematisch.

So wurde zunächst eine Herabsetzung des Drucks und ein entsprechendes »Belobigungsprogramm« vereinbart. Darüber hinaus wurde das reguläre Sanktionsprogramm eingeschränkt und dies auch innerhalb seiner Klasse thematisiert.

Neben kleinen temporären Erfolgen blieben aber die grundsätzlich problematischen Verhaltensweisen bestehen und zum Ende der fünften Klasse wurde klar, dass Thomas über Schule und Elternhaus hinaus Hilfe brauchte. Dies wurde auch deshalb nötig, weil aufgrund der schlechten Leistungen seitens des Elternhauses über eine Wiederholung der Klasse nachgedacht wurde. Dabei war allen Beteiligten klar, dass die Gründe für seine schlechten Leistungen keinesfalls im Zusammenhang mit seinen intellektuellen Fähigkeiten standen.

Grundsätze der Leistungsbewertung
Neben den traditionellen Formen der Leistungsmessung, die in der Regel am Ende einer Unterrichtseinheit/eines Unterrichtsthemas stattfinden und in eine relevante Note münden, fühlen wir uns ebenso den neuen Formen der Leistungsbeurteilung verpflichtet, die es ermöglichen, den Lernenden Rückmeldung zum Lernprozess zu geben und dem Auftrag der individuellen Förderung gerecht zu werden.

Die Unterrichtenden unserer Fächer haben dazu für ihr Schulfach Grundsätze und Maßstäbe der Leistungsbeurteilung vereinbart und überprüfen sie regelmäßig. Diese Grundsätze sind jeweils bei den In-

formationen der Fächer im Bereich »Schulprogramm« auf unserer Homepage zu finden.
Die Unterrichtsinhalte der Fächer orientieren sich an den angestrebten Kompetenzen der Bildungsstandards und der Kernlehrpläne, die den Schulen von der Kultusministerkonferenz bzw. dem Land Nordrhein-Westfalen vorgegeben sind. Die fachspezifischen Besonderheiten der Leistungsbeurteilung leiten sich aus diesen ab.

Pädagogische Leitlinien der Leistungsbewertung
Lernen vollzieht sich individuell, berücksichtigt persönliche Entwicklungsprozesse und Anstrengungsbereitschaft und bedarf spezifischer Rückmeldungen.

Heterogenität in den individuellen Lernvoraussetzungen führt zu differenzierten Aufgabenangeboten und Leistungsanforderungen.

Die Lehrkräfte beurteilen grundsätzlich wertschätzend und ermutigend. In einem positiven Lern- und Leistungsklima sind Fehler erlaubt und werden als Entwicklungschance betrachtet.

Leistungsbeurteilung soll für die Lernenden eine Hilfe für ihr weiteres Lernen darstellen und ihnen Erkenntnisse über die individuelle Lernentwicklung ermöglichen. Leistungsbeurteilung ist demnach gleichzeitig Diagnose und mit Hinweisen für den weiteren Lernprozess verbunden.

Teilbereiche der Leistungsbeurteilung

- Ergebnisse im Beurteilungsbereich »Schriftliche Arbeiten«
- im Beurteilungsbereich »Sonstige Leistungen im Unterricht« erbrachte Leistungen
- Teilnahme/Qualität in der Lernbüroarbeit
- Teilnahme/Qualität im Unterrichtsgespräch
- Teilnahme/Qualität in der Einzelarbeit
- Teilnahme/Qualität in der Partnerarbeit
- Teilnahme/Qualität in der Gruppenarbeit
- Referat/Präsentation
- Lernplakat
- Teilnahme/Qualität beim Stationenlernen

- Mappenführung
- gelegentliche kurze schriftliche Übungen in allen Fächern

Unverzichtbares Merkmal unseres Unterrichts an einer inklusiven Schule ist die konsequente Verwirklichung von binnendifferenzierenden Leistungsangeboten in allen Fächern. Unterschiedliche Zugänge zu den Lerninhalten durch kooperative und offene Unterrichtsarrangements berücksichtigen individuelle Lernausgangslagen.

Dies gilt besonders im Lernbüro und bleibt auch bestehen, nachdem eine Zuweisung zu den Grund- und Erweiterungskursen in den Lernbürofächern erfolgt ist.

Die Schüler*innen können nach dem eigenen Leistungsvermögen schneller oder weniger schnell Unterrichtsstoff erarbeiten. Das Lernbüro eröffnet die Möglichkeit, einzelne Schüler*innen intensiver zu begleiten und Schüler*innen mit Förderbedarf im Klassenverband mit ihren individuellen Materialien zu unterstützen.

Auf der Grundlage der Lernbausteine setzen sich die Schüler*innen ihre konkreten Lernziele, planen und dokumentieren ihre Lernwege, wählen Lernstrategien aus und beurteilen ihren Erfolg.

Für Thomas wurde über das Lernbüro hinaus ein individuelles Programm entwickelt, das zunächst weniger die inhaltlichen Aspekte der Fächer, sondern ein Verhaltenstraining für den Schulbesuch in den Blick nahm. Dies wurde vom sozialpsychiatrischen Dienst in Zusammenarbeit mit Schule und Elternhaus entwickelt. Auch die bei ADHS-Problematiken bekannte Medikamenteneinnahme war Bestandteil dieses Programmes.

Eine Besserung trat nicht auf Knopfdruck ein, aber das ganze sechste Schuljahr war von einer stetigen Verbesserung der schulischen Situation geprägt. Das antrainierte Verhaltensprogramm und der in diesem Fall positive Medikamenteneinfluss führten dazu, dass sich immer mehr Erfolgserlebnisse einstellten und gleichzeitig weniger problematische Verhaltensweisen auftraten. Im Logbuch gab es am Ende der Woche immer häufiger »Lob-Stempel« und natürlich gingen mit dieser Veränderung auch positivere Leistungsbeurteilungen einher. Von der Notwendigkeit einer Wiederholung war bald keine Rede mehr – im

Gegenteil: Thomas entwickelte sich zu einem der leistungsstärkeren Schüler.

Heute (Klasse sieben) führt er sein Logbuch vorbildlich (▶ Abb. 20); hilft Mitschüler*innen, die Probleme mit Unterrichtsinhalten haben oder das Logbuch nicht regelmäßig führen. Seine Entwicklung lässt alle, die ihn seit Beginn der Klasse fünf begleiten, dankbar auf gemeinsam geleistete Arbeit zurückblicken. Dabei ist uns allen wichtig, die Multiprofessionalität zu betonen und darauf hinzuweisen, dass hier Erfolge nur durch vertrauensvolle Zusammenarbeit zwischen Schule und Elternhaus durch Mitwirkung weiterer Fachkräfte möglich wurden.

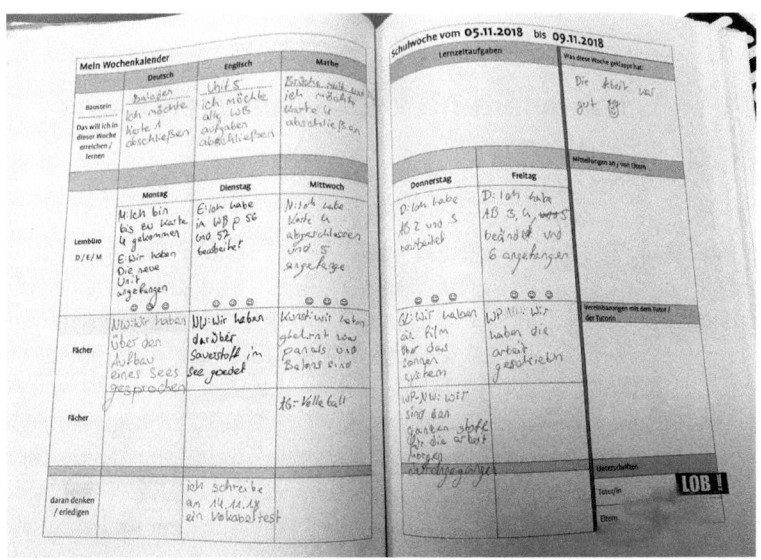

Abb. 20: Eine Woche im Logbuch in Klasse sieben, Matthias-Claudius-Schule Bochum

Überprüfung und Weiterentwicklung des Leistungskonzepts
Unser Leistungskonzept unterliegt der ständigen Prüfung und Weiterentwicklung. Es wird kontinuierlich fortgeschrieben. Dies betrifft besonders den immer wieder diskutierten Aspekt der Ziffernnoten für

> schriftliche Arbeiten und Zeugnisse. Viele Lehrer*innen und Eltern an unserer Schule sind der Meinung, dass eine differenzierte Form der Leistungsbewertung besser zu unserem pädagogischen Konzept passen würde. Zurzeit sehen wir uns aber nicht in der Lage, auf Ziffernnoten – besonders in Zeugnissen – zu verzichten. Um einer differenzierteren Bewertung Rechnung zu tragen, werden aber zumindest auf den Zertifikaten im Lernbüro die erreichten Prozente ausgewiesen.
> *Stefan Osthoff, Didaktischer Leiter an der Matthias-Claudius-Schule Bochum; Preisträgerschule 2018*

5.4 Lernbegleitung kontextualisieren und gestalten

In welcher Weise Lernwege und -prozesse der Schüler*innen mit ihnen gemeinsam kommunikativ, moderativ und fördernd unterstützt werden können, die selbstgewählte und extern bestimmte Leistungsbeurteilungen mit einschließen, ist in der folgenden Abbildung, die die Abfolge von Schritten aufzeigt, beispielhaft dargelegt (▶ Abb. 21).

Mit Blick auf Aufgaben, Gestaltung und Ziele der Lernbegleitung gibt es bislang weder eine sozialwissenschaftlich konsensuell abgesicherte noch in der Schulpraxis einheitlich gehandhabte Definition. Wir sprechen deshalb von Kontexten und Gestaltungen der Lernbegleitung und versuchen hierbei im Folgenden, grundlegende kategoriale Bestimmungsmerkmale und Elemente zu benennen (▶ Abb. 22).

Lernbegleitung zielt auf eine individuell-förderliche wie differenzierende Diagnose und Beschreibung kompetenzbasierten Lernens in Prozess und Ergebnis. Sie setzt nicht auf einen tradierten Zensurenspiegel, sondern auf die Schriftlichkeit der Instrumente wie Lerntagebuch oder Logbuch, die von den Kindern und Jugendlichen selbstständig zu nutzen sind, die deren Lernen und Leistung in ganzheitlicher Perspektive beschreiben und

5.4 Lernbegleitung kontextualisieren und gestalten

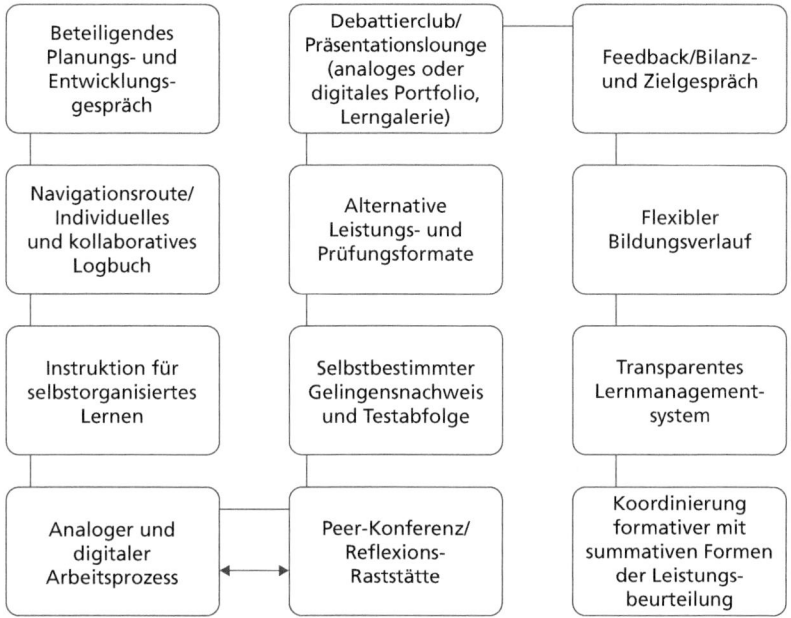

Abb. 21: Komponenten von Lernbegleitung und Leistungsbeurteilung

sich dazu einer verständlichen Sprache und anschaulichen Visualisierung bedienen. Lernbegleitung ist auf die Planung und Rekonstruktion von Lernwegen ausgerichtet. Ihre dokumentarische Wirkung entfaltet sie aber nicht nur als Element didaktisch unterfütterter Selbststeuerung und Wahlentscheidung der Schüler*innen, sondern insbesondere durch begleitende Anerkennungsverhältnisse in Form regelmäßiger Rückmeldungen durch Lehrkräfte und Mitlernende. Lernbegleitung ist eine dauerhafte professionelle Aufgabe, die biographische Aufmerksamkeit und damit Augenmerk auf Lebensläufe erfordert, denn Schüler*innen sollen sich den eigenen Lernprozess vergegenwärtigen und dafür Verantwortung übernehmen. Sie können eine störanfällige Dokumentationsquelle sein, wenn Kollegien nicht deren Ansprüche an Qualität und vorausgehende Notwendigkeiten der Implementation bedenken (Bauer & Dufter-Weis, 2012). Nachfolgend heben wir die Reichweite und Besonderheit des Konzepts hervor.

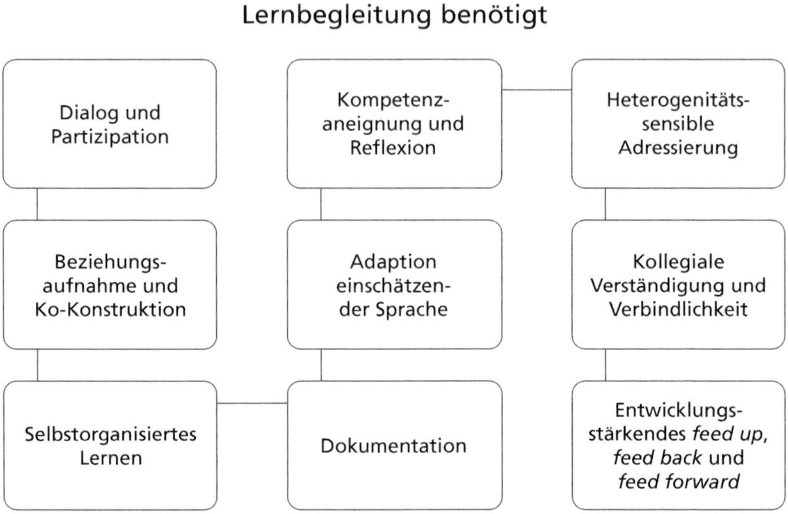

5 Implementation alternativer Konzepte der Leistungsbeurteilung

Lernbegleitung benötigt

- Dialog und Partizipation
- Kompetenzaneignung und Reflexion
- Heterogenitätssensible Adressierung
- Beziehungsaufnahme und Ko-Konstruktion
- Adaption einschätzender Sprache
- Kollegiale Verständigung und Verbindlichkeit
- Selbstorganisiertes Lernen
- Dokumentation
- Entwicklungsstärkendes *feed up*, *feed back* und *feed forward*

Abb. 22: Kategoriale Bestimmungsmerkmale von Lernbegleitung

Lernbegleitung, Dialog und Partizipation: Konzepte der Lernbegleitung gehen von der Grundidee der Förderung gelingender Bildungsprozesse und erfolgreichen Lernens durch Beteiligung an Entscheidung, regelhafter Verständigung und Reflexion aus. Damit

> »Schülerinnen und Schüler zu autonomen und selbstverantwortlichen Persönlichkeiten werden können, brauchen sie Lehrkräfte, die sie, orientiert an einem pädagogischen Lern- und Leistungsethos, in ihrer Individualität anerkennen und sich gemeinsam mit ihnen über Lern- und Leistungsperspektiven verständigen« (S.-I. Beutel & Ruberg, 2019, S. 115).

Sie setzen deshalb eine demokratische Lern- und Erfahrungsqualität von Schule voraus, in der gleichberechtigte Interaktion, Kommunikation und Mitbestimmung Kern regelhafter Verständigung zwischen Lehrenden und Lernenden sind.

Lernbegleitung, Beziehungsaufnahme und Ko-Konstruktion: Als Investition in eine demokratische Kultur, die Schüler*innen in ihrer Rolle als Akteur*innen des Lernens stärken möchte, schließen Lehrkräfte für die Ausdifferenzierung von Unterrichtsqualität die Ebene interner Evaluation durch die erhobenen Sichtweisen der Schüler*innen nicht nur mit ein, sondern beziehen diese systematisch als Verbesserungsimpuls demokratischer Unterrichtsentwicklung auf der Grundlage geteilter Intentionalität der Beteiligten ein.

Lernbegleitung und selbstorganisiertes Lernen: Dies schließt ein weitgehendes Partizipationsangebot an die Schüler*innenschaft ein, die in Navigation und Organisation ihres Lernens und dessen Auswertung involviert sind. Dazu gehören Absprachen zu individueller Lernplanung, Nutzung darauf bezogener Materialien, Angebote peerbasierten und interessengeleiteten Lernens und Feedbacks, die Erprobung von Zeit, die Raum- und Betreuungswahl, aber auch die Präsentation und Öffentlichkeit von Leistungen sowie zugehörige Evaluation von Kompetenzen.

Lernbegleitung und Dokumentation: Dies verlangt eine diagnostisch gesicherte Aufmerksamkeit auf Lernstand und Lernentwicklung und eine zugehörige verantwortete Verschriftlichung besonders auf Seiten der Lehrkräfte, auch als Grundlage kollegialer Unterrichtsentwicklung. Für die Gespräche mit den Schüler*innen bieten sich zudem Visualisierungen in Form von Lernlandkarten an, die Verknüpfungen abbilden, aber auch Entwicklungsverläufe und Kompetenzgewinn aufzeigen. Gerade deshalb ist auf die sprachliche Verständlichkeit und übersichtliche Handhabung bei der Nutzung von Lerntagebüchern oder Logbüchern zu achten (▶ Kap. 2; siehe auch S.-I. Beutel, Marx & Ruberg, 2019).

Lernbegleitung und Adaption einschätzender Sprache: Lernbegleitung ist deshalb mehr als nur die Auswertung individueller Lernvorgänge und steht explizit in Funktion, die Rückmeldung durch numerischen Ausdruck in Form von Noten zurückzudrängen zugunsten entwicklungsgerechter, sprachlich ausgewiesener und auf partizipative Auswertung hin angelegter Verständigung. Sie ist ein substanzieller Beitrag zu einer an förderlicher Lern- und Leistungsentwicklung aller Kinder und Jugendlichen orientierten Lernkultur, die Selbstaneignung sowie Planungs- und Selbstreflexionskompetenz in den Mittelpunkt einer Pädagogik stellt (S.-I. Beutel & Porsch, 2015; Riekmann, 2012).

Lernbegleitung, Kompetenzaneignung und Reflexion: Hierbei ist es naheliegend, dass schulpraktische Strategien der Lernbegleitung sich auf theoretische und psychologische Konzepte des Lernens beziehen. Lernen als individueller Prozess der Kompetenzaneignung wird dabei auch im Blick auf die jeweiligen Lernvoraussetzungen diskutiert. Theorien wie das

INVO-Modell (Modell der individuellen Voraussetzungen erfolgreichen Lernens) sprechen von kognitiven, motivationalen, volitionalen und emotionalen Aspekten des Lernens (Hasselhorn, 2017; Hasselhorn & Gold, 2006). Lernpsychologische und lerntheoretische Überlegungen erinnern daran, dass eine auf Unterstützung erfolgreichen Lernverhaltens ausgerichtete systematische und wirkungssichere Lernbegleitung in der Schule auf der Basis vielfältige Kompetenzen ausweisender und darauf Bezug nehmender Reflexion stattfinden sollte. Dies sensibilisiert insbesondere für die Aussagequalität und Reichweite der an den Schulen eingesetzten Instrumente und Verfahren.

Lernbegleitung und heterogenitätssensible Adressierung: Die Steuerung und Unterstützung von Lernprozessen ist eine stufenübergreifende Aufgabe, die in alters- und entwicklungsgerechten Instrumenten und Verfahren ihre Entsprechung finden muss. Diese können dazu beitragen, die Lernplanung begriffs- wie erwartungsklar, aber ebenso hinsichtlich individueller Voraussetzungen und Kompetenzstände motivierend und zielführend zu visualisieren. Sie stehen in Doppelfunktion als individueller Kompass und Selbstvergewisserung auf eigener Wegstrecke einerseits und Organisationsmatrix curricularer Vorgabe andererseits, um Verbindlichkeiten von Lernleistungen anzuzeigen, sowie Prüfungserwartung und Zertifizierung im Blick zu halten. Die Fortführung der Instrumente steht also in einem Spannungsbogen von Vereinheitlichung und Stufenbezug.

Lernbegleitung, kollegiale Verständigung und Verbindlichkeit: Damit ist eine kollegiale Aufgabe verbunden, nämlich Lernbegleitung und Leistungsbeurteilung systematisch in der Unterrichts- und Schulentwicklung zu verankern. Dazu ist es notwendig, Struktur, Kommunikation und Dokumentation in Fragen der Leistungsbeurteilung zeitlich und inhaltlich zu verankern (S.-I. Beutel & Ruberg, 2019, S. 114). Es gilt also, ein diagnostisch wie didaktisch ausgewiesenes Handlungsrepertoire einer Schule für einen systematischen Aufbau der Lernbegleitung und Leistungsbeurteilung zu nutzen und anzuwenden und notwendige partizipationsstärkende Elemente (z.B. Beteiligung an Lernplanung, Lehrer*in-Schüler*in-Feedback) bereitzuhalten und zu implementieren.

Lernbegleitung und entwicklungsstärkendes feed up, feed back und feed forward: In Anlehnung an Hattie und Timperley (2007) können drei Arten von Feedback differenziert werden, die gemeinsam und aufeinander bezogen bei der Lernbegleitung zu berücksichtigen sind: *Feed up* verdeutlicht den Schüler*innen ihre Lernziele, *feed back* informiert sie über ihren Lern- und Leistungsstand im Vergleich zu den zu erreichenden Zielen und macht Fortschritte in Bezug auf die Zielerreichung sichtbar. *Feed forward* schließlich eröffnet den Schüler*innen Wege zur weiteren Leistungsverbesserung und Lernzielerreichung, was entsprechend auch eine Reflexion und mögliche Adaption der Lernangebotsgestaltung seitens der Lehrkräfte erfordert. Neben dem zielgerichteten und sich ergänzenden Einsatz dieser Arten von Feedback spielt in diesem Zusammenhang die Erhebung lernförderlicher Wirkungen eine zentrale Rolle, nicht ohne auch darin liegende Machthierarchien auf Seiten der Lehrenden zu thematisieren. Es geht dabei zentral um die Frage pädagogischer Beziehungsgestaltung, um Respekt vor der Perspektive des anderen und um kommunikative Zugänglichkeiten auch im Konflikt: Die Erfahrung von Gerechtigkeit kann dann mit der Gesprächsweise und der Prozessqualität von Kommunikation einhergehen. Es spielen Verfahren der Standardisierung und Individualisierung von Feedback mit entsprechenden Beratungsanlässen eine Rolle. Letztere sollten sich durch inhaltliche Fokussierung, Zeit und Kultur der Reflexion auszeichnen: Es steht im Mittelpunkt, Beobachtungen, Beschreibungen und Beurteilungen zum individuellen Lernprozess aus der Perspektive der Selbst- und Fremdwahrnehmung auszuwerten, deren Wirkung auf die jeweilige Lerngruppe, aber auch für den Unterricht und das Schulleben insgesamt zu analysieren und darauf aufbauend neue Lernperspektiven entstehen zu lassen.

Eine Möglichkeit, curriculare, kompetenzbezogene und kommunikative Aspekte des Lernens und der Lernbegleitung zu verbinden, wird mit folgender Abbildung vorgeschlagen (▶ Abb. 23).

Die Hauptlinie geht dabei von den curricularen und kompetenzbezogenen Aspekten (erster Block mit vier Schritten) über Bedingungen und Chancen der Individualisierung und Differenzierung sowie der Beteiligung der Lernenden (zweiter Block mit vier Schritten) zur Präsentation, sozialen Anerkennung sowie Einbindung des Gelernten (dritter Block mit vier Schritten) und führt unter Berücksichtigung einer Förderorientierung zur Anwendung alternativer Beurteilungsformate mit Kommunikation und abschließender gemeinsamer Beurteilung von Lernergebnissen und Lernfortschritten (vierter Block mit vier Schritten). Dabei handelt es sich aus didaktischer Perspektive um eine pragmatisch entwickelte Heuristik, mit der verdeutlicht werden kann, dass Lernförderung nicht allein der Intuition und Erfahrung des beruflich geschulten pädagogischen Personals entspringt, sondern einer reflexiven Reorganisation bedarf. Selbstverständlich sind Modifikationen und Erweiterungen der Heuristik je nach schulindividueller Lehr- und Lernsituation denkbar und notwendig.

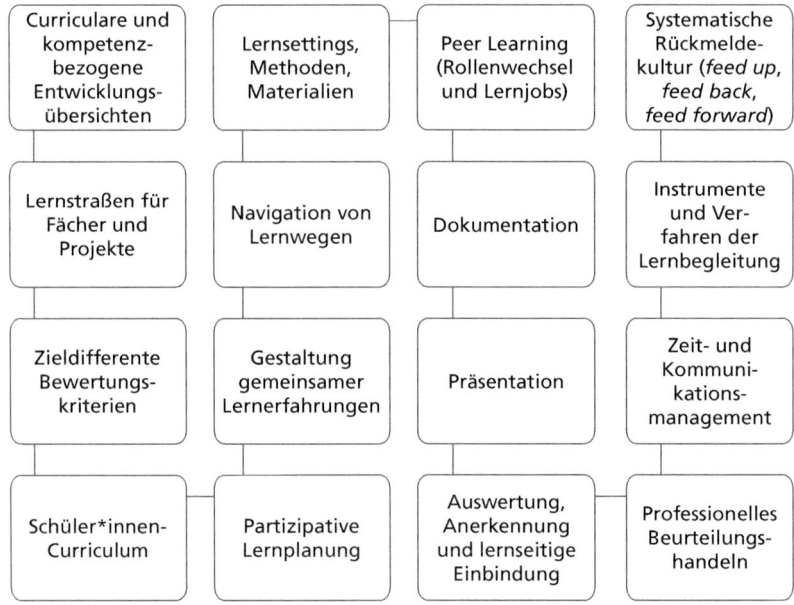

Abb. 23: Heuristik der Lernförderung

5.5 Fortbildungsbasierte Etablierung und Verstetigung einer förderorientierten Leistungsbeurteilung

Wie in diesem Kapitel eingangs dargestellt, gibt es aus der Erprobung der im Rahmen der Deutschen Schulakademie organisierten Langzeitfortbildung »Lernbegleitung und Leistungsbeurteilung: Fördern, beteiligen, dialogisch reflektieren« aus verschiedenen Bundesländern Erfahrungswerte, die in ein Werkstatthandbuch (S.-I. Beutel & Xylander, 2021b) gemündet sind, das fortbildungsdidaktische Hinweise enthält. Darüber hinaus liegt zu dieser als Werkstatt gestalteten Langzeitfortbildung auch eine wissenschaftliche Evaluation vor (S.-I. Beutel & Ruberg, 2019). Ziel dieser Evaluation war es, sowohl personelle und strukturelle Gelingensbedingungen für die Etablierung einer förderorientierten Lern- und Leistungskultur zu identifizieren als auch Erkenntnisse über Mechanismen zu gewinnen, die eine nachhaltige Implementation und Verstetigung der Instrumente und Verfahren erschweren bzw. behindern. Die Darstellung der Evaluationsbefunde versteht sich somit auch als Beitrag einer Bildungsforschung, die die realen Bedürfnisse der Bildungspraxis wahrnimmt und dafür die von Lehrkräften täglich erhobenen Daten nutzt (Shirley, 2016), basierend auf Dokumentenanalysen, Fragebogenerhebungen und Gruppeninterviews.

Die Befunde der Evaluation sind in einem Bericht differenziert dargestellt (S.-I. Beutel & Ruberg, 2019). Zentrale Befunde sind, dass sich die enge Verzahnung von Lernen und Leistung in einem förderorientierten und auf Individualisierung zielenden Gesamtkonzept von Schulen widerspiegeln und dass sich Lernprozesse und Leistungsbeurteilung nicht isoliert voneinander denken lassen. Grundsätzlich werden die Überarbeitung und Einführung von lernförderlichen Verfahren und Formaten als vielschichtige und komplexe Entwicklungsziele markiert. Zu bilanzieren ist, dass die Teilnehmenden – angesichts einer derzeit unumgänglichen Praxis der Notengebung – nach Alternativen suchen und durch Lernbegleitung dazu beitragen möchten, dass Noten zumindest gerechter vergeben werden können. Ziel ist es, dass Zensuren durch eine differenzierte, partizipative und dialogisch angelegte Lernbegleitung nachvollziehbar und Perspektiven eröffnend wirken. Die Aussagen der Schüler*innen bestätigen, dass die an ihren Schulen etablierten Instrumente und Verfahren der Lernbegleitung und Leistungsbeurteilung als Unterstützung im individuellen Lernprozess wahrgenommen werden, während Noten dagegen vor allem in ihrer Allokations- und Selektionsfunktion sichtbar sind. Lernen und Leisten finden an den ausgewählten Schulen in einer Lernumgebung statt, die Selbstorganisation sowohl durch Unterstützung der Lehrkräfte als auch über Peer-Verfahren anstrebt. Neben der systematischen und kompetenten Nutzung der Verfahren und Formate spielt das Unterstützungshandeln der Lehrperson eine entscheidende Rolle. Damit Schüler*innen zu autonomen und selbstverantwortlichen Persönlichkeiten werden können, brauchen sie Lehrkräfte, die sie, orientiert an einem pädagogischen Lern- und Leistungsethos, in ihrer Individualität anerkennen und sich gemeinsam mit ihnen über Lern- und Leistungsperspektiven verständigen. Damit werden eine verantwortungsvolle Kommunikation und pädagogische Beziehungsgestaltung (S.-I. Beutel, Kleina & Ruberg, 2018) zu zentralen Professionalisierungsanliegen.

Zusammenfassend kristallisieren sich auf Basis der Evaluationsbefunde eine Reihe zentraler Empfehlungen heraus (S.-I. Beutel & Ruberg, 2019), die mit Blick auf das Format der Werkstatt formuliert sind. Die folgenden Punkte stehen zugleich beispielhaft für relevante Elemente und prozessbezogene Gelingensbedingungen der Gestaltung fortbildungsbasierter Lerngelegenheiten schulischer Innovationsprozesse zur Thematik von Lernbegleitung und Leistungsbeurteilung:

Den Zusammenhang von Lernen und Leistung verdeutlichen
Kompetenz- und partizipationsorientierte Formate der Lernbegleitung und Leistungsbeurteilung sind eingebunden in eine individualisierte und inklusionsermöglichende Schulkultur und können nicht isoliert davon betrachtet und entwickelt werden. Wichtig ist, dass Lehrkräfte erkennen, dass Schulentwicklungsprozesse, die ein individualisiertes und inklusives Lernen anstreben, gleichzeitig die Formate der Lernbegleitung und Leistungsbeurteilung einschließen.

Das Potenzial von Peer-Beziehungen nutzen und gemeinsames Lernen stärken

Im Kontext individualisierter Lernsituationen können Schüler*innen vom Unterstützungshandeln ihrer Peers profitieren und eine einseitige Lehrer*innenzentrierung ausgleichen. Lehrkräfte sollten über Modelle des Peer-Learnings informiert und ermutigt werden, Lernende stärker partizipieren und sie beispielsweise Lern-Jobs übernehmen zu lassen.

Kommunikative Verantwortung von Lehrkräften erkennen

Rückmeldungen im Kontext prozessorientierter und mehrperspektivisch angelegter Leistungsbeurteilung sollten in präziser, verständlicher und anerkennender Sprache Lernentwicklungen sowie Förderperspektiven dokumentieren. Professionelle und dialogisch angelegte Kommunikation ist damit eine zentrale Professionalisierungsaufgabe von Lehrkräften.

Den besonderen Stellenwert der Schulleitung hervorheben

Da die Schulleitung das wichtige Management für Innovations- und Reformprozesse innehat, wird empfohlen, ihre besondere Funktion im Rahmen von Fortbildungsformaten wie der hier betrachteten Werkstatt weiterhin hervorzuheben und eine obligatorische Teilnahme der Schulleiter*innen an allen Angebotssegmenten bzw. Modulen eines solchen Veranstaltungsformats einzuführen.

Praxiserfahrene Leitung und wissenschaftliche Begleitung beibehalten

Da die Befragten berichten, von den praktischen Erfahrungen der Werkstattleitung profitiert zu haben, sollten auch bei entsprechenden zukünftigen Fortbildungsformaten authentische Schulentwicklungserfahrungen sowie praktische Vorerfahrungen im Leitungshandeln bei der Auswahl der Verantwortlichen eines entsprechenden Angebots berücksichtigt werden. Entscheidend ist, dass das Praxiswissen dieser Leitung nicht losgelöst von der wissenschaftlichen Begleitung betrachtet werden kann. Die wissenschaftliche Expertise kann den notwendigen Transfer leisten, den Zusammenhang von Lernen und Leistung präzisieren und ein klares, gemeinsam geteiltes Verständnis von kompetenz- und verständigungsorientiertem Lernen herausbilden.

Überzeugungsarbeit im Kollegium und in der Elternschaft unterstützen
Schulleitungen und Lehrkräfte, die Innovationen und Veränderungen anstoßen möchten, müssen sowohl Kolleg*innen als auch die Eltern überzeugen. Dies wird von vielen Lehrkräften als zentrale, aber auch schwierige Aufgabe gedeutet. Schulleitungen und Kollegien sollten für diese Aufgabe gestärkt und qualifiziert werden. Hier können u. a. die Landesinstitute, aber auch Schulleitungen aus Preisträgerschulen und eine sie begleitende wissenschaftliche Beratung aus Universitäten und Forschungsinstituten wichtige Partner*innen sein, indem sie Lehrkräfte und Schulen strategisch unterstützen.

Teamkultur und Verständigung im Kollegium stärken
Die Lehrkräfte heben die ko-konstruktiven Arbeitsphasen als besonders positiv und lernintensiv hervor. Da sich der Transfer der Inhalte entsprechender Fortbildungsformate in die Einzelschule nicht linear gestaltet, sondern im Kontext der jeweiligen Schulentwicklungsprozesse umgesetzt wird, sind für die Übertragung der erarbeiteten Konzepte Kooperationsstrukturen notwendig. Schulleitungen sind deshalb gefragt, die Etablierung schulinterner Strukturen nachhaltiger Entwicklungsarbeit und -kooperation zu unterstützen.

Selbstwirksamkeitserfahrungen ermöglichen
Lehrkräfte, die sich selbstwirksam erleben, stoßen eher Veränderungs- und Innovationsprozesse an als passive Kolleg*innen mit geringer Beteiligungsmotivation (Schmitz & Schwarzer, 2002, S. 208). Die Mehrheit der Befragten hat sich als aktiv erlebt und sieht darin eine professionell-personelle Ressource. Schulleitungen sollten überlegen, wie sie durch Gestaltungs- und Partizipationsspielräume der Kolleg*innen das Selbstwirksamkeitserleben des Kollegiums stärken und somit eine veränderungsoffene Schulkultur begünstigen können.

5.5 Fortbildungsbasierte Etablierung förderorientierter Leistungsbeurteilung

Verstetigung durch Bildungsnetzwerke veranlassen
Da die schulinternen sowie -externen Zusammenarbeiten besonders positiv aufgefasst wurden, wird die Etablierung von Bildungsnetzwerken als wichtiger Innovationsimpuls erachtet. Die multiprofessionelle Zusammenarbeit als zentrale Voraussetzung für Schulentwicklung kann vor Ort durch das Landesinstitut unterstützt sowie überregional durch digitale und analoge Professionalisierungsangebote des Deutschen Schulpreises flankiert werden (S.-I. Beutel, 2022). Die Befragten wünschen sich eine Datenbank, welche Schulen mit ähnlichen Entwicklungsaufgaben auflistet, sowie eine Initiative zur Vernetzung, die auch bildungspolitische Forderungen mit einschließen kann.

Mit Blick auf die Rahmenbedingungen für eine gelingende schulische und schulübergreifende Umsetzung von Alternativen der Leistungsbeurteilung lassen sich auf Basis der Evaluationsbefunde folgende Erkenntnisse herausstellen:

Der Erfolg von Schulentwicklungsprozessen – gerade auch im komplexen Zusammenhang von Leistungsförderung und Leistungsbeurteilung – muss datenbasiert gesichert und durch eine begleitende Evaluation transparent, nachvollziehbar und damit über den Einzelfall hinaus potenziell nutzbar gemacht werden.

Mit Unterschieden zwischen den verschiedenen Bundesländern und insbesondere zwischen Flächenländern und den Stadtstaaten (die in der Regel unter einem größeren Differenzierungs- und Reformdruck stehen) kann man davon ausgehen, dass in der Primarstufe bis hin zur Sekundarstufe I schon relativ viele alternative Formen (zur Ziffernbenotung) und Instrumente der Leistungsbeurteilung eingesetzt werden bzw. eingesetzt werden können (▶ Kap. 2) – sofern sich die Schulen um solche alternativen oder jedenfalls urteilsdifferenzierenden Formen und Konzepte bemühen.

Anders sieht das in der Sekundarstufe II, insbesondere an den Gymnasien, aus. Dort ist bereits am Übergang von den zuführenden Schulen, dann aber auch im Verlauf der Sekundarstufe bis hin zu den Abschlüssen (im Normalfall Allg. Hochschulreife) der Selektionsdruck einerseits, das curricular zentrierte Leistungskonzept andererseits und der daraus resultierende Blick auf die individuelle Leistung (meist additiv als Fachleistungsbilanz zu sehen) so ausgeprägt, dass Formen der Leistungsbeurteilung, die nicht auf standardisierbare Weise »verglichen« werden können, ins Abseits geraten.

Die im Laufe der Ausdifferenzierung und Verdichtung digitaler Datenverwaltung auch im Bereich des Schulwesens sichtbar werdende zusammenfassende Strukturierung von Schuldaten erzeugt einen Standardisierungs- und Entindividualisierungsdruck auf die Schulen. Die Konzeption, schulische Leistungsdaten auch beim Prozess der Zeugnisgebung zentral und möglichst vergleichend zu erfassen, wird auf diese Art und Weise ungewollt zu einer Gegenkraft mit Blick auf die aus pädagogischer Sicht notwendige Individualisierung von Leistungsbeurteilung in der einzelnen Schule ebenso wie bei den Lernenden.

Ein erfolgversprechendes, schulindividuelles Reformkonzept benötigt, wenn es Akzeptanz bei den Kollegien und schließlich auch in der Schulgemeinde gefunden hat, dringlich die Unterstützung und Anerkennung der jeweiligen Schulpolitik vor Ort, vor allem also der sich im Idealfall als Beratungsinstanz verstehenden lokalen Schulaufsicht.

Eine handlungsleitende Atmosphäre setzt hierbei nicht auf den schnellen Vollzug, wohl aber auf die Verständigung darauf, dass die Teilnehmenden sich nicht nur als lokale Akteur*innen von Einzelschulen einem Entwicklungsvorhaben in ihrer Bildungsregion verschreiben, sondern Teil einer bundesweiten Reformbewegung sind, die an einer neuen Qualität von Schule arbeitet, die Kinder und Jugendliche in ihrer Entwicklungsfähigkeit anerkennt. Ziel kollegial-teambezogener Arbeit ist ganz bewusst, die jeweilige Schule an Bildungsteilhabe, Gerechtigkeit und Mitwirkung zu orientieren und damit eine Signatur für Vielfalt und gegen Ausgrenzung zu stiften.

Nicht zuletzt geht es darum, die Lehrer*innen in ihrer Profession zu stärken, ihnen die Fachlichkeit und Reflexionstiefe für eine zeitgemäße Veränderungsstrategie von lernnaher Förderung und Leistungsbeurteilung zuzubilligen und diese auch als Teil demokratischer Kultur zu verstehen.

Unter weiterer Berücksichtigung der Ergebnisse der Evaluation konnten zudem wichtige Meilensteine für die künftige Anlage für Kurzzeit- und Langzeitfortbildungen in diesem Themenfeld definiert werden. Dies ist gerade in der heutigen Zeit besonders wichtig, da die Nachfrage nach Alternativen der Leistungsbeurteilung und einer neuen Prüfungspraxis

5.5 Fortbildungsbasierte Etablierung förderorientierter Leistungsbeurteilung

Klausuren und Lerncheckalternativen: Wie können Lernsituationen und Prüfungssituationen einander angepasst werden? Wie können Prüfungssituationen phasiert werden? Welche Aufgabenstellungen braucht es? Wie können Alternativen Schüler*innen mehr befähigen, neu Erlerntes zu transferieren?

Leistungen und zivilgesellschaftliches Engagement: Welche Leistungen sollen gefördert und anerkannt werden? Wie gelingt es, Leistungen in einen Öffentlichkeitsbezug zu stellen? Was bedeutet Solidarität als Kategorie dafür?

Assessment in Schüler*innen- und Lehrer*innenhand: Welche Bewertungsmethoden werden bereits einbezogen oder sollen künftig eine Rolle spielen? In welchem Verhältnis stehen *Child leads the assessment* und *Teacher leads the assessment*?

Navigation und Entwicklungsbegleitung: Welche Instrumente und Verfahren fördern Metakognition, Verstehen, Verständigung und Nachhaltigkeit? Wie werden Qualität und Wirkung gesichert?

Zukunftskompetenzen: Welche Fähigkeiten sind erforderlich, welche Werte sollen zählen? Wie wollen wir mit Unwägbarkeit und Mehrdeutigkeit in der Schule umgehen? Wie kann es gelingen, künstliche Intelligenz mit den kognitiven, sozialen und emotionalen Fähigkeiten von Schüler*innen und Lehrer*innen zu verbinden?

Lern- und Leistungsbegriff: Was gehört zu einem zukunftsfähigen Lern- und Leistungsverständnis als Teil demokratischer Kultur in der Schule? Wie können in einer Welt der Globalisierung, Digitalisierung und Ungewissheit kognitive, soziale und emotionale Ressourcen Heranwachsender in der Schule mobilisiert werden?

Abb. 24: Roadmap: Entwicklungsportfolios, Prozessbegleitung, Zeugnisse (Grafik: Elisa Jeske)

bundesweit präsent ist und es dazu der passenden Fortbildungsangebote bedarf, die sich der wissenschaftlichen Expertise ebenso vergewissern wie der vielfältigen schulischen Anwendungspraxis.

Für die konkrete Arbeit in den Kollegien stellt sich die Frage, wie vor diesem Hintergrund Ansätze einer intensiven Auseinandersetzung mit Alternativen der Leistungsbeurteilung praxiswirksam werden können. Hierzu erweisen sich aus neueren Fortbildungserfahrungen folgende Fragerichtungen als hilfreich, die in unterschiedlichen Gremien und Fachkonferenzen zum Thema gemacht werden können und schließlich konsensuell in eine Handlungsstrategie überführt werden müssen (für eine schulentwicklungsbezogene Rahmung von Aspekten eines schulischen und vernetzten Roll-outs formativer Leistungsbeurteilung siehe auch S.-I. Beutel & Xylander, 2021a; Manitius, 2021). Aktuell gegenwärtige Aspekte zur Neugestaltung der Leistungsbeurteilung bildet die dargestellte Roadmap ab, die als Ausgangspunkt und Orientierungsrahmen für individuelle schulische Entwicklungen dienen kann (▶ Abb. 24).

Weiterführendes Video-, Audio- und Textmaterial: Lernbegleitung und Leistungsbeurteilung

Im Folgenden finden Sie Links zu weiteren Artikeln und Video- und Audioclips zum Thema Lernbegleitung und Leistungsbeurteilung.

- **Lernen ohne Noten**
  In einer dieses Buch ergänzenden Videoreihe sprechen Silvia-Iris Beutel und Hans Anand Pant über den Verbleib von Ziffernnoten, den Zusammenhang von Lernen und Leistungsbeurteilung, alternative Lern- und Feedbackkultur sowie Zeugnisse ohne Noten.
  https://deutsches-schulportal.de/expertenstimmen/leistungsbeurteilung-lernen-ohne-noten/
- **Nicht ein Virus ist schuld**
  Die Corona-Krise ist auch eine Krise des Schulsystems. Die Gründe liegen in vier Verirrungen, die schon lange vor der Pandemie existierten und in diesem Beitrag von Hans Anand Pant erläutert werden. Er plädiert für ein neues Verständnis von Leistung, für Kooperation

und Ko-Konstruktion statt Rückkehr zum vermeintlich Bewährten.
https://deutsches-schulportal.de/expertenstimmen/nicht-ein-virus-ist-schuld/
- **Moderne Leistungsbeurteilung braucht keine Noten**
Silvia-Iris Beutel und Thomas Häcker diskutieren die Notwendigkeit einer modernen Leistungsbeurteilung in Schulen, die ohne Zensuren und Noten auskommt. Aktuelle Ansprüche an den Unterricht und die Schule erfordern eine transparente, partizipative und lernförderliche Leistungsbeurteilung. Daraus ergibt sich die Notwendigkeit einer Reform der Leistungsbeurteilung, um eine neue Lernkultur zu schaffen.
https://deutsches-schulportal.de/expertenstimmen/neue-lernkultur-moderne-leistungsbeurteilung-braucht-keine-noten/
- **Verzicht auf Schulnoten möglich – und bildungsgerechter?**
Der Frage, ob Schulnoten durch andere Formen der Leistungsbeurteilung ersetzt werden können und Bildung dadurch gerechter wird, geht Silvia-Iris Beutel in einer Diskussion mit der Schulleiterin Rita Bovenz nach.
https://www.telekom-stiftung.de/sites/default/files/files/media/publications/sonar-Nr-15.pdf
- **Notenkritik und neue Prüfungskultur**
Silvia-Iris Beutel diskutiert mit dem Lehrer und Bildungsinfluencer Bob Blume im Podcast »Die Schule brennt« über ein Lernen ohne Noten. Dabei treten innovative Konzepte von Didaktik und Lernförderung hervor. Es wird deren Bedeutung für neue Prüfungsformate thematisiert. Zugleich wird deutlich, dass die Bildungspolitik den derzeitigen Stand dieser Diskussion noch nicht vertiefend aufgenommen hat.
https://www.ardaudiothek.de/episode/die-schule-brennt-der-bildungspodcast-mit-bob-blume/silvia-iris-beutel-wenn-keine-noten-was-dann/swr/13555053/
- **Chancen und Herausforderungen notenalternativer Leistungsbeurteilung**
In einem Beitrag für den Blog »Schule, Lernen, Bildung im 21. Jahrhundert« der Bertelsmann Stiftung skizzieren Silvia-Iris Beutel, Martin Goy und Christiane Ruberg auf Basis aktueller For-

schungsbefunde und mit Blick auf schulische Rahmenbedingungen Chancen und Herausforderungen eines förderlichen Einsatzes formativer Formen von Leistungsbeurteilung für ein Lernen ohne Noten.
https://schule21.blog/2024/07/03/schule-ohne-noten/
- **Wie demokratisch kann Prüfungskultur sein?**
Dieser Fragestellung gehen Eike Völker, stellvertretender Schulleiter der Schiller-Schule Bochum, und Martin Schmitt, Director of Middle School (German Section) der German European School Singapore, gemeinsam mit Silvia-Iris Beutel nach. Dabei geht es um Prüfungsformate, die für Schüler*innen beteiligend sind, KI nutzen sowie Lernkultur, Wellbeing und Nachhaltigkeit verbinden. Die Veranstaltung fand im Kontext der Aktion #IchStehAuf statt, die von der Trägergruppe des Deutschen Schulpreises durchgeführt wurde.
https://deutsches-schulportal.de/unterricht/wie-demokratisch-kann-pruefungskultur-sein/

6 Lernen ohne Noten verändert Schule – Zwischenstand in einem Entwicklungsprozess

Silvia-Iris Beutel, Hans Anand Pant

Die im deutschsprachigen Raum über fünfzigjährige Tradition empirischer Forschung zur Notengebung und die daran anschließende Kritik, die – entgegen einer nahe liegenden Erwartung und im Unterschied zu anderen schulkritischen Bewegungen der Reformzeit der 1960er- und 1970er-Jahre – bundesweit nie einen bildungspolitischen Aufbruch oder gar eine flächenwirksame Strategie zur Suche nach Alternativen hervorgebracht hat, könnte zur Resignation verleiten: In einer solchen Sichtweise wird das anhaltende Bestehen, die schulpraktisch mehrheitlich kaum hinterfragte Präsenz von Noten und Punktbewertungen damit erklärt, dass diese unverzichtbare, da auch verständliche und eben tradierte Instrumente einer verrechenbaren und justiziablen Nachweis- und Zertifizierungspraxis sind. Die scheinbare Objektivität der Zahl, ihre bedeutungsmäßige Bindung an Begriffspaare wie »richtig versus falsch«, »objektiv versus subjektiv«, der den Zahlen aufgrund ihrer Dominanz in der technischen Entwicklung unserer Kultur innewohnende Zauber, etwas Wahres, Richtiges, objektiv Messbares zu beschreiben, dominiert unübersehbar in Alltagskultur und Praxis auch die Leistungsbeurteilung in der Schule. Bohl (2022) konstatiert hierzu:

> »Schulnoten spiegeln leider nicht verlässlich wider, was jemand in einem Fach tatsächlich weiß und kann. Dies hängt auch damit zusammen, dass die schulische Leistungsbeurteilung zahlreichen Fehlerquellen unterliegt, dies ist seit Jahrzehnten bekannt (z. B. Jürgens & Sacher, 2000)« (S. 9).

Hinzu kommt, dass die Schule als Institution in der modernen Gesellschaft und in ihrer historischen Genese als Organ der »Belehrung und Verkündigung« ähnlich den Kirchen, deren Traditionslinie sie ja auch entstammt, eine beeindruckende Resistenz gegenüber grundlegenden Veränderungen auszeichnet. Dies betrifft auch und gerade die Beharrungskraft der Notengebung. Im Hinblick auf die Aufgabe der Erziehungswissenschaft in Situationen, in denen es gegenüber der gegebenen Konstellation eine normativ und empirisch begründete und pädagogisch zu bevorzugende Alternative gibt, lässt sich folgende Aussage von Tillmann (2017) anführen, die dieser im Hinblick auf die Struktur des allgemeinbildenden Schulwesens in Deutschland formuliert hat und die sich auch auf die Frage der Leistungsbeurteilung mittels Ziffernnoten beziehen ließe:

> »In einer solchen Situation ist es aber die Aufgabe der Erziehungswissenschaft, den Status quo nicht einfach hinzunehmen, sondern ihn mit wissenschaftlichen Mitteln zu kritisieren – und zugleich die Politik mit alternativen, mit möglicherweise besseren Lösungen zu konfrontieren« (S. 140).

Die Schule ist in ihrer bürokratischen Rationalität eine Institution der Reproduktion und Weiterentwicklung bestehender gesellschaftlicher Verhältnisse und der effizienten, meritokratischen Sicherung von Kontinuität in den entwickelten westlichen Gesellschaften und damit eine funktionale Institution im staatlichen Berechtigungswesen seit dem 19. Jahrhundert (Klafki, 1996), die das Element der Leistungserbringung und entsprechend der Beurteilung von Leistungen zu einem ihrer Grundpfeiler ausdifferenziert hat.

Dieser der unhinterfragten Tradition der Notenschule geschuldete Blick auf vermeintlich mangelnde Reformchancen übersieht jedoch die Aufgaben der Schule heute. Im Kontext der Anforderung von Bildungsgerechtigkeit, Digitalisierung und Demokratiebildung sind vielfaltsgerechte Lehr-Lern-Designs und eine neue Prüfungskultur (S.-I. Beutel & Ruberg, 2023b) notwendiger denn je. Sie erfordern eine Erweiterung des professionellen Handelns von Lehrkräften. Dieses neue Repertoire kann dann nicht länger die Ungewissheit von Zukunft als Störfaktor im Betriebsablauf der Schule aufnehmen, sondern sollte diese als Chance pädagogischer Neuausrichtung im Verbund mit Fachwissenschaft und Fachdidaktik erkennen, was auch eine Aufgeschlossenheit gegenüber und Anwendungssicherheit von digitalen Formaten erwarten lässt (S.-I. Beutel, Radhoff et al., 2018; Häcker & Walm, 2015). Davon kann die Leistungsbeurteilung nicht ausgenommen werden.

Im Schlussteil wollen wir mit der Bündelung und themenbezogenen Zusammenfassung zentrale Ergebnisse dieses Buches festhalten. Es geht dabei um die schulische Profilbildung und die Qualität der Kooperation der Professionellen sowie der Evaluation und Steuerung, um einen nutzbaren Qualitätsrahmen der Schulentwicklung aufzuzeigen, der Veränderungen der Leistungsbeurteilung nicht partikulär, sondern systematisch, nicht verordnet, sondern mit kreativem Eigensinn denken lässt, um auf Basis schulinterner Konzeptklarheit Nachhaltigkeit und Verstetigung zu gewährleisten.

Welche Möglichkeiten es hierzu gibt, veranschaulichen die nachfolgenden Ausführungen. Ausgehend von den Inhalten, die in diesem Band dargestellt wurden, fassen die folgenden drei Abschnitte Kerngedanken zur schulischen Beschäftigung mit alternativen und innovativen Konzepten der Leistungsbeurteilung pointiert und entwicklungsorientiert zusammen. Hierbei wird der Bogen – quasi spiegelbildlich zu der Argumentation in den Kapiteln des Bandes – von den konkreten einzelnen schulischen Entwicklungsmöglichkeiten wieder zurück zu den konzeptionellen Definitionen und gesellschaftlichen Rahmenperspektiven geschlagen, welche im Hinblick auf die Praxis an und Innovation von Schulen die Ausgangspunkte und strukturellen Handlungsspielräume eines »Lernens ohne Noten« darstellen. Um dies möglichst konkret und entwicklungsnah zu gestalten, möchten wir an dieser Stelle noch einmal explizit die Perspektiven von Expert*innen aus Preisträgerschulen des Deutschen Schulpreises einbeziehen, die in den Kapiteln zuvor zu Wort gekommen sind.

6.1 Lernorganisation, dialogische Diagnostik und Kommunikation

Differenzsensible und demokratiepädagogische Lern- und Leistungsbeurteilung:
Die in diesem Band referierten Prozesse an den Preisträgerschulen zeigen, dass aus der Wahrnehmung des Eingebundenseins in zivilgesellschaftliche

Verantwortung besonders in der Betreuungsverantwortung für eine heranwachsende Generation langfristig eine differenzsensible, also integrierende Leistungsbeurteilung mit Materialien, Instrumenten und Verfahren zur Reflexion des Kompetenzzuwachses und zur Persönlichkeitsbildung unterrichtspraktisch wirksam werden kann. Das schließt Kompetenz und Haltung, aber auch Mut und Gestaltungsfreiraum zur einzelschulischen Varianz in der Orchestrierung von Lernen und Leistung angesichts vorhandener Standortqualitäten und Bedürfnisse des Schüler*innenklientels ein, immer aber auch die gemeinsame Arbeit an einem demokratischen und pädagogischen Grundverständnis, an Normen und Werten, die Individualität und soziale Verantwortung sowie mündige Bürgerschaft als Zielvorgaben verfolgen.

Schulkulturelle Verankerung partizipativer Strukturen: Leistungsbeurteilung differenz- und demokratiepädagogisch zu verstehen bedeutet auch, gesellschaftlich-politisches Denken in der Schule (neu) zu etablieren, es zum Gegenstand der Konferenzkultur einer Schule und ihrer organisierten Steuer- und Fachgruppen werden zu lassen, es in Profil, Leitbild und Programm zu verankern. Exemplarisch zeigen dies die Passagen zu der Grundschule auf dem Süsteresch: Ungelöste Aufgaben von Teilhabe und Gerechtigkeit, von der Fortschreibung von Demokratie und zivilgesellschaftlichem Engagement, von die Weltpolitik bestimmenden Krisen und Widersprüchen, von Fragen humanen, anerkennenden und toleranten Umgangs miteinander spiegeln sich in den Erziehungs- und Bildungslagen wie Bedürfnissen der Kinder. Schulen arbeiten deshalb zwangsläufig, so lässt sich folgern, an demokratischer Erziehung sowie an Partizipation ausweisenden Organisations- und Mitwirkungsstrukturen des gesamten Schullebens.

Kollegiale Kooperationsentwicklung in systemischer Einbettung: Eine auf vielfältige Entwicklungssituationen der Schüler*innen antwortende didaktische Moderation, die Innovation und Implementation eines Angebots an für gesellschaftliche Schlüsselfragen beispielgebenden Lerngelegenheiten bereithält, benötigt eine Übereinkunft der regionalen wie überregionalen Bildungsverantwortlichen. Reformengagierte Schulleitungen und Kollegien planen deren externe Entwicklungsleistungen für eine Schule bewusst mit ein und unterfüttern Wandel mit lebendigem Diskurs und Kooperation im Sinne organisierten Lernens der Lehrenden voneinander: »Die Arbeit in Lehrerteams nach den Grundsätzen der Professionellen Lerngemeinschaft bedeutet eine Abkehr von der Arbeitskultur des isolierten Nebeneinanderarbeitens, das traditionell typisch für den Lehrerberuf ist« (Bonsen & Feldmann, 2018, S. 44). Es geht dann um die »Kerntätigkeit der Lehrkräfte: die Planung, Durchführung und Reflexion von Unterricht. Allerdings ist diese Kerntätigkeit nun nicht mehr allein die ›Privatangelegenheit‹ einzelner Lehrkräfte« (Bonsen & Feldmann, 2018, S. 45). Die kollegiale Investition in eine durch Maßnahmen der pädagogischen Diagnostik, des Feedbacks und der Kommunikation gestärkte Beziehungsarbeit erfolgt schulkonzeptionell in allen drei Fällen durchaus unterschiedlich, ist aber – und dies erscheint uns wichtig hervorzuheben – unabhängig von der Schulform.

Differenzierung als Beitrag zur Inklusion: Dass die Lernorganisation und eine auf individuelle Kompetenzbildung einzahlende differenzierte Unterrichtsqualität einen schulbesonderen Beitrag zur Inklusion leisten, veranschaulicht die Integrierte Gesamtschule Hannover-List beispielgebend. Zur Vielfalt als elementarer Bildungserfahrung gehört die Stärkung der Eigenverantwortung der Schüler*innen durch Tiefe und Nachhaltigkeit des Lernens in Vertiefungs- und Selbstlerneinheiten. Reflexion und Beurteilung vollziehen sich dann entlang binnendifferenziert aufbereiteter Lernsettings und kompetenzbasierter Überprüfung von Lernständen. Kooperative Mitbestimmung und Peer-Learning sind somit nicht Bei- und Zufallsprodukte der Gruppenbildung, sondern bewusst herbeigeführte integrierende Elemente der Erfahrung des Schulalltags. Sie schließen eine Parteinahme für den jeweils anderen ein, dies ist mehr als nur eine pädagogische Geste gepflegter Sozialität, sondern vielmehr Basiserfahrung des Demokratielernens.

Arrangements und Rahmungen demokratischer Bildungskultur: Eine demokratische Bildungskultur, so wird es weiterhin deutlich, benötigt kompetenzorientierte und kooperative Lernarrangements, die Navigation ermöglichen, die Erwachsene wie Kinder und Jugendliche gleichermaßen zu ausdifferenzierter Partizipation verpflichten und diese fördern. Integration in und Beteiligung an Demokratie kann jedoch vielfältig instrumentiert werden. Einerseits über Organisations- und Mitspracheforen der verfassten Schule, wie Klassenrat und Schüler*innenparlament, andererseits über die Erfahrung eigenständigen Handelns sowie Austausch und

Aushandlung in heterogenen Gruppen mit demokratischer Entscheidungskultur. Schule, das Leben der Heranwachsenden und die sie umgebende Welt können sich dann als Bezugsrahmen erweisen, der sich wechselseitig durch die Perspektive der Bearbeitung entfaltet und damit Bedeutung erhält. Dies schließt ein, dass Lernen nicht hierarchisch verordnet nach curricularen Erwartungen und Zielen stattfindet, sondern Interesse und Selbstständigkeitskompetenz der Kinder und Jugendlichen geweckt und gewürdigt werden, bewusst nach Kreativität und individuellem Verstehen gefragt wird.

Sozial-kooperative Einbindung schulischer Lern- und Leistungsorientierung: Dass die Schulen lern- wie leistungsambitioniert auftreten, belegen viele Domänen betreffende Curricula. Das bedeutet, dass es hier keine klassische Fokussierung auf akademisch auszubildende Kompetenzen gibt. Inhaltliche Schwerpunktsetzungen und Profilausrichtungen der Schulen z. B. im MINT-Bereich werden mit Labors und Ateliers für forschendes Lernen und mit schulöffentlicher Präsentation sowie entsprechenden Projektarbeiten verknüpft. Wettbewerbsteilnahmen und Kooperationen mit namhaften, exzellenten Partnern des tertiären Bildungsbereichs schließen sich an. Die sozial-kooperative Bindung jeder besonderen Leistung wird hier für Schüler*innen besonders erfahrbar.

Lernförderung und -dokumentation als gemeinsame Verantwortung: Eine daran anschließende Besonderheit ist, dass Förderung sich nicht allein in der Anlage curricular strukturierter Module und Zeitfenster konkretisiert, sondern ausdrücklich in der Vertrauensbildung und wechselseitigen Bezugnahme zwischen den Mitlernenden und Lehrkräften, die – oftmals in Doppelbesetzung – präsent sind, lernseitige Wirkung und nicht zuletzt Biographiearbeit entstehen lässt. Fachdidaktisch begründete und in ihren Zielen regelhaft überprüfte und vor allem adressatenbezogen abgestimmte Förder- und Entwicklungspläne tragen bei zur Sicherung von Unterstützung und zukünftigem Fortschritt. Lernerfolge zu erreichen und durch Dokumentation zugänglich zu machen, liegt dabei nicht allein in der Verantwortung der Schüler*innenschaft, sondern wird als notwendigerweise Individualisierung erzeugende Herausforderung in der Lehrer*innenschaft verstanden.

Gelingensbedingungen der Entfaltung von Unterrichtsqualität: Ein personalisierter und differenzierter Unterricht entfaltet an den Schulen besondere Qualität, weil vielfältig strukturierte Verstehensmöglichkeiten aufgaben- wie materialgeleitet angeboten werden, weil begleitende kompetenzorientierte Reflexionen und standardisierte Überprüfungen als Entwicklungsmonitoring dazu stattfinden, weil Peer-Learning dazu beiträgt und nach emotionalen Aspekten des Lernens und der Gruppensituation fragen lässt, weil vor allem ein »Beteiligtsein der Schüler*innen« gelebt wird und Lernen durch Handlung und Erfahrung sowie Auskunftsfähigkeit derer, die es betrifft, ermöglicht wird. Nicht zuletzt fördern eine kommunikativ aufmerksame Arbeitsorganisation, Team-Teaching und Team-Learning als drei Hebelkräfte einer sich bedingenden Kette erfolgreiches Lernen.

Folgende Aspekte und Elemente einer solchen notenverändernden und demokratiebezogenen Handlungskultur geraten dann in den Fokus der Unterrichts- und Schulentwicklung.

6.2 Pädagogisches Grundverständnis

Verantwortung und Bildungsbiographie: An Schulen, die notenfrei arbeiten oder Noten mit vielfältigen Instrumenten und Verfahren dialogischer und partizipativer Lerndokumentation ergänzen, übernehmen die Lehrkräfte Verantwortung für die Lern- und Leistungsentwicklung. Sie stärken damit die erfolgsbezogenen Elemente in den Bildungsbiographien aller Schüler*innen. Sie leisten dies im ständigen Abgleich mit unterschiedlichen Erziehungs- und Sozialisationskontexten. Hier zeigt sich zugleich eine Übung im Umgang mit Vielfalt, eine beständige und fast tägliche Arbeit an einer Vertrauenskultur, in der die Schulen auch Eltern gegenüber mit täglicher curricularer und persönlicher Mitteilung entgegenkommen. Das setzt ein pädagogisches Verständnis von Leistung und Lernen voraus, das in hohem Maße nach Professionalität verlangt, weil es auf Eltern- wie auf Schüler*innenseite Bildungserwerb und Qualifikation als partizipativen Prozess konzipiert.

Vielfalt und individuelles Lernen: Kollegien, die so arbeiten, bahnen vielfältige Erfahrungen mit unterschiedlichen Formen individuellen Lernens in heterogenen Gruppen an. Basisqualifikationen etwa in der Sprachbildung sind als wiederkehrendes Element der Differenzierung erkennbar und wirken zugleich als deren Voraussetzung. Daran wird beständig gearbeitet, allerdings eben nicht nur im stofflichen Pflicht- und Schreibpensum, sondern ebenso im ausdrucksbezogenen, gestalterischen und forschenden Lernangebot.

Pädagogischer Leistungsbegriff und Didaktik: Ein für das »Lernen ohne Noten« adäquates und förderliches Verständnis von Lernbegleitung basiert auf didaktisch integrierenden Settings, die von einem pädagogischen Leistungsbegriff geprägt sind. Dazu gehören eine klare Ausrichtung am Fördergedanken, die Zeitstabilität in der Anbahnung von Lernentwicklungen sowie die Nutzung von Zielvereinbarungen und Lernverträgen.

Leistungsfeststellung und Leistungsbeurteilung: Die begriffliche und praktische Unterscheidung dieser beiden Begriffe ist essenziell für eine schulische Praxis, die eine Vielfalt von Leistungen und Fähigkeiten sichtbar machen will und diese (auch) »bewertungsfrei« zur Förderung weiterer Leistungen einsetzen möchte. Das Spektrum dessen, was als schulische Leistung gelten kann, ist potenziell unbegrenzt und kann sich je nach zugemessenem gesellschaftlichem Wert ändern. Es ist nicht begründbar, dass Fachleistungen per se als wichtiger oder höherwertig anzusehen sind als Leistungen in sozialen oder in anderen Bereichen.

Umgang mit und Organisation von Lernzeit: Um eine systematische Lernentwicklung nicht nur zu fördern, sondern diagnostisch begleitend zu unterstützen, kann die Architektur der Zeitrhythmik verändert werden. Die Dichte und das Angebot an Kommunikation sollen es ermöglichen, dass Lernentwicklungen regelmäßig und in überschaubaren Abständen besprochen sowie ebenso hinsichtlich der vergangenen und protokollarisch festgehaltenen Entwicklungsoptionen der Auswertungs- und Zielgespräche zur Sprache kommen. Schüler*innen erhalten dabei die Gelegenheit, die aus ihrer Sicht besonderen Fortschritte im Lernen zu reflektieren und zu präsentieren.

Lernen als Beziehungsqualität: Die dem Lernen innewohnende Beziehungsqualität wird professionell angebahnt und mit Aufmerksamkeit, Ansprache, didaktischem Arrangement, Rückmeldung und Lernbegleitung beantwortet. Dazu gehören die Bearbeitung und Moderation von Konflikten ebenso wie ein dadurch bedingter Ausgleich und eine Korrektur bei Leistungserbringung und Leistungserwartung.

Partizipation der Lernenden: Die Beteiligung der Schüler*innen wird Teil der Lernförderung und wirkt stärkend im Sinne gelebter demokratischer Kultur. Hierbei ist insbesondere hervorzuheben, dass gelungene Verständigung auf parallel wirkender Selbst- und Fremdeinschätzung beruht und dies als Chance zur Wertung qualitativ differenzierter Lernprozesse erkennbar wird.

Noten und Notenpraxis: Noten können nachgewiesenermaßen weder Objektivität noch Validität für sich beanspruchen. Dennoch fungieren sie nach wie vor als scheinbar unverzichtbarer Maßstab zur Erfüllung der Selektions- und Allokationsfunktion von Schule. Lehrkräfte sitzen hierbei »in der Falle«, da sie ein unfaires Abbildungsverfahren zur Berechtigung für weitere Bildungswege ihrer Schüler*innen nutzen müssen, obwohl eine Vielzahl von Beobachtungs- und Beurteilungsfehlern dabei unvermeidbar sind. Schulische Noten bedienen einen »Funktionsmix« aus lernförderlicher Rückmeldefunktion und meritokratischer Selektionsfunktion, die die gängige Praxis der Leistungsbeurteilung notwendig widersprüchlich und dysfunktional werden lässt.

Prüfungsfunktion und Berechtigungswesen: Sowohl ein zeitgemäßes Lern- und Leistungsverständnis als auch eine neue Prüfungskultur ändern von sich aus noch nicht Traditionen und Erwartungen im historisch gewachsenen Bildungswesen, die mit Ziffernnoten verbunden sind. Die Funktion und Dominanz des Berechtigungswesens im deutschen Bildungssystem kann mit einer innovativen Lern- und Prüfungskultur nicht entschärft werden. Eine Begründung hierfür ist, dass es bei Ziffernzensuren und Berechtigungswesen auf der Entscheidungs- und Gestaltungsebene um politische Fragen geht, die auf Ebene der gesellschaftlichen Erwartungen fest verankerte Traditionen und biographische Erfahrungsmuster sind. Die für eine grundlegende Veränderung in dieser Struktur notwendigen politischen Konzepte, Initiativen und Exekutivvorgänge können durch pädagogische Innovationen nicht ersetzt, potenziell jedoch fachlich begründet werden (siehe auch S.-I. Beutel & Ruberg, 2023b).

Digitale Medien und Lernförderung: Die verbesserten und vielseitigen Anwendungen digitaler Technologien und insbesondere von KI im Unterricht, sei es zur Personalisierung des Lernens, als Werkzeug zur Informationsbeschaffung oder als Unterstützung bei Feedback und der Leistungsbeurteilung, lassen Fragen entstehen, die nicht nur innerschulisch beantwortet, sondern im gesellschaftlichen und politischen Diskurs verhandelt werden müssen. Dies betrifft Aspekte, wie beispielsweise im Prozess digitaler Lernbegleitung und Leistungsbeurteilung mit Kreativität und Originalität umzugehen ist, wie Privatsphäre und Datenschutz respektiert und das Verhältnis zwischen Unterstützung und Überwachung bestimmt werden können. Digitale Tools bergen mit ihren Versprechen von Entlastung und Effizienzsteigerung insbesondere angesichts des gegenwärtigen Lehrkräftemangels das Risiko, als schnell verfügbare und zugleich günstige Kompensation fehlender Personalressourcen verstanden und eingesetzt zu werden. Ihre Nutzung sollte jedoch eine Bindung daran erfahren, ob sie Eigenverantwortung, Beteiligung, Selbstwirksamkeit und Lernerfolge der Schüler*innen unterstützen und ermöglichen (siehe auch S.-I. Beutel & Ruberg, 2023b).

Ziffernnoten sind nicht alternativlos: Für eine notenfreie Leistungserfassung und -beurteilung steht eine Reihe von Verfahren zur Verfügung, die zur fortlaufenden Leistungsrückmeldung gut geeignet sind. In der Regel werden diese Verfahren von allen beteiligten Akteur*innen, d. h. den Schüler*innen, den Lehrkräften, aber auch Eltern, gut akzeptiert: Insbesondere der lernförderliche Aspekt einer detaillierten Rückmeldung zu Leistungsstärken und -schwächen sowie dem Lernverhalten wird dabei häufig als Vorteil genannt.

Umsetzung notenfreier Verfahren: Auf die schulische Motivation und auch auf die Leistungsentwicklung von Schüler*innen bewirken notenfreie Verfahren der Leistungsbeurteilung nicht immer die angestrebte positive Wirkung. Wie Ergebnisse empirischer Studien andeuten, scheint dies aber weniger an einer notenfreien Leistungserfassung selbst als an deren Umsetzung zu liegen: So sind Lehrkräfte häufig kaum geschult darin, die Leistungsbewertung notenfrei zu gestalten, und integrieren nur wenig Hinweise auf gelungene Lernprozesse sowie weitere Fördermaßnahmen. In der Folge können notenfreie Arten der Leistungsbeurteilung nur eingeschränkt lernförderlicher wirken als Ziffernnoten. Wünschenswert ist es vor diesem Hintergrund, alternative Verfahren der Leistungsbeurteilung zukünftig stärker in den Vordergrund der Lehreraus- und -fortbildung zu rücken und dabei insbesondere lernförderliche Gestaltungsprinzipien dieser Verfahren zu fokussieren.

Stärkung von kognitiver und sozialer Kompetenz: Curricula und Lernanlässe investieren in kognitive, aber auch sozial-emotionale Kompetenzstärkung. Peer-Learning ist an solchen Schulen eine ausgeprägte, aber nicht routinehaft eingesetzte Initiierung von Zusammenarbeit. Sie wird durch Öffnung der Jahrgänge zum Baustein möglichst zielführender und anregender Lerndialoge, die Selbstständigkeit fördern.

6.3 Professionalisierung, Implementation und Bildungsgerechtigkeit

Verständigung ist eine wesentliche Komponente für die Entwicklung einer gemeinsamen und kommunikativ validierten Leistungsbeurteilung. Sie ist kein Selbstläufer, kann jedoch professionell angebahnt werden und scheint konstitutiv für moderne Schulen, die das Vorherrschen meritokratischer Prinzipien durch alternative Ansätze von Bildungsgerechtigkeit entschärfen:

Soziale Verantwortung und professionelles Handeln: Als verbindendes Glied der Argumentationen ist augenscheinlich sichtbar, dass die Schulleitungen und Lehrkräfte, die in diesem Band zu Wort kommen, ihre Rolle in gesellschaftlicher Verantwortung und darauf bezogener Erwartung an professionelles Tun sehen:

> »Dies ist unter dem Vorzeichen der Umsetzung der UN-Behindertenrechtskonvention dringend geboten, denn weder ist Inklusion eine kontextlose Überzeugung noch eine kontextlose gesellschaftliche Herausforderung, sondern antwortet auf gesellschaftliche Integrationsprobleme, die die voranschreitenden Individualisierungs- und Globalisierungsprozesse begleiten und für die nicht zuletzt die staatliche Schule im ersten großen Modernisierungsprozess im ausgehenden 19. Jahrhundert erfunden worden ist« (Moser, 2018, S. 116).

Das bedeutet auch, dass sich die Kollegien in ihren Verständigungsforen an einer durch Evaluation aufgeklärten und an aktuellen Themen der Fachdidaktik und Bildungswissenschaften ausgerichteten Qualitätssicherung des Unterrichts und der Schulentwicklung orientieren und diese als Folie zur Interpretation eigener Datensätze heranziehen.

Lernen in Lehrer*innenteams: Eine die Organisation von »Lernen ohne Noten« unterstützende Komponente liegt in einem teambezogenen und damit verlässlichen Personaleinsatz in Lerngruppen und Jahrgängen. Das fördert zudem auch die Herausbildung von Standards zur Leistungsbeurteilung und den Gewinn diagnostischer Daten aus dem Blickwinkel mehrerer Professionen bzw. Fachgruppen innerhalb eines solchen Teams. Solche Standards können in Lernplanung, Kompetenzförderung und Evaluation eingebunden werden.

Verbindung von Schule und Lebenswelt: Schul- und Lebenswelt sind sichtbar aufeinander ausgerichtet. Sie erweisen sich als multikultureller Bezugsrahmen, der sich wechselseitig durch seine differenten Perspektiven entfaltet, Bedeutung generiert sowie die Identität der Lernenden stabilisiert und weitet. Vielfältig präsentierte Arbeiten der Schüler*innenschaft – nicht nur im Gebäude der Schulen, sondern ebenso im öffentlichen Raum der sie umgebenden Kommunen – tragen zu Anerkennung und Mehrperspektivität durch die Maßstäbe Dritter bei.

Leistung in der Bildungslandschaft: Leistungsförderung und -forderung, Investitionen in vielfältige Lern- und Bewährungsangebote, die Einbindung der Schule in die regionale Bildungsregion als Zukunfts- und Modellprojekt mit schon jetzt überregionaler Aufmerksamkeit gehören ebenfalls dazu. Es werden vielfältige, das Schulleben betreffende und den Unterricht ergänzende Handlungs- und Erfahrungsmöglichkeiten gestiftet, bei denen Konsens der Schulgemeinde und Elternmitwirkung eine große Rolle spielen. Hierbei sind die schulischen Gruppen substanziell beteiligt und werden Akteur*innen der Schuldemokratie.

Begabungsförderung und Projekte: Es zeigt sich vielerorts eine vorbildliche Förderung von Begabungen durch Großprojekte in Domänen, die den Kindern und Jugendlichen in ihren Stadtteilen ansonsten verborgen bleiben. Diese fördern zugleich den Aufbau fachlicher Lernhaltungen und die damit verbundene Investition in gesellschaftliche Teilhabe. So wird zudem

6.3 Professionalisierung, Implementation und Bildungsgerechtigkeit

eine gesellschaftspolitische Aussage mit Blick auf Gerechtigkeit in der Leistungsbeurteilung getroffen.

Schule in Verantwortung für Bildungsgerechtigkeit: Die wachsende Vielfalt an Lernvoraussetzungen und insbesondere ein inklusiver Anspruch an das Schulsystem lassen die Dominanz des Leistungsprinzips und das starre Festhalten an der Ziffernnote fragwürdig erscheinen. Während die Frage nach der »richtigen« Gerechtigkeit des Schulsystems nur normativ über einen Diskurs der gewünschten Prinzipien des Zusammenlebens in der Gesellschaft sowie zugehöriger Gerechtigkeitsmodelle über die Schule hinaus lösbar erscheint, können Ansätze einer fairen und für alle Beteiligten informativen Leistungsfeststellung und -beurteilung auch pragmatisch, wie es die Schulbeispiele in diesem Buch aufzeigen, angegangen sowie begleitend empirisch erfasst werden. Die Potenziale der Ansätze sind somit sicht- und nachweisbar und können die Relevanz alternativer Leistungsbeurteilungen für ein gerechteres Erziehungs- und Bildungssystem aufzeigen.

Es ist klar, dass damit ein fortwährender unterrichtlicher, schulischer und systemischer Entwicklungsprozess angesprochen ist. Deswegen versteht sich dieser Band explizit als eine Zwischenbilanz. In Rückbezug auf die in den ersten Kapiteln des Bandes formulierten Annahmen und Befunde gilt dies auch für die theoretische Modellbildung und empirische Überprüfung bezüglich Wirkungszusammenhängen von Formen alternativer Leistungsbeurteilung mit Kompetenzen und Einstellungen von Schüler*innen in schulischer und Lebensverlaufsperspektive – auch vor dem Hintergrund, dass die Konditionen, unter denen sich alternative Formen von Leistungsbeurteilung als förderlich und gegenüber Ziffernnoten als vorteilhaft erweisen können, weiter zu klären sind. Hierzu wären im Rahmen der im einleitenden Kapitel dieses Bandes skizzierten, umfassenden Zusammenhangsannahmen kleinteiligere Forschungsmodelle weiterführend zu spezifizieren und datenbasiert zu überprüfen. Dies würde es erlauben, Formen der Leistungsbeurteilung als Modellvariablen in ihren Bedingungen und Konsequenzen für Bildungserträge als Grundlagen bildungsbezogener und gesellschaftlicher Teilhabe und Partizipation noch stärker unter Berücksichtigung der in diesem Band skizzierten komplexen Prozesse und Relationen zu betrachten. Auf dieser Basis könnten der Schulpraxis empirisch weiter abgesicherte und differenzielle Antworten zu strukturellen und prozessualen Gelingensbedingungen eines möglichst lern- und leistungsförderlichen Einsatzes verschiedener Formen alternativer Leistungsbeurteilung angeboten werden.

Literatur

Alm, F. & Colnerud, G. (2015). Teachers' experiences of unfair grading. *Educational Assessment, 20*(2), 132–150. https://doi.org/10.1080/10627197.2015.1028620

Altenburg-Hack, T. (2022). Grußwort des Amtsleiters. In Freie und Hansestadt Hamburg, Behörde für Schule und Berufsbildung (Hrsg.), *Alles>>könner. Erkenntnisse und Impulse aus dem Schulversuch* (S. 4). Hamburg: Freie und Hansestadt Hamburg.

Anderman, E. M. & Johnston, J. (1998). Television news in the classroom: What are adolescents learning? *Journal of Adolescent Research, 13*(1), 73–100. https://doi.org/10.1177/0743554898131005

Arens, A. K. (2021). Wertfacetten im Grundschulalter in drei Fächern: Differenzierung, Entwicklung, Geschlechtseffekte und Zusammenhänge zu Noten. *Zeitschrift für Pädagogische Psychologie, 35*(1), 32–52. https://doi.org/10.1024/1010-0652/a000257

Arnold, K.-H. & Jürgens, E. (2001). *Schülerbeurteilung ohne Zensuren*. Neuwied: Luchterhand.

Aust, Y. (2023). *Das Fast-Track-Programm der German International School Boston (GISB). Konzept zur Integration und Förderung neuer Schülerinnen und Schüler (in den Klassenstufen 3–5) mit keinen oder geringen Deutschkenntnissen* (Stand Juni 2018, Update 2023) [Unveröffentlichtes Dokument]. Boston, MA: German International School Boston.

Bauer, H. G. & Dufter-Weis, A. (2012). Lernbegleitung als strukturierter Prozess – Erfahrungen und Reflexionen. In P. Ulmer, R. Weiß & A. Zöller (Hrsg.), *Berufliches Bildungspersonal – Forschungsfragen und Qualifizierungskonzepte* (S. 117–134). Bonn: Bundesinstitut für Berufsbildung.

Bayerischer Lehrer- und Lehrerinnenverband (2023). Wofür wir stehen. *Bayerische Schule, 76*(3).

Beauftragter der Bundesregierung für die Belange von Menschen mit Behinderungen (2018). *Die UN-Behindertenrechtskonvention. Übereinkommen über die Rechte von Menschen mit Behinderungen.* Verfügbar unter: https://www.institut-fuer-menschenrechte.de/fileadmin/Redaktion/PDF/DB_Menschenrechtsschutz/CRPD/CRPD_Konvention_und_Fakultativprotokoll.pdf

Becker, D. & Birkelbach, K. W. (2013). Lehrer als Gatekeeper? Eine theoriegeleitete Annäherung an Determinanten und Folgen prognostischer Lehrerurteile. In R. Becker & A. Schulze (Hrsg.), *Bildungskontexte. Strukturelle Voraussetzungen und Ursachen ungleicher Bildungschancen* (S. 207–237). Wiesbaden: Springer VS. https://doi.org/10.1007/978-3-531-18985-7_8

Becker, R. & Hadjar, A. (2017). Meritokratie – Zur gesellschaftlichen Legitimation ungleicher Bildungs-, Erwerbs- und Einkommenschancen in modernen Gesellschaften. In R. Becker (Hrsg.), *Lehrbuch der Bildungssoziologie* (3., aktualisierte und überarbeitete Aufl., S. 33–62). Wiesbaden: Springer VS. https://doi.org/10.1007/978-3-658-15272-7_2

Becker, R. & Lauterbach, W. (Hrsg.). (2016). *Bildung als Privileg. Erklärungen und Befunde zu den Ursachen der Bildungsungleichheit* (5., aktualisierte Aufl.). Wiesbaden: Springer VS. https://doi.org/10.1007/978-3-658-11952-2

Bellenberg, G. & Weegen, M. E. (2014). Bildungsgerechtigkeit. *PÄDAGOGIK*, 66(1), 46–49.

Berkemeyer, N., Beutel, S.-I. & Schenk, S. (2011). Ohne Noten – Zeugnisse für das Lernen. Erfahrungen aus einem Modellversuch. *Die Grundschulzeitschrift*, 25(244), 8–11.

Beutel, S.-I. (2005). *Zeugnisse aus Kindersicht. Kommunikationskultur an der Schule und Professionalisierung der Leistungsbeurteilung* (Veröffentlichungen der Max-Traeger-Stiftung, Bd. 42). Weinheim: Juventa.

Beutel, S.-I. (2010). Im Dialog mit den Lernenden – Leistungsbeurteilung als Lernförderung und demokratische Erfahrung. In S.-I Beutel & W. Beutel (Hrsg.), *Beteiligt oder bewertet? Leistungsbeurteilung und Demokratiepädagogik* (S. 45–60). Schwalbach/Ts.: Wochenschau.

Beutel, S.-I. (2012). Endlich die Noten abschaffen? Ein Plädoyer für die Pädagogisierung der Leistungsbeurteilung. In C. Fischer (Hrsg.), *Diagnose und Förderung statt Notengebung? Problemfelder schulischer Leistungsbeurteilung* (S. 93–106). Münster: Waxmann.

Beutel, S.-I. (2016). Lernentwicklungsberichte. In I. Kunze & C. Solzbacher (Hrsg.), *Individuelle Förderung in der Sekundarstufe I und II* (S. 183–188). Baltmannsweiler: Schneider Verlag Hohengehren.

Beutel, S.-I. (2022). Schulen gestalten Qualität – Entwicklungsarbeit und Professionalisierung am Beispiel von Einzelschulen und Netzwerken. In W. Böttcher, L. Brockmann, C. Hack & C. Luig (Hrsg.), *Chancenungleichheit: geplant, organisiert, rechtlich kodifiziert. Tagungsband der Kommission Bildungsorganisation, Bildungsplanung und Bildungsrecht* (S. 83–89). Münster: Waxmann.

Beutel, S.-I. (2023). Teamstrukturen und Individualisierung an der Hermann-Brommer-Schule. In Robert Bosch Stiftung GmbH (Hrsg.), *Unterricht besser machen. Die nominierten Schulen des Deutschen Schulpreises 2023* (S. 64–65). Stuttgart: Robert Bosch Stiftung.

Beutel, S.-I. (2024). Demokratiepädagogik, Partizipation und neue Prüfungskultur. In A. Langela-Bickenbach, R. Dreier, P. Wampfler & C. Albrecht (Hrsg.), *Wege zu einer zeitgemäßen Prüfungskultur. Grundlagen und Praxisbeispiele* (S. 111–114). Weinheim: Beltz.

Beutel, S.-I. & Beutel, W. (Hrsg.). (2014). *Individuelle Lernbegleitung und Leistungsbeurteilung. Lernförderung und Schulqualität an Schulen des Deutschen Schulpreises.* Schwalbach/Ts.: Wochenschau.

Beutel, S.-I., Geweke, M. & Lau, R. (2023). Neue Prüfungskultur: Beispiele aus dem Oberstufen-Kolleg. In D. von Elsenau, S. Gorski & K. Zumbrink (Hrsg.), *Bildung für nachhaltige Entwicklung. Ein Leitfaden für eine wirkungsorientierte Transformation von Schule und Unterricht* (S. 137–150). Berlin: Cornelsen.

Beutel, S.-I., Goy, M. & Ruberg, C. (2024, 3. Juli). Alternative Leistungsbeurteilung für ein Lernen ohne Noten. *Schule–Lernen–Bildung im 21. Jahrhundert.* https://schule21.blog/2024/07/03/schule-ohne-noten/

Beutel, S.-I., Höhmann, K., Pant, H. A. & Schratz, M. (Hrsg.). (2017). *Handbuch Gute Schule. Sechs Qualitätsbereiche für eine zukunftsweisende Praxis* (2. Aufl.). Seelze: Klett Kallmeyer.

Beutel, S.-I., Höhmann, K. & von der Gathen, J. (2014). Materialseiten der nominierten Schulen. In M. Schratz, H. A. Pant & B. Wischer (Hrsg.), *Was für Schulen! Leistung sichtbar machen – Beispiele guter Praxis. Der Deutsche Schulpreis 2014* (S. 128–145). Seelze: Klett Kallmeyer.

Beutel, S.-I., Kleina, W. & Ruberg, C. (2018). Verständigung und Beteiligung – Inklusion durch peerbasiertes Lernen in Schule und Hochschule. In S. Hußmann & B. Welzel (Hrsg.), *DoProfiL – Das Dortmunder Profil für inklusionsorientierte Lehrerinnen- und Lehrerbildung* (S. 293–304). Münster: Waxmann.

Beutel, S.-I., Lütger, W., Tillmann, K.-J. & Vollstädt, W. (1999). *Ermittlung und Bewertung schulischer Leistungen. Expertisen zum Entwicklungs- und Forschungsstand.* Hamburg: Behörde für Schule, Jugend und Berufsbildung.

Beutel, S.-I., Marx, A. & Ruberg, C. (2019). Diagnostik, Förderung, Kommunikation: Schülerinnen- und Schülerbeteiligung und Lernen. *Erziehung & Unterricht, 169*(9–10), 900–908.

Beutel, S.-I. & Porsch, R. (2015). Unterrichtsentwicklung, Lernbegleitung und Leistungsbeurteilung. In H.-G. Rolff (Hrsg.), *Handbuch Unterrichtsentwicklung* (S. 258–267). Weinheim: Beltz.

Beutel, S.-I., Radhoff, M. & Ruberg, C. (2018). Sich vergewissern im Ungewissen – Verstehen und Verständigung als Herausforderung inklusiven Lernens. In M. Walm, T. Häcker, F. Radisch & A. Krüger (Hrsg.), *Empirisch-pädagogische Forschung in inklusiven Zeiten. Konzeptualisierung, Professionalisierung, Systementwicklung* (S. 200–210). Bad Heilbrunn: Klinkhardt.

Beutel, S.-I. & Ruberg, C. (2019). *Lernbegleitung und Leistungsbeurteilung als Professionalisierungsanliegen von Lehrkräften – Evaluation der Pädagogischen Werkstatt: »Lernbegleitung und Leistungsbeurteilung: Fördern, beteiligen, dialogisch reflektieren«.* Unveröffentlichter Forschungsbericht, Technische Universität Dortmund.

Beutel, S.-I. & Ruberg, C. (2021). Chancen einer anderen Leistungsbeurteilung im Distanzlernen. *Bildung+ Schule digital, 01/2021,* 6–9.

Beutel, S.-I. & Ruberg, C. (2023a). Schule ohne Noten braucht Team Leadership. Eine Schule ohne Noten ist heute keine Reformillusion mehr, sondern oftmals erprobte Praxis. *Pädagogische Führung, 34*(2), 47–50.

Beutel, S.-I. & Ruberg, C. (2023b). *Zeitgemäße Prüfungskultur im Kontext digitaler Transformation. Expertise.* Berlin: DKJS.

Beutel, S.-I. & Ruberg, C. (2024). Pädagogische Diagnostik – Beitrag zur Demokratisierung von Schule. In C. Schreiner, G. Schauer & C. Kraler (Hrsg.), *Pädagogische Diagnostik und Lehrer:innenbildung* (S. 57–66). Klinkhart.

Beutel, S.-I. & Xylander, B. (2021a). *Gerechte Leistungsbeurteilung. Impulse für den Wandel* (Reihe ›Bildung und Unterricht‹). Ditzingen: Reclam.

Beutel, S.-I. & Xylander, B. (2021b). *Werkstatthandbuch »Lernbegleitung und Leistungsbeurteilung: Fördern, beteiligen, dialogisch reflektieren«.* Berlin: Die Deutsche Schulakademie.

Beutel, W. & Rademacher, H. (2018). Demokratische Schulentwicklung. In S. Kenner & D. Lange (Hrsg.), *Citizenship Education. Konzepte, Anregungen und Ideen zur Demokratiebildung* (S. 101–114). Schwalbach/Ts.: Wochenschau.

Bittmann, F. & Mantwill, O. L. (2020). *Gute Leistung, gute Noten? Eine Untersuchung über den Zusammenhang von Schulnoten und Kompetenzen in der Sekundarstufe.* https://dx.doi.org/10.2139/ssrn.3724172

Black, P. & Wiliam, D. (1998). Assessment and classroom learning. *Assessment in Education: Principles, Policy & Practice, 5*(1), 7–74. https://doi.org/10.1080/0969595980050102

Black, P. & Wiliam, D. (2008). Assessment and classroom learning. In W. Harlen (Ed.), *Student assessment and testing* (S. 20–92). Los Angeles, CA: Sage Publications.

Blum, W., Roppelt, A. & Müller, M. (2013). Kompetenzstufenmodelle für das Fach Mathematik. In H. A. Pant, P. Stanat, U. Schroeders, A. Roppelt, T. Siegle & C. Pöhlmann (Hrsg.), *IQB-Ländervergleich 2012. Mathematische und naturwissenschaftliche Kompetenzen am Ende der Sekundarstufe I* (S. 61–73). Münster: Waxmann.

Bohl, T. (2003). Neuer Unterricht – neue Leistungsbewertung: Grundlagen und Kontextbedingungen eines veränderten Bewertungsverständnisses. In O. Vorndran & D. Schnoor (Hrsg.), *Schulen für die Wissensgesellschaft. Ergebnisse des Netzwerkes Medienschulen* (S. 211–231). Gütersloh: Verlag Bertelsmann Stiftung.

Bohl, T. (2012). Theoretische Strukturierung – Begründung neuer Beurteilungsformen. In H.-U. Grunder & T. Bohl (Hrsg.), *Neue Formen der Leistungsbeurteilung in den Sekundarstufen I und II* (4. Aufl., S. 9–49). Baltmannsweiler: Schneider Verlag Hohengehren.

Bohl, T. (2022). Leistungsbeurteilung. Grundbegriffe und Grundlagen. In S.-I. Beutel, T. Bohl, K. Bräu, A. Feindt, T. Häcker & B. Wischer (Hrsg.), *Leistung: ermöglichen & beurteilen* (Friedrich Jahresheft 40, S. 6–9). Hannover: Friedrich.

Bohnsack, F. (2013). *Wie Schüler die Schule erleben. Zur Bedeutung der Anerkennung, der Bestätigung und der Akzeptanz von Schwäche.* Opladen: Barbara Budrich. https://doi.org/10.2307/j.ctvdf00zt

Bonsen, M. & Feldmann, J. (2018). De-Privatisierung von Unterricht. In C. Fischer & P. Platzbecker (Hrsg.), *Auf den Lehrer kommt es an?! Unterstützung für professionelles Handeln angesichts aktueller Herausforderungen* (S. 35–47). Münster: Waxmann.

Bos, W., Valtin, R., Hußmann, A., Wendt, H. & Goy, M. (2017). IGLU 2016: Wichtige Ergebnisse im Überblick. In A. Hußmann, H. Wendt, W. Bos, A. Bremerich-Vos, D. Kasper, E.-M. Lankes, N. McElvany, T.C. Stubbe & R. Valtin (Hrsg.), *IGLU 2016. Lesekompetenzen von Grundschulkindern in Deutschland im internationalen Vergleich* (S. 13–28). Münster: Waxmann.

Breidenstein, G. (2018). Das Theorem der ›Selektionsfunktion der Schule‹ und die Praxis der Leistungsbewertung. In S. Reh & N. Ricken (Hrsg.), *Leistung als Paradigma. Zur Entstehung und Transformation eines pädagogischen Konzepts* (S. 307–327). Wiesbaden: Springer VS. https://doi.org/10.1007/978-3-658-15799-9_14

Breiwe, R. (2015). Demokratiepädagogik im Kontext diversitätssensibler Bildung im deutschen Schulsystem. Eine empirisch gestützte Bestandsaufnahme. In S. Hahn, J. Asdonk, D. Pauli & C. T. Zenke (Hrsg.), *Differenz erleben – Gesellschaft gestalten. Demokratiepädagogik in der Schule* (S. 43–56). Schwalbach/Ts.: Wochenschau.

Bremerich-Vos, A., Stahns, R., Hußmann, A. & Schurig, M. (2017). Förderung von Leseflüssigkeit und Leseverstehen im Leseunterricht. In A. Hußmann, H. Wendt, W. Bos, A. Bremerich-Vos, D. Kasper, E.-M. Lankes, N. McElvany, T. C. Stubbe & R. Valtin (Hrsg.), *IGLU 2016. Lesekompetenzen von Grundschulkindern in Deutschland im internationalen Vergleich* (S. 279–296). Münster: Waxmann.

Brookhart, S. M., Guskey, T. R., Bowers, A. J., McMillan, J. H., Smith, J. K., Smith, L. F., Stevens, M. T. & Welsh, M. E. (2016). A century of grading research: Meaning and value in the most common educational measure. *Review of Educational Research*, 86(4), 803–848. https://doi.org/10.3102/0034654316672069

Brühwiler, C. & Helmke, A. (2018). Determinanten der Schulleistung. In D. H. Rost, J. R. Sparfeldt & S. R. Buch (Hrsg.), *Handwörterbuch Pädagogische Psychologie* (5. überarbeitete u. erweiterte Aufl., S. 78–92). Weinheim: Beltz.

Brunner, M., Stanat, P. & Pant, H. A. (2014). Diagnostik und Evaluation. In T. Seidel & A. Krapp (Hrsg.), *Pädagogische Psychologie* (6., vollständig überarbeitete Aufl., S. 483–515). Weinheim: Beltz.

Bundesministerium für wirtschaftliche Zusammenarbeit und Entwicklung (2023). *Agenda 2030. Die globalen Ziele für nachhaltige Entwicklung.* Zugriff am 18.12.2023. Verfügbar unter: https://www.bmz.de/de/agenda-2030

Bürgermeister, A. & Saalbach, H. (2018). Formatives Assessment: Ein Ansatz zur Förderung individueller Lernprozesse. *Psychologie in Erziehung und Unterricht*, 65(3), 194–205. https://doi.org/10.2378/peu2018.art11d

Bürgermeister, A., Klieme, E., Rakoczy, K., Harks, B. & Blum, W. (2014). Formative Leistungsbeurteilung im Unterricht: Konzepte, Praxisbeispiele und ein neues

Diagnoseinstrument für das Fach Mathematik. In M. Hasselhorn, W. Schneider & U. Trautwein (Hrsg.), *Lernverlaufsdiagnostik* (Tests und Trends, Bd. 12; Jahrbuch der pädagogisch-psychologischen Diagnostik, S. 41–60). Göttingen: Hogrefe.

Butler, R. (1988). Enhancing and undermining intrinsic motivation: The effects of task-involving and ego-involving evaluation on interest and performance. *British Journal of Educational Psychology*, 58(1), 1–14. https://doi.org/10.1111/j.2044-8279.1988.tb00874.x

Butler, R. & Nisan, M. (1986). Effects of no feedback, task-related comments, and grades on intrinsic motivation and performance. *Journal of Educational Psychology*, 78(3), 210–216. https://doi.org/10.1037/0022-0663.78.3.210

Cortina, K. S. (2018). Schuleffekte. In D. H. Rost, J. R. Sparfeldt & S. R. Buch (Hrsg.), *Handwörterbuch Pädagogische Psychologie* (5., überarbeitete und erweiterte Aufl., S. 690–696). Weinheim: Beltz.

Cortina, K. S. & Pant, H. A. (2018). Ignorierte Differenzen, illegitime Disparitäten: Die zunehmende Betriebsblindheit im Disparitätendiskurs der empirischen Bildungsforschung. *Zeitschrift für Pädagogik*, 64(1), 71–79. https://doi.org/10.25656/01:21810

Crooks, T. J. (1988). The impact of classroom evaluation practices on students. *Review of Educational Research*, 58(4), 438–481. doi.org/10.3102/00346543058004438

Ditton, H. (2010). Der Beitrag von Schule und Lehrern zur Reproduktion von Bildungsungleichheit. In R. Becker & W. Lauterbach (Hrsg.), *Bildung als Privileg. Erklärungen und Befunde zu den Ursachen der Bildungsungleichheit* (4., aktualisierte Aufl., S. 247–275). Wiesbaden: Springer VS. https://doi.org/10.1007/978-3-531-92484-7_9

Draber, H. & Brinker, H. (2017). Jedes Lernen fördern. Erfahrungen aus der Grundschule auf dem Süsteresch. *Lernende Schule*, 20(80), 44–47.

Falkenberg, K. (2023). Anders prüfen ohne Prüfungen. *PÄDAGOGIK*, 75(6), 35–38. https://doi.org/10.3262/PAED2306035

Falkenberg, K. (2021). Optimierung des Lernens oder der Lehrkraft? Über die Herausforderungen formativer Leistungsbeurteilung am Beispiel Schwedens. In H. Terhart, S. Hofhues & E. Kleinau (Hrsg.), *Optimierung. Anschlüsse an den 27. Kongress der Deutschen Gesellschaft für Erziehungswissenschaft* (S. 85–103). Opladen: Barbara Budrich.

Falkenberg, K., Vogt, B. & Waldow, F. (2017). Ständig geprüft oder kontinuierlich unterstützt? Schulische Leistungsbeurteilung in Schweden zwischen formativem Anspruch und summativer Notwendigkeit. *Zeitschrift für Pädagogik*, 63(3), 317–333. https://doi.org/10.25656/01:18542

Fauser, P., John, J. & Stutz, R. (Hrsg.). (2012). *Peter Petersen und die Jenaplan-Pädagogik. Historische und aktuelle Perspektiven* (herausgegeben unter Mitwirkung von Christian Faludi). Stuttgart: Franz Steiner. https://doi.org/10.25162/9783515105583

Fend, H. (1980). *Theorie der Schule.* Urban & Schwarzenberg.
Fend, H. (2008). *Neue Theorie der Schule. Einführung in das Verstehen von Bildungssystemen* (2., durchgesehene Aufl.). Wiesbaden: VS. https://doi.org/10.1007/978-3-531-91788-7
Fend, H. (2019). Erklärungen von Unterrichtserträgen im Rahmen des Angebot-Nutzungs-Modells. In U. Steffens & R. Messner (Hrsg.), *Unterrichtsqualität. Konzepte und Bilanzen gelingenden Lehrens und Lernens* (Grundlagen der Qualität von Schule, Bd. 3, S. 91–103). Münster: Waxmann.
Fend, H. (2022). Die Makrosteuerung des Bildungswesens verstehen – »gewachsene« Bildungssysteme und neue Instrumente der Governance. In U. Steffens & H. Ditton (Hrsg.), *Makroorganisatorische Vorstrukturierungen der Schulgestaltung* (Grundlagen der Qualität von Schule, Bd. 5, S. 41–61). Bielefeld: wbv.
Fischer, C. & Beutel, S.-I. (2023). Begabung – entwicklungsoffen, zukunftsfest und gerecht? Folgerungen für die Schul- und Unterrichtsentwicklung (Christian Fischer im Gespräch mit der Mitherausgeberin Silvia-Iris Beutel). In S.-I. Beutel, M. Kaiser, M. Kohnen, B. Laudenberg & D. Rott (Hrsg.), *Begabungen* (Friedrich-Jahresheft 41, S. 28–31). Hannover: Friedrich.
Fleischmann, S. & Dittmer-Glaubig, B. (2022). Vorwort. In Bayerischer Lehrer- und Lehrerinnenverband (Hrsg.), *Lernen und Leistung im 21. Jahrhundert. Praxisimpulse zur lernförderlichen Leistungsbeurteilung und zum ganzheitlichen Lernen* (S. 5). München: Bayerischer Lehrer- und Lehrerinnenverband.
Freie und Hansestadt Hamburg, Behörde für Schule und Berufsbildung (Hrsg.). (2022). *Alles>>könner. Erkenntnisse und Impulse aus dem Schulversuch.* Hamburg: Freie und Hansestadt Hamburg.
Frey, A., Ludewig, U., König, C., Krampen, D., Lorenz, R. & Bos, W. (2023). Lesekompetenz von Viertklässlerinnen und Viertklässlern im internationalen Vergleich: 20-Jahre-Trend. In N. McElvany, R. Lorenz, A. Frey, F. Goldhammer, A. Schilcher & T. C. Stubbe (Hrsg.), *IGLU 2021. Lesekompetenz von Grundschulkindern im internationalen Vergleich und im Trend über 20 Jahre* (S. 111–130). Münster: Waxmann.
Gasser, B. (2019). Prädiktive Validität von Noten für Berufsprestige, Einkommen und Arbeitszufriedenheit. *Zeitschrift für Arbeitswissenschaft, 73*(2), 165–176. https://doi.org/10.1007/s41449-018-0118-7
German International School Boston (n. d.). *Notenverordnung Elementary School. German International School Boston. Zeugnis-, Versetzungs- und Notenverordnung der Deutschen Internationalen Schule Boston. Grundschule* (Anlage 6 zur Schulordnung, in der jeweils gültigen Fassung) [Unveröffentlichtes Dokument]. Boston, MA: German International School Boston.
Gläser-Zikuda, M. (2010). Leistungsvoraussetzungen diagnostizieren und Fördermaßnahmen realisieren. In T. Bohl, W. Helsper, H. G. Holtappels & C. Schelle (Hrsg.), *Handbuch Schulentwicklung* (S. 369–376). Bad Heilbrunn: Klinkhardt.
Gomolla, M. (2012). Leistungsbeurteilung in der Schule. Zwischen Selektion und Förderung, Gerechtigkeitsanspruch und Diskriminierung. In S. Fürstenau & M.

Gomolla (Hrsg.), *Migration und schulischer Wandel: Leistungsbeurteilung* (S. 25–50). Wiesbaden: Springer VS. https://doi.org/10.1007/978-3-531-18846-1_2

Grolnick, W. S. & Ryan, R. M. (1987). Autonomy in children's learning: An experimental and individual difference investigation. *Journal of Personality and Social Psychology*, 52(5), 890–898. https://doi.org/10.1037/0022-3514.52.5.890

Grözinger, G. & Baillet, F. (2015). Gibt es auch beim Abitur eine Noteninflation? Zur Entwicklung der Abiturnoten als Hochschulzugangsberechtigung – Eine Darstellung und Analyse aus Soziologischer Perspektive. *Bildung und Erziehung*, 68(4), 473–494. https://doi.org/10.7788/bue-2015-0407

Guskey, T. R. (2015). *On your mark: Challenging the conventions of grading and reporting.* Bloomington, IN: Solution Tree Press.

Häcker, T. (2020). Schule ohne Noten? Ziffernnoten – hoch akzeptiert und dennoch fragwürdig. *Schule leiten*, 19/2020, 28–30.

Häcker, T. & Feindt, A. (2022). Professioneller Umgang mit Leistungen? Handeln in den Falten der Institution. In S.-I. Beutel, T. Bohl, K. Bräu, A. Feindt, T. Häcker & B. Wischer (Hrsg.), *Leistung: ermöglichen & beurteilen* (Friedrich Jahresheft 40, S. 36–38). Hannover: Friedrich.

Häcker, T. & Walm, M. (Hrsg.). (2015). *Inklusion als Entwicklung. Konsequenzen für Schule und Lehrerbildung.* Bad Heilbrunn: Klinkhardt.

Harks, B., Rakoczy, K., Hattie, J., Besser, M. & Klieme, E. (2014). The effects of feedback on achievement, interest and self-evaluation: The role of feedback's perceived usefulness. *Educational Psychology*, 34(3), 269–290. https://doi.org/10.1080/01443410.2013.785384

Harlen, W. & Deakin Crick, R. (2003). Testing and motivation for learning. *Assessment in Education: Principles, Policy & Practice*, 10(2), 169–207. https://doi.org/10.1080/0969594032000121270

Hasselhorn, M. (2017). Was sind aus psychologischer Perspektive die individuellen Voraussetzungen gelingender Lern- und Bildungsprozesse? In N. McElvany, W. Bos, H. G. Holtappels, J. Hasselhorn & A. Ohle (Hrsg.), *Bedingungen gelingender Lern- und Bildungsprozesse. Aktuelle Befunde und Perspektiven für die Empirische Bildungsforschung* (S. 11–29). Münster: Waxmann.

Hasselhorn, M. & Gold, A. (2006). *Pädagogische Psychologie. Erfolgreiches Lernen und Lehren.* Stuttgart: Kohlhammer.

Hattie, J. A. C. & Timperley, H. (2007). The power of feedback. *Review of Educational Research*, 77(1), 81–112. https://doi.org/10.3102/003465430298487

Haußer, K. (1991). Verbalbeurteilungen in Schulzeugnissen. Eine psychologische Inhaltsanalyse. *Die Deutsche Schule*, 83(3), 348–359.

Haverkamp, H. (2023). Prüfen mit digitalen Instrumenten. *PÄDAGOGIK*, 75(6), 10–14. https://doi.org/10.3262/PAED2306010

Heid, H. (2012). Der Beitrag des Leistungsprinzips zur Rechtfertigung sozialer Ungerechtigkeit. *Vierteljahresschrift für Heilpädagogik und ihre Nachbargebiete*, 81(1), 22–34. https://doi.org/10.2378/vhn2012.art02d

Heldt, I. (2022). Menschenrechtsbildung – Kinderrechtsbildung. In W. Beutel, M. Gloe, G. Himmelmann, D. Lange, V. Reinhardt & A. Seifert (Hrsg.), *Handbuch Demokratiepädagogik* (S. 387–394). Frankfurt a. M.: Wochenschau.
Heldt, I., Beutel, W. & Lange, D. (2023). Demokratie auf Distanz. Eine Annäherung. In I. Heldt, W. Beutel & D. Lange (Hrsg.), *Demokratie auf Distanz. Digitaler Wandel und Krisenerfahrung als Anlass und Auftrag politischer Bildung* (S. 5–14). Frankfurt a. M.: Wochenschau. https://doi.org/10.46499/9783756615872
Helmke, A. (1997). Entwicklung lern- und leistungsbezogener Motive und Einstellungen: Ergebnisse aus dem SCHOLASTIK-Projekt. In F. E. Weinert & A. Helmke (Hrsg.), *Entwicklung im Grundschulalter* (S. 59–76). Weinheim: Beltz.
Helmke, A. (2013). Individualisierung: Hintergrund, Missverständnisse, Perspektiven. *PÄDAGOGIK, 65*(2), 34–37.
Helmke, A. (2003). *Unterrichtsqualität: Erfassen, Bewerten, Verbessern*. Seelze: Kallmeyer.
Helmke, A. (2022). *Unterrichtsqualität und Professionalisierung. Diagnostik von Lehr-Lern-Prozessen und evidenzbasierte Unterrichtsentwicklung* (umfassend aktualisierte Neuausgabe). Stuttgart: Klett Kallmeyer.
Hendriks, M. A., Scheerens, J. & Sleegers, P. (2014). Effects of evaluation and assessment on student achievement: a review and meta-analysis. In M. A. Hendriks, *The influence of school size, leadership, evaluation, and time on student outcomes. Four reviews and meta-analyses* (PhD Thesis, University of Twente, 127–174). Enschede: University of Twente. https://doi.org/10.3990/1.9789036538008
Holder, K. & Kessels, U. (2019). Unterrichtsgestaltung und Leistungsbeurteilung im inklusiven und standardorientierten Unterricht aus der Sicht von Lehrkräften. *Zeitschrift für Erziehungswissenschaft, 22*(2), 325–346. https://doi.org/10.1007/s11618-018-0854-7
Holmeier, M. (2013). *Leistungsbeurteilung im Zentralabitur*. Wiesbaden: Springer VS. https://doi.org/10.1007/978-3-531-19725-8
Honneth, A. (2015). Umverteilung als Anerkennung. Eine Erwiderung auf Nancy Fraser. In N. Fraser & A. Honneth (Hrsg.), *Umverteilung oder Anerkennung? Eine politisch-philosophische Kontroverse* (4. Aufl., S. 129–223). Frankfurt a. M.: Suhrkamp.
Hopf, W. (2017). Von der Gleichheit der Bildungschancen zur Bildungsgerechtigkeit für alle – ein Abschied auf Raten vom Gleichheitsideal? In M. S. Baader & T. Freytag (Hrsg.), *Bildung und Ungleichheit in Deutschland* (S. 23–37). Wiesbaden: Springer VS. https://doi.org/10.1007/978-3-658-14999-4_2
Hornberg, S. & Sonnenburg, N. (2023). Ungewissheit als Grundmuster schulischer Erziehung und Bildung in der globalisierten Welt. In S.-I. Beutel & C. Ruberg (Hrsg.), *Ungewissheit als Erfahrung in der Demokratie* (Jahrbuch Demokratiepädagogik & Demokratiebildung 2023/24, S. 21–29). Frankfurt a. M.: Wochenschau.
Ingenkamp, K. (1971). *Die Fragwürdigkeit der Zensurengebung*. Weinheim: Beltz.
Ingenkamp, K. & Lissmann, U. (2008). *Lehrbuch der Pädagogischen Diagnostik* (6., neu ausgestattete Aufl.). Weinheim: Beltz.

Jachmann, M. (2003). *Noten oder Berichte? Die schulische Beurteilungspraxis aus der Sicht von Schülern, Lehrern und Eltern.* Opladen: Leske+Budrich. https://doi.org/1 0.1007/978-3-322-97583-6

Jäger, R. S. (2007). Diagnostik. In H.-E. Tenorth & R. Tippelt (Hrsg.), *Beltz Lexikon Pädagogik* (S. 154–155). Weinheim: Beltz.

Jürgens, E. (2007). Schriftliche Informationen zur Lernentwicklung von Schülerinnen und Schülern in den Jahrgangsstufen 7 und 8 anstelle von Ziffernnoten. In J. Hofmann (Hrsg.), *Neue Formen des Lehrens und Lernens* (S. 92–130). Bad Heilbrunn: Klinkhardt.

Jürgens, E. (2022). Leistungsbeurteilung. In M. Harring, C. Rohlfs & M. Gläser-Zikuda (Hrsg.), *Handbuch Schulpädagogik* (2., aktualisierte und erweiterte Aufl., S. 552–562). Münster: Waxmann (utb). https://doi.org/10.36198/9783838587967

Jürgens, E. & Lissmann, U. (2015). *Pädagogische Diagnostik. Grundlagen und Methoden der Leistungsbeurteilung in der Schule.* Weinheim: Beltz.

Juristisches Informationssystem für die Bundesrepublik Deutschland. (2024). *Schulgesetz für das Land Berlin vom 26. Januar 2004.* Zugriff am 10.01.2024. Verfügbar unter: https://gesetze.berlin.de/perma?d=jlr-SchulGBErahmen

Kaiser, J., Südkamp, A. & Möller, J. (2017). The effects of student characteristics on teachers' judgment accuracy: Disentangling ethnicity, minority status, and achievement. *Journal of Educational Psychology, 109*(6), 871–888. https://doi.org/1 0.1037/edu0000156

Kenner, S. & Lange, D. (2019). Schule als Lernort der Demokratie. *Zeitschrift für Pädagogik und Theologie, 71*(2), 120–130. https://doi.org/10.1515/zpt-2019-0017

Kingston, N. & Nash, B. (2011). Formative assessment: A meta-analysis and a call for research. *Educational measurement: Issues and practice, 30*(4), 28–37. https://doi.org/10.1111/j.1745-3992.2011.00220.x

Klafki, W. (1985). *Neue Studien zur Bildungstheorie und Didaktik. Beiträge zur kritisch-konstruktiven Didaktik.* Weinheim: Beltz.

Klafki, W. (1996). *Neue Studien zur Bildungstheorie und Didaktik: Zeitgemäße Allgemeinbildung und kritisch-konstruktive Didaktik* (5. Aufl.). Weinheim: Beltz.

Klapp, A. (2015). Does grading affect educational attainment? A longitudinal study. *Assessment in Education: Principles, Policy & Practice, 22*(3), 302–323. https://doi.org/10.1080/0969594X.2014.988121

Klieme, E. (2006). Empirische Unterrichtsforschung: aktuelle Entwicklungen, theoretische Grundlagen und fachspezifische Befunde. Einführung in den Thementeil. *Zeitschrift für Pädagogik, 52*(6), 765–773. https://doi.org/10.25656/01:4487

Kopmann, H., Zeinz, H. & Kaul, M. (2022). Leistungsbewertung in inklusiven Lernkontexten: Wie beurteilen Grundschullehrkräfte die Eignung alternativer Formen der Leistungsbewertung in heterogenen Lerngruppen? *Empirische Sonderpädagogik, 14*(4), 368–404. https://doi.org/10.25656/01:26649

Krappmann, L. (2016). Kinderrechte, Demokratie und Schule – ein Manifest. In L. Krappmann & C. Petry (Hrsg.), *Worauf Kinder und Jugendliche ein Recht haben:*

Kinderrechte, Demokratie und Schule: Ein Manifest (S. 17–53). Schwalbach/Ts.: Wochenschau. https://doi.org/10.46499/741

Kretschmer, W. (2017). *Schule leiten: Investment in pädagogische Handlungskultur. Prinzipien und Instrumente*. Weinheim: Beltz.

Langela-Bickenbach, A., Dreier, R., Wampfler, P. & Albrecht, C. (Hrsg.). (2024). *Wege zu einer zeitgemäßen Prüfungskultur. Grundlagen und Praxisbeispiele*. Weinheim: Beltz.

Lee, H., Chung, H. Q., Zhang, Y., Abedi, J. & Warschauer, M. (2020). The effectiveness and features of formative assessment in US K-12 education: A systematic review. *Applied Measurement in Education, 33*(2), 124–140. https://doi.org/10.1080/08957347.2020.1732383

Lehmann, R. H., Gänsfuß, R. & Peek, R. (1997). *LAU 5: Aspekte der Lernausgangslage und der Lernentwicklung von Schülerinnen und Schülern, die im Schuljahr 1996/97 eine fünfte Klasse an Hamburger Schulen besuchten; längsschnittliche Studie*. Hamburg: Behörde für Schule, Jugend und Berufsbildung.

Lissmann, U. (2000). Beurteilung und Beurteilungsprobleme bei Portfolios. In R. S. Jäger (Hrsg.), *Von der Beobachtung zur Notengebung. Ein Lehrbuch* (S. 284–330). Landau: Empirische Pädagogik.

Lissmann, U. & Paetzold, B. (1982). *Leistungsrückmeldung, Lernerfolg und Lernmotivation*. Weinheim: Beltz.

Lorenz, G. (2018). *Selbsterfüllende Prophezeiungen in der Schule. Leistungserwartungen von Lehrkräften und Kompetenzen von Kindern mit Zuwanderungshintergrund*. Wiesbaden: Springer VS. https://doi.org/10.1007/978-3-658-19881-7

Lorenz, R., McElvany, N., Schilcher, A. & Ludewig, U. (2023). Lesekompetenz von Viertklässlerinnen und Viertklässlern im internationalen Vergleich: Testkonzeption und Ergebnisse von IGLU 2021. In N. McElvany, R. Lorenz, A. Frey, F. Goldhammer, A. Schilcher & T. C. Stubbe (Hrsg.), *IGLU 2021. Lesekompetenz von Grundschulkindern im internationalen Vergleich und im Trend über 20 Jahre* (S. 53–87). Münster: Waxmann.

Ludwig, P. H. (2007). Pygmalion zwischen Venus und Mars. Geschlechterunterschiede in schulischen Lernleistungen durch Selbsterfüllung von Erwartungen. In P. H. Ludwig & H. Ludwig (Hrsg.), *Erwartungen in himmelblau und rosarot. Effekte, Determinanten und Konsequenzen von Geschlechterdifferenzen in der Schule* (S. 17–59). Weinheim: Juventa.

Ludwig, P. H. (2018). Erwartungseffekt. In D. H. Rost, J. R. Sparfeldt & S. R. Buch (Hrsg.), *Handwörterbuch Pädagogische Psychologie* (5., überarbeitete und erweiterte Aufl., S. 141–147). Weinheim: Beltz.

Lütgert, W., Tillmann, K.-J., Beutel, S.-I., Jachmann, M. & Vollstädt, W. (2001). *Leistungsbeurteilung und Leistungsrückmeldung an Hamburger Schulen. Bericht über ein Forschungsprojekt*. Hamburg: Behörde für Schule, Jugend und Berufsbildung.

Maier, M. (2001). *Das Verbalzeugnis in der Grundschule – Anspruch und Wirklichkeit*. Landau: Empirische Pädagogik.

Manitius, V. (Hrsg.). (2021). *Transfer gelingend steuern. Hinweise zur Planung und Steuerung von Schulentwicklungsprojekten.* Bielefeld: wbv. https://doi.org/10.3278/6 004846w

Marsh, H. W. (1984). Self-concept: The application of a frame of reference model to explain paradoxical results. *Australian Journal of Education*, 28(2), 165–181. https://doi.org/10.1177/000494418402800207

McElvany, N., Lorenz, R., Frey, A., Goldhammer, F., Schilcher, A. & Stubbe, T. C. (2023). IGLU 2021: Zentrale Befunde im Überblick. In N. McElvany, R. Lorenz, A. Frey, F. Goldhammer, A. Schilcher & T. C. Stubbe (Hrsg.), *IGLU 2021. Lesekompetenz von Grundschulkindern im internationalen Vergleich und im Trend über 20 Jahre* (S. 13–25). Münster: Waxmann.

McMillan, J. H. & Lawson, S. R. (2001). *Secondary science teachers' classroom assessment and grading practices.* Richmond, VA: Metropolitan Educational Research Consortium.

Meyer-Drawe, K. (2008). *Diskurse des Lernens.* München: Wilhelm Fink.

Ministerium für Schule und Bildung des Landes Nordrhein-Westfalen (2024). *Schulfachliches Eckpunktepapier für die Weiterentwicklung der gymnasialen Oberstufe in Nordrhein-Westfalen (29. Mai 2024).* Zugriff am 17.06.2024. Verfügbar unter https://www.schulministerium.nrw/system/files/media/document/file/eckpunktepapier_weiterentwicklung_gymansiale_oberstufe_gost_240529.pdf

Möller, J., Paulick, I., Hahn, C., Harms, U., Tchoudova, N. & Schroeter, B. (2014). *Abschlussbericht der Evaluation des Hamburger Schulversuchs alles>>könner.* Zugriff am 08.08.2024. Verfügbar unter: https://www.hamburg.de/resource/blob/151676/a928d71d5bc87e59396abdc4707ed024/abschlussbericht-2014-data.pdf

Moser, V. (2018). Professionstheoretische Anfragen aus der Inklusionsforschung an den Lehrer*innenberuf. In M. Walm, T. Häcker, F. Radisch & A. Krüger (Hrsg.), *Empirisch-pädagogische Forschung in inklusiven Zeiten. Konzeptualisierung, Professionalisierung, Systementwicklung* (S. 105–118). Bad Heilbrunn: Klinkhardt.

Müller-Benedict, V. & Gaens, T. (2015). Sind Examensnoten vergleichbar? Und was, wenn Noten immer besser werden? Der Versuch eines Tabubruchs. *Die Hochschule: Journal für Wissenschaft und Bildung*, 24(2), 79–93. https://doi.org/10.25656/01:16226

Murphy, S. & Smith M. A. (1992). *Writing portfolios. A bridge from teaching to assessment.* Markham, ON: Pippin Publishing.

Negt, O. (1999). *Kindheit und Schule in einer Welt der Umbrüche.* Göttingen: Steidl.

Nerowski, C. (2018a). Leistung als »bewertete Handlung«. *Zeitschrift für Bildungsforschung*, 8(3), 229–248. https://doi.org/10.1007/s35834-018-0227-6

Nerowski, C. (2018b). Leistung als Kriterium von Bildungsgerechtigkeit. *Zeitschrift für Erziehungswissenschaft*, 21(3), 441–464. https://doi.org/10.1007/s11618-017-0775-x

Neumann, M., Nagy, G., Trautwein, U. & Lüdtke, O. (2009). Vergleichbarkeit von Abiturleistungen: Leistungs- und Bewertungsunterschiede zwischen Hamburger und Baden-Württemberger Abiturienten und die Rolle zentraler Abiturprüfungen. *Zeitschrift für Erziehungswissenschaft, 12*(4), 691–714. https://doi.org/10.1007/s11618-009-0099-6

Nordsee-Zeitung (2023, 21. April). *Mehrheit der Wähler im Land Bremen will laut Umfrage die Schulnoten zurück.* Verfügbar unter: https://www.nordsee-zeitung.de/Bremerhaven/Umfrage-Die-Mehrheit-der-Waehler-im-Land-Bremen-will-die-Schulnoten-zurueck-133108.html

Oser, F. & Patry, J.-L. (1994). Sichtstruktur und Basismodelle des Unterrichts: Über den Zusammenhang von Lehren und Lernen unter dem Gesichtspunkt psychologischer Lernverläufe. In R. Olechowski & B. Rollett (Hrsg.), *Theorie und Praxis. Aspekte empirisch-pädagogischer Forschung – quantitative und qualitative Methoden* (S. 138–146). Frankfurt a. M.: Peter Lang.

Oser, F., Patry, J.-L., Elsässer, T., Sarasin, S. & Wagner, B. (1997). *Choreographien unterrichtlichen Lernens – Schlußbericht an den Schweizerischen Nationalfonds zur Förderung der wissenschaftlichen Forschung.* Freiburg (Schweiz): Pädagogisches Institut der Universität Freiburg.

Paasch, D., Schmid, C., Kallinger-Aufner, A. & Knollmüller, R. (2019). Noten und Kompetenzen in verschiedenen Fächern, Schulstufen und Schulformen. In A. C. George, C. Schreiner, C. Wiesner, M. Pointinger & K. Pacher (Hrsg.), *Fünf Jahre flächendeckende Bildungsstandardüberprüfungen in Österreich. Vertiefende Analysen zum Zyklus 2012 bis 2016* (Kompetenzmessungen im österreichischen Schulsystem: Analysen, Methoden & Perspektiven, Bd. 1, S. 161–177). Münster: Waxmann.

Pant, H. A. & Beutel, S.-I. (2022). Kompetenzen bewerten. Im Schulalltag und in der Bildungsforschung (Hans Anand Pant im Gespräch mit Silvia-Iris Beutel). In S.-I. Beutel, T. Bohl, K. Bräu, A. Feindt, T. Häcker & B. Wischer (Hrsg.), *Leistung: ermöglichen & beurteilen* (Friedrich Jahresheft 40, S. 46–49). Hannover: Friedrich.

Paula-Modersohn-Schule Bremerhaven. (2021). *Pädagogisches Konzept der Paula-Modersohn-Schule unter besonderer Berücksichtigung des gemeinsamen Unterrichts von behinderten und nichtbehinderten Schülerinnen und Schülern.* Verfügbar unter: https://www.paula-modersohn-schule.de/wp-content/uploads/2022/01/2021-12-01-Ueberarbeitetes-Kapazitaetenbezogenes-Paedagogisches-Konzept.pdf

Petersen, P. (2001). *Der Kleine Jena-Plan* (3., überarbeitete Aufl.). Weinheim: Beltz.

Pfänder, H., Goy, M., Kilisch, A. & Sartory, K. (2023). Bedingungen für Schulentfremdung in einem integrierten Rahmenmodell von Angebot und Nutzung – Vorschlag einer mehrebenenperspektivischen Systematisierung. In F. Lauermann, C. Jöhren, N. McElvany, M. Becker & H. Gaspard (Hrsg.), *Jahrbuch der Schulentwicklung. Band 22: Multiperspektivität von Unterrichtsprozessen* (S. 214–246). Weinheim: Beltz Juventa.

Reeves, D. B. (2011). *Elements of grading. A guide to effective practice.* Bloomington, IN: Solution Tree Press.

Reusser, K. (2006). Konstruktivismus – vom epistemologischen Leitbegriff zur Erneuerung der didaktischen Kultur. In M. Baer, M. Fuchs, P. Füglister, K. Reusser

& H. Wyss (Hrsg.), *Didaktik auf psychologischer Grundlage. Von Hans Aeblis kognitionspsychologischer Didaktik zur modernen Lehr- und Lernforschung* (S. 151–168). Bern: hep.

Reusser, K. & Pauli, C. (2010). Unterrichtsgestaltung und Unterrichtsqualität – Ergebnisse einer internationalen und schweizerischen Videostudie zum Mathematikunterricht: Einleitung und Überblick. In K. Reusser, C. Pauli & M. Waldis (Hrsg.), *Unterrichtsgestaltung und Unterrichtsqualität. Ergebnisse einer internationalen und schweizerischen Videostudie zum Mathematikunterricht* (S. 9–32). Münster: Waxmann.

Rheinberg, F. (2008). Bezugsnormen und die Beurteilung von Lernleistung. In W. Schneider & M. Hasselhorn (Hrsg.), *Handbuch der Pädagogischen Psychologie* (S. 178–186). Göttingen: Hogrefe.

Ricken, N. (2018). Konstruktionen der »Leistung«. Zur (Subjektivierungs-)Logik eines Konzepts. In S. Reh & N. Ricken (Hrsg.), *Leistung als Paradigma. Zur Entstehung und Transformation eines pädagogischen Konzepts* (S. 43–60). Wiesbaden: Springer VS. https://doi.org/10.1007/978-3-658-15799-9_3

Riekmann, B. (2012). Leistungsrückmeldung für die Jahrgänge 5–10 am Beispiel der Max-Brauer-Schule. In C. Fischer (Hrsg.), *Diagnose und Förderung statt Notengebung? Problemfelder schulischer Leistungsbeurteilung* (S. 115–124). Münster: Waxmann.

Robert Bosch Stiftung GmbH (2023). *Was macht eine gute Schule aus?* Zugriff am 13.12.2023. Verfügbar unter: https://www.deutscher-schulpreis.de/was-macht-eine-gute-schule-aus

Rolff, H.-G. (2015). *Handbuch Unterrichtsentwicklung.* Weinheim: Beltz.

Sacher, W. (2009). *Leistungen entwickeln, überprüfen und beurteilen. Bewährte und neue Wege für die Primar- und Sekundarstufe* (5., überarbeitete und erweiterte Aufl.). Bad Heilbrunn: Klinkhardt.

Sacher, W. (2014). *Leistungen entwickeln, überprüfen und beurteilen. Bewährte und neue Wege für die Primar- und Sekundarstufe* (6., überarbeitete und erweiterte Aufl.). Bad Heilbrunn: Klinkhardt.

Schäfer, A. (2015). *Schulische Leistungsdiskurse. Zwischen Gerechtigkeitsversprechen und pharmazeutischem Hirndoping.* Paderborn: Schöningh. https://doi.org/10.3 0965/9783657782161

Schäfer, B. (2017). *Resilienz. 100 Seiten.* Ditzingen: Reclam.

Schäffer, F. (2017). Hauptsache Erfolg. *Bayerische Schule, 70*(5), 22–31.

Schaub, H. (1999). Weder Noten- noch Berichtszeugnisse: Lernentwicklungsberichte. Von der Zeugnisreform zur pädagogisch-diagnostischen Reform. In W. Böttcher, U. Brosch & H. Schneider-Petri (Hrsg.), *Leistungsbewertung in der Grundschule* (S. 45–55). Weinheim: Beltz.

Schildkamp, K., van der Kleij, F. M., Heitink, M. C., Kippers, W. B. & Veldkamp, B. P. (2020). Formative assessment: A systematic review of critical teacher prerequisites for classroom practice. *International Journal of Educational Research, 103,* 101602. https://doi.org/10.1016/j.ijer.2020.101602

Schimank, U. (2018). Leistung und Meritokratie in der Moderne. In S. Reh & N. Ricken (Hrsg.), *Leistung als Paradigma. Zur Entstehung und Transformation eines pädagogischen Konzepts* (S. 19–42). Wiesbaden: Springer VS. https://doi.org/10.1007/978-3-658-15799-9_2

Schleithoff, F. (2015). Noteninflation im deutschen Schulsystem – Macht das Abitur hochschulreif? *ORDO – Jahrbuch für die Ordnung von Wirtschaft und Gesellschaft*, 66(1), 3–26. https://doi.org/10.1515/ordo-2015-0103

Schmitz, G. S. & Schwarzer, R. (2002). Individuelle und kollektive Selbstwirksamkeitserwartung von Lehrern. In M. Jerusalem & D. Hopf (Hrsg.), *Selbstwirksamkeit und Motivationsprozesse in Bildungsinstitutionen* (Zeitschrift für Pädagogik, 44. Beiheft, S. 192–214). Weinheim: Beltz. https://doi.org/10.25656/01:3936

Schratz, M. (2017). Lernen, das tiefer geht. Erkundungen lernseits von Unterricht. *Lernende Schule*, 20(80), 4–7.

Schratz, M., Pant, H. A. & Wischer, B. (2014). Welche Leistung zählt? Schulisches Leistungsverständnis jenseits von Noten und Punkten. In M. Schratz, H. A. Pant & B. Wischer (Hrsg.), *Was für Schulen! Leistung sichtbar machen – Beispiele guter Praxis* (S. 8–15). Seelze: Klett Kallmeyer.

Schratz, M. & Westfall-Greiter, T. (2010). Das Dilemma der Individualisierungsdidaktik. Plädoyer für personalisiertes Lernen in der Schule. *Journal für Schulentwicklung*, 14(1), 18–31.

Schratz, M. & Westfall-Greiter, T. (2015). Lernen als Erfahrung: Ein pädagogischer Blick auf Phänomene des Lernens. In H. Dumont, D. Istance & F. Benavides (Hrsg.), *The nature of learning – Die Natur des Lernens. Forschungsergebnisse für die Praxis* (S. 14–33). Weinheim: Beltz.

Schreiner, C. (2024). Anforderungen an eine Pädagogische Diagnostik im Mehrebenensystem Schule. In C. Schreiner, G. Schauer & C. Kraler (Hrsg.), *Pädagogische Diagnostik und Lehrer:innenbildung. Bildungswissenschaftliche und fachdidaktische Perspektiven* (S. 17–28). Klinkhardt.

Schreiner, C. & Kraler, C. (2019). Pädagogische Diagnostik und LehrerInnenbildung nach PISA. *Erziehung & Unterricht*, 169(9–10), 861–871.

Schwaighofer, M., Heene, M. & Bühner, M. (2019). Grundlagen und Kriterien der Diagnostik. In D. Urhahne, M. Dresel & F. Fischer (Hrsg.), *Psychologie für den Lehrberuf* (S. 471–491). Berlin: Springer. https://doi.org/10.1007/978-3-662-55754-9_24

Schweizerische Konferenz der kantonalen Erziehungsdirektoren (Hrsg.). (2011). *Die interkantonale Vereinbarung über die Harmonisierung der obligatorischen Schule (HarmoS-Konkordat) vom 14. Juni 2007. Kommentar, Entstehungsgeschichte und Ausblick, Instrumente.* Verfügbar unter: https://edudoc.ch/record/96777/files/harmos-konkordat_d.pdf

Sekretariat der Ständigen Konferenz der Kultusminister der Länder in der Bundesrepublik Deutschland (2005). *Bildungsstandards der Kultusministerkonferenz. Erläuterungen zur Konzeption und Entwicklung. Beschluss vom 16.12.2004.* Neuwied: Luchterhand.

Shirley, D. (2016). Entrenched enemies, tactical partners, or steadfast allies? Exploring the fault lines between teacher unions and community organizing in the United States. *Leadership and Policy in Schools, 15*(1), 45–66. https://doi.org/10.1080/15700763.2015.1052521

Smit, R. (2009). *Die formative Beurteilung und ihr Nutzen für die Entwicklung von Lernkompetenz. Eine empirische Studie in der Sekundarstufe* (Schul- und Unterrichtsforschung, Bd. 10). Baltmannsweiler: Schneider Verlag Hohengehren.

Stangl, W. (2024). Performanz. *Online Lexikon für Psychologie und Pädagogik.* Zugriff am 17.06.2024. Verfügbar unter: http://lexikon.stangl.eu/7034/performanz/

Stojanov, K. (2011). *Bildungsgerechtigkeit. Rekonstruktionen eines umkämpften Begriffs.* Wiesbaden: VS Verlag für Sozialwissenschaften. https://doi.org/10.1007/978-3-531-94011-3

Stojanov, K. (2015). Leistung: Ein irreführender Begriff im Diskurs über Bildungsgerechtigkeit. In A. Schäfer & C. Thompson (Hrsg.), *Leistung* (S. 135–150). Paderborn: Schöningh. https://doi.org/10.30965/9783657775989_006

Südkamp, A., Kaiser, J. & Möller, J. (2012). Accuracy of teachers' judgments of students' academic achievement: A meta-analysis. *Journal of Educational Psychology, 104*(3), 743–762. https://doi.org/10.1037/a0027627

Tarnai, C. (2006). Verbale Schulleistungsbeurteilung. In D. H. Rost (Hrsg.), *Handwörterbuch Pädagogische Psychologie* (3., überarbeitete und erweiterte Aufl., S. 827–832). Weinheim: Beltz.

Terhart, E. (2015). Theorie der Unterrichtsentwicklung: Inspektion einer Leerstelle. In H.-G. Rolff (Hrsg.), *Handbuch Unterrichtsentwicklung* (S. 62–76). Weinheim: Beltz.

Tillmann, K.-J. (2017). Was spricht für ein integriertes Schulsystem? In N. McElvany, W. Bos, H. G. Holtappels, J. Hasselhorn & A. Ohle (Hrsg.), *Bedingungen gelingender Lern- und Bildungsprozesse. Aktuelle Befunde und Perspektiven für die Empirische Bildungsforschung* (S. 137–140). Münster: Waxmann.

Trapmann, S., Hell, B., Weigand, S. & Schuler, H. (2007). Die Validität von Schulnoten zur Vorhersage des Studienerfolgs – eine Metaanalyse. *Zeitschrift für Pädagogische Psychologie, 21*(1), 11–27. https://doi.org/10.1024/1010-0652.21.1.11

Tsarouha, E. (2019). *Prüfungspraktiken an deutschen Hochschulen. Eine empirische Studie zu systematischen Einflussgrößen auf die Notengebung in Abschlussprüfungen.* Wiesbaden: Springer VS. https://doi.org/10.1007/978-3-658-25021-8

United Nations Children's Fund (n. d.). *Konvention über die Rechte des Kindes* (vom 20. November 1989, am 26. Januar 1990 von der Bundesrepublik Deutschland unterzeichnet, am 6. März 1992 Hinterlegung der Ratifikationsurkunde beim Generalsekretär der Vereinten Nationen, am 5. April 1992 für Deutschland in Kraft getreten). Verfügbar unter: https://www.unicef.de/_cae/resource/blob/194402/3828b8c72fa8129171290d21f3de9c37/d0006-kinderkonvention-neu-data.pdf

Valtin, R. & Rosenfeld, H. (1997). Zur Präferenz von Noten- oder Verbalbeurteilung – Ein Vergleich Ost- und Westberliner Eltern. In H.-E. Tenorth (Hrsg.), *Kindheit, Jugend und Bildungsarbeit im Wandel. Ergebnisse der Transformationsforschung*

(Zeitschrift für Pädagogik, 37. Beiheft, S. 293–304). Weinheim: Beltz. https://doi.org/10.25656/01:9508

Valtin, R., Wagner, C. & Schwippert, K. (2005). Schülerinnen und Schüler am Ende der vierten Klasse – schulische Leistungen, lernbezogene Einstellungen und außerschulische Lernbedingungen. In W. Bos, E.-M. Lankes, M. Prenzel, K. Schwippert, R. Valtin & G. Walther (Hrsg.), *IGLU. Vertiefende Analysen zu Leseverständnis, Rahmenbedingungen und Zusatzstudien* (S. 187–238). Münster: Waxmann.

Valtin, R., Würscher, I., Rosenfeld H., Schmude, C. & Wisser, C. (1996). Zeugnisse auf dem Prüfstand. Noten- oder Verbalbeurteilung im Ost-West-Vergleich. In D. Benner, H. Merkens & T. Gatzemann (Hrsg.), *Pädagogische Eigenlogiken im Transformationsprozess von SBZ, DDR und neuen Ländern* (S. 122–164). Berlin: FU Berlin.

van Aken, M. A. G., Helmke, A. & Schneider, W. (1997). Selbstkonzept und Leistung – Dynamik ihres Zusammenspiels. Ergebnisse aus dem SCHOLASTIK-Projekt. In F. E. Weinert & A. Helmke (Hrsg.), *Entwicklung im Grundschulalter* (S. 341–350). Weinheim: Beltz.

Veith, H. (2016). Zur Reform des Systems der schulischen Leistungsbeurteilung. In H. Rademacher & W. Wintersteiner (Hrsg.), *Friedenspädagogik und Demokratiepädagogik* (Jahrbuch Demokratiepädagogik, Bd. 4, 2016/17, S. 128–135). Schwalbach/Ts.: Wochenschau.

Verheyen, N. (2018). *Die Erfindung der Leistung*. Berlin: Hanser Berlin.

Vieluf, S., Praetorius, A.-K., Rakoczy, K., Kleinknecht, M. & Pietsch, M. (2020). Angebots-Nutzungs-Modelle der Wirkweise des Unterrichts. Ein kritischer Vergleich verschiedener Modellvarianten. In A. Praetorius, J. Grünkorn & E. Klieme (Hrsg.), *Empirische Forschung zu Unterrichtsqualität. Theoretische Grundfragen und quantitative Modellierungen* (Zeitschrift für Pädagogik, 66. Beiheft, S. 63–80). Weinheim: Beltz Juventa. https://doi.org/10.3262/ZPB2001063

Wagner, C. & Valtin, R. (2003). Noten oder Verbalbeurteilungen? Die Wirkung unterschiedlicher Bewertungsformen auf die schulische Entwicklung von Grundschulkindern. *Zeitschrift für Entwicklungspsychologie und Pädagogische Psychologie, 35*(1), 27–36. https://doi.org/10.1026//0049-8637.35.1.27

Weber, X.-L., Schuster, C., Göritz, S. & Stebner, F. (2022). Prüfungssituationen neu denken. Das Zusammenspiel von Lernprozess, Lernprodukt und Prüfungssituation. In S.-I. Beutel, T. Bohl, K. Bräu, A. Feindt, T. Häcker & B. Wischer (Hrsg.), *Leistung: ermöglichen & beurteilen* (Friedrich Jahresheft 40, S. 80–81). Hannover: Friedrich.

Wigger, L. (2015). Bildung und Gerechtigkeit – Eine Kritik des Diskurses um Bildungsgerechtigkeit aus bildungstheoretischer Sicht. In V. Manitius, B. Hermstein, N. Berkemeyer & W. Bos (Hrsg.), *Zur Gerechtigkeit von Schule. Theorien, Konzepte, Analysen* (S. 72–92). Münster: Waxmann.

Winter, F. (2004). *Leistungsbewertung. Eine neue Lernkultur braucht einen anderen Umgang mit den Schülerleistungen.* Baltmannsweiler: Schneider Verlag Hohengehren.

Winter, F. (2015). *Lerndialog statt Noten: Neue Formen der Leistungsbeurteilung.* Weinheim: Beltz.

Winter, F. (2020). *Leistungsbewertung. Eine neue Lernkultur braucht einen anderen Umgang mit den Schülerleistungen* (8., unveränderte Aufl.). Baltmannsweiler: Schneider Verlag Hohengehren.

Wischer, B. (2022). ...die Sympathie gilt »stets der Erziehung und nicht der Selektion«. Zu den gesellschaftlichen Funktionen schulischer Leistungsbewertung. In S.-I. Beutel, T. Bohl, K. Bräu, A. Feindt, T. Häcker & B. Wischer (Hrsg.), *Leistung: ermöglichen & beurteilen* (Friedrich Jahresheft 40, S. 16–19). Hannover: Friedrich.

Wolf, K., Kunina-Habenicht, O., Maurer, C. & Kunter, M. (2018). Werden aus guten Schülerinnen und Schülern auch erfolgreiche Lehrkräfte? Zur prädikativen Bedeutung von Noten in Schule und Ausbildung für den Berufserfolg angehender Lehrkräfte. *Zeitschrift für Pädagogische Psychologie, 32*(1–2), 101–115. https://doi.org/10.1024/1010-0652/a000215

Worbach, M., Drechsel, B. & Carstensen, C. H. (2019). Messen und Bewerten von Lernergebnissen. In D. Urhahne, M. Dresel & F. Fischer (Hrsg.), *Psychologie für den Lehrberuf* (S. 493–516). Berlin: Springer. https://doi.org/10.1007/978-3-662-55754-9_25

Xylander, B. & Heusler, M. (2007). Bilanz- und Zielgespräche. Rückmeldung und Bewertung auf der Basis von Selbsteinschätzung, Logbuch und Zielvereinbarung. *PÄDAGOGIK, 59*(7/8), 18–21.

Yan, Z., Li, Z., Pandero, E., Yang, M., Yang, L. & Lao, H. (2021). A systematic review on factors influencing teachers' intentions and implementations regarding formative assessment. *Assessment in Education: Principles, Policy & Practice, 28*(3), 228–260. https://doi.org/10.1080/0969594X.2021.1884042

Yin, Y., Shavelson, R. J., Ayala, C. C., Ruiz-Primo, M. A., Brandon, P. R., Furtak, E. M., Tomita, M. K. & Young, D. B. (2008). On the impact of formative assessment on student motivation, achievement, and conceptual change. *Applied Measurement in Education, 21*(4), 335–359. https://doi.org/10.1080/08957340802347845

Zeinz, H. & Köller, O. (2006). Noten, soziale Vergleiche und Selbstkonzepte in der Grundschule. In A. Schründer-Lenzen (Hrsg.), *Risikofaktoren kindlicher Entwicklung. Migration, Leistungsangst und Schulübergang* (S. 177–190). Wiesbaden: VS Verlag für Sozialwissenschaften. https://doi.org/10.1007/978-3-531-90075-9_9

Ziegenspeck, J. W. (1999). *Handbuch Zensur und Zeugnis in der Schule. Historischer Rückblick, allgemeine Problematik, empirische Befunde und bildungspolitische Implikationen. Ein Studien- und Arbeitsbuch.* Bad Heilbrunn: Klinkhardt.

Zimmermann, F., Möller, J. & Riecke-Baulecke, T. (Hrsg.). (2019). *Basiswissen Lehrerbildung: Schulische Diagnostik und Leistungsbeurteilung.* Hannover: Klett Kallmeyer.

Verzeichnis der Autor*innen

Die Autorin und der Autor dieses Bandes

Dr. phil. habil. Silvia-Iris Beutel ist Professorin für Schulpädagogik und Allgemeine Didaktik mit den Schwerpunkten ›Lehr-Lernprozesse‹ und ›Empirische Unterrichtsforschung‹ an der TU Dortmund. Sie ist Jurorin des Deutschen Schulpreises und Mitglied u. a. des Praxis- und Wissenschaftsbeirats des Instituts für Bildungsmonitoring und Qualitätsentwicklung (IfBQ) in Hamburg und der Expertenrunde »Zukunftskompetenzen« der Bertelsmann Stiftung. Zentrale Forschungsthemen: Pädagogische Diagnostik, alternative Leistungsbeurteilung und neue Prüfungskultur, Inklusion und Digitalisierung, Peer Mentoring, Demokratiepädagogik und Demokratiebildung.
Kontakt: silvia-iris.beutel@tu-dortmund.de

Dr. phil. Hans Anand Pant ist Professor für Erziehungswissenschaftliche Methodenlehre an der Humboldt-Universität zu Berlin. Seit 2022 ist er zudem Direktor der Abteilung Fachbezogener Erkenntnistransfer am Leibniz-Institut für die Pädagogik der Naturwissenschaften und Mathematik (IPN) in Kiel. Von 2010 bis 2015 war er Ko-Direktor und Vorstand des Instituts zur Qualitätsentwicklung im Bildungswesen (IQB). Zentrale Forschungsthemen: Fachbezogener Erkenntnistransfer, Implementationsforschung, datengestützte Schul- und Unterrichtsentwicklung, Validität von Kompetenzmessung im Schul- und Hochschulbereich.
Kontakt: hansanand.pant@hu-berlin.de

Weitere Autor*innen in diesem Band

Martin Goy, M.A., ist wissenschaftlicher Mitarbeiter am Institut für Allgemeine Didaktik und Schulpädagogik an der TU Dortmund. Zentrale Forschungsthemen: Schulleistungsvergleiche, Entwicklung und Förderung von Lesekompetenz, institutionelle Bedingungen individueller Entwicklungen im schulischen Rahmen.
Kontakt: martin.goy@tu-dortmund.de

Dr. phil. Alexandra Marx ist wissenschaftliche Mitarbeiterin am DIPF | Leibniz-Institut für Bildungsforschung und Bildungsinformation und stellvertretende Verbundleitung des SchuMaS-Forschungsverbunds der Bund-Länder-Initiative »Schule macht stark«. Zentrale Forschungsthemen: Netzwerkbasierte Schulentwicklung, Implementations- und Transferforschung, Unterstützung der Qualitätsentwicklung im Bildungssystem.
Kontakt: a.marx@dipf.de